REVOLUCIÓN SEXUAL

UNA PERSPECTIVA BÍBLICA Y UN ANÁLISIS MÉDICO

CATHERINE SCHERALDI DE NÚÑEZ
Y MIGUEL NÚÑEZ

NASHVILLE, TENNESSEE

Revolución sexual: Una exposición y un análisis médico

B&H Publishing Group
Nashville, TN 37234

Clasificación Decimal Dewey: 215
Clasifíquese: CIENCIA Y RELIGIÓN

Edición y adaptación del diseño al español por Grupo Scribere.
Diseño de las ilustraciones por JuiceBox Designs.

ISBN:978-1-5359-2491-7

Impreso en EE. UU.
2 3 4 5 6 7 8 * 23 22 21 20 19

CONTENIDO

INTRODUCCIÓN

La revolución sexual en medio de la cual nos encontramos ha sorprendido a la mayoría de nosotros, pero no a nuestro Dios. Y decimos esto no solamente porque Dios es omnisciente y por tanto jamás es sorprendido por algo, sino también porque, como el Creador sabio, Él conoce que, en la medida en la que el hombre se aleja de Su ley, en esa misma medida el ser humano comienza a experimentar grados cada vez mayores de lo que él llama «libertad», que luego lo termina esclavizando. Esta revolución sexual ha comenzado a mostrar que ese hombre en vez de ser liberado de sus tabúes, está siendo cada vez más esclavo de sus placeres y sufre índices mayores de depresión, ansiedad, falta de propósito, crisis de identidad y suicidios. Esta esclavitud a la cual nos referimos afecta al individuo y desestabiliza la sociedad.

El ser humano ha ido experimentando cada vez más con nuevas formas de expresión sexual y maneras extremas de lo que él piensa que es la libertad individual para explorar fronteras, hasta hace poco, desconocidas para él. A nivel internacional hemos visto cómo las Naciones Unidas y la misma Unión Europea han querido forzar la implementación de estas políticas de liberalismo sexual a través de sus programas y, en ocasiones, evitar ofrecer ayuda económica a naciones que no han querido someterse a sus programas de educación sexual. Estas naciones han querido convertir en derechos humanos y civiles aquellas cosas que corresponden puramente al ámbito de las preferencias individuales. Las naciones influyentes no parecen estar satisfechas con el cambio de las leyes en sus propias sociedades, sino que desean, y han emprendido, un programa agresivo para imponer esta agenda sexual a lo largo del globo terráqueo.

Una de esas fronteras jamás exploradas lo ilustra el caso del señor Thomas Beatie, nativo de Hawái, quien nació mujer en el año 1974, pero que posteriormente se sometió a cirugías para cambiar de sexo, o más bien para cambiar su apariencia ya que biológicamente el género o el sexo de una persona no lo determina cómo él o ella luzca o cómo se sienta en el día a día, sino su composición genética (XX o XY). En la tercera década de su vida, el ahora señor Thomas Beatie, comenzó a utilizar inyecciones de testosterona; en consecuencia, su apariencia cambió, desarrolló vello facial y, posteriormente, también cambió su voz.

En el año 2002 se sometió a una mastectomía y legalmente cambió su estatus para ser llamado «Señor Beatie».[1] Al mismo tiempo, mantuvo todos sus órganos femeninos que le permitirían posteriormente tener un embarazo. Luego de algunos años de haber utilizado la hormona de la testosterona dejó de hacerlo para explorar la posibilidad de embarazarse, lo cual ocurrió a través de inseminación artificial. El acontecimiento fue publicitado como el primer caso de un hombre embarazado; sin embargo, nosotros sabemos que esta noticia dista mucho de la realidad porque la composición genética de esta persona al nacer correspondía a la de una mujer (XX) y permanecerá de esta misma manera a lo largo de toda su vida. Además, lo que capacitó a esta persona para quedar embarazada fue la permanencia de sus órganos genitales femeninos: los ovarios, las trompas conectadas a un útero y la presencia de una vagina. Ninguna de esas cosas corresponde a un genotipo o fenotipo

1. Alan B. Goldberg y Katie N. Thomson, *Barbara Walters Exclusive: Pregnant Man Expecting Second Child* [Noticia exclusiva de Barbara Walters: Hombre embarazado espera su segundo hijo], 13 de noviembre del 2008; https://abcnews.go.com/Health/story?id=6244878&page=1

masculino. Esta revolución sexual se ha logrado a través de una revolución del vocabulario donde podemos utilizar las palabras para dar significado a cualquier cosa que el individuo desea decir o comunicar. En consecuencia, se dice que esta persona es un hombre cuando en realidad su genética, y aun sus órganos genitales, niegan dicha masculinidad. Este experimento que comenzó mal, violando el diseño de Dios, tampoco terminó bien. En el año 2012, el señor Beatie, inició el proceso de divorcio con su esposa, Nancy, por medio de una batalla legal que se prolongó por dos años y que terminó en la Corte de Apelación de Justicia del estado de Arizona.[2]

Lamentablemente nuestra sociedad individualista ha convertido sus nuevas ideas en derechos civiles, o peor aún, en derechos humanos. Bajo estos nuevos derechos recién creados, se presiona para que incluso la ciencia se vea en la obligación de ceder a grupos de intereses. El caso más conocido es el de la Universidad de John Hopkins. En 1965, la universidad fundó la clínica de identidad de género. El doctor Paul McHugh trató de persuadir a sus colegas de no iniciar la reafirmación de los tratamientos y cirugías para lograr el cambio de sexo.[3] Eventualmente, el doctor McHugh llegó a ser el director del Departamento de Psiquiatría. Como tal, animó al doctor John Meyer, psiquiatra y psicoanalista, a dar seguimiento a un número de pacientes que se realizaron cirugías para cambiar de sexo. Años más tarde, el doctor Meyer encontró que la gran mayoría de los pacientes no habían recibido ayuda desde el punto de vista psicológico. Ellos todavía permanecían con los mismos problemas de

---

2. Shanna Hogan, *After Legal Hurdle, Arizona Courts Finalize Divorce of "Pregnant Man"* [Luego del obstáculo legal, los tribunales de Arizona finalizaron el caso de divorcio del «Hombre embarazado»]; Phoenix New Times, 26 de noviembre del 2015.
3. Ryan Anderson, *When Harry Became Sally* [Cuando Harry se convirtió en Sally], (Nueva York: Encounter Books, 2018), 17.

relaciones, trabajo y emociones que habían experimentado años atrás.[4] Después de estudiar la evidencia, McHugh concluyó que la cirugía de reasignación de sexo era una mala práctica médica y que fundamentalmente coopera con el desarrollo de enfermedades mentales. Los psiquiatras, él pensó, podrían ayudar a sus pacientes con disforia de género, tratando de arreglar sus mentes y no sus genitales.[5]

Un estudio del año 2011 puso en evidencia que después de la cirugía de reasignación de sexo, más de 300 transexuales suecos enfrentaron un mayor riesgo de mortalidad, ideas suicidas y problemas psiquiátricos en comparación con el resto de la población.[6]

El departamento de psiquiatría de la Universidad de John Hopkins recomendó detener dichas cirugías por varias décadas, sin embargo, en el año 2016 el hospital anunció que reiniciaría las cirugías de reasignación de sexo. Esto no se debió a nuevas evidencias científicas. El *LGBTQ Nation* reportó que el cambio surgió por el aumento de la crítica contra el respetado centro médico y miembros de la facultad y, en particular, contra el psiquiatra Paul McHugh.[7]

Esto es una ilustración más de que el movimiento actual de cambio de sexo, así como otras prácticas promovidas por el movimiento LGBTQ, no se deben a evidencias como resultados de estudios serios, sino más bien a presiones culturales, políticas y de una élite minoritaria que considera que ser de mente abierta es algo progresivo. Lamentablemente la sociedad ya no es capaz de creer en datos concretos de la propia ciencia, sino que ha

---

4. *Ibid.*
5. *Ibid.*, 17.
6. Lizette Borrelli, *Transgender Surgery: Regret Rates Highest In Male-To-Female Reassignment Operations* [Cirugías transgénero: El índice de arrepentimiento es mayor en las cirugías de reasignación de sexo masculino a femenino], Newsweek, julio del 2018.
7. *Ibid.*, 19.

preferido moverse en la dirección de las preferencias individuales, convirtiendo estas en derechos humanos o civiles.

Como expresamos al inicio de esta introducción, apenas estamos viendo el inicio de una revolución sexual que terminará con el colapso de la sociedad.

En medio de todo esto hemos comenzado a ver hijos criados por padres del mismo sexo; lo cual es otro experimento más, ya que no conocemos aún cuales serán las consecuencias de estas «familias». Sabemos que Dios equipó cada género con características particulares necesarias para la crianza de los hijos. La mujer aporta apoyo emocional, amor y comprensión que el sexo masculino no puede aportar, por lo menos en el mismo grado y calidad. Y el padre aporta afirmación y seguridad al niño que la madre usualmente no provee, simplemente por diseño de Dios.

Las consecuencias finales serán muchas, de larga duración y de proporciones épicas, según entendemos nosotros. Sin embargo, el cristiano nunca debe perder su fe en que Dios es capaz de sostener a Su pueblo bajo las peores circunstancias, siempre y cuando Su pueblo no cave cisternas agrietadas (Jer. 2:13) que no retienen agua y que no podrán satisfacer su sed.

Primera parte:

Una exposición bíblica del plan original de Dios

Capítulo 1

El diseño de Dios: Varón y hembra

«Creó, pues, Dios al hombre a imagen suya, a imagen de Dios lo creó; varón y hembra los creó»

(Gén. 1:27).

Introducción

La Escritura revela un Dios que ha desplegado Su gloria en toda la creación. Una escultura extraordinaria evidencia la genialidad de su creador. Del mismo modo, una escultura deficiente declararía la falta de habilidad o ingenio de quien la esculpió. El caso de la creación del universo no es diferente. Su extensión y su complejidad revelan con toda claridad la sabiduría, el poder y el control absoluto de Su Creador. Por eso el salmista afirma que los cielos proclaman Su gloria (Sal. 19:1). La gloria de Dios es el conjunto de Sus atributos, los cuales Él ha reflejado en diferentes formas, momentos y lugares. Todo cuanto Dios ha hecho es para Su gloria. Incluso la crucifixión de Cristo fue un acontecimiento que manifestó la gloria de nuestro Dios. Jesús se refirió a Su muerte como la hora de Su glorificación (Juan 12:23). La cruz desplegó Su amor, Su gracia, Su misericordia y también Su justicia. En su carta a los efesios, el apóstol Pablo afirma que la redención del hombre fue diseñada por Dios para alabanza de la gloria de Su gracia (Ef. 1:1-14). Por último, cuando Pablo escribe a los corintios, les enseña que si ellos comen o beben, deben hacerlo para la gloria de Dios (1 Cor. 10:31). Cada uno de estos pasajes muestra que todo cuanto Dios hace, tiene el propósito de revelar la gloria que exterioriza Su esencia y que Él manifiesta en Su acción.

Lo anterior constituye nuestro argumento a favor de que la creación del hombre y la mujer a imagen de Dios debe, de igual manera, manifestar Su gloria. Si esto es cierto, y creemos que lo es, entonces las características distintivas de cada género deben revelar aspectos del carácter de Dios. Ahora bien, como el Señor es infinito y nosotros limitados, nunca tendremos la capacidad de reflejar todo cuanto Él es. Pero, sin lugar a duda, una de las maneras en que Dios ha revelado Su gloria es a través de la creación de dos seres distintos, aunque complementarios. El hombre y la mujer, de forma individual, exhiben diferentes aspectos de Su carácter y manifiestan así con mayor excelencia la gloria de nuestro Creador. Sin embargo, la unión de dos personas en matrimonio refleja otras características del Señor que la soltería no puede desplegar. Una de ellas es la capacidad de procrear.

Características de cada género que reflejan a Dios

Dios creó al ser humano con un género binario: hombre y mujer. Él no hizo dos personas solo para proveer compañía o ayuda mutua, en ese caso podría haber formado dos «Adanes» o dos «Evas». El Señor creó dos seres distintos. Conocía que se complementarían y que juntos, estos reflejarían Su gloria de un modo imposible de manifestar por separado. Dios creó cada «cosa» según su género, pero cada género tendría sus propias características para realizar la función que Él le otorgó. En el caso del hombre y la mujer, aún no conocemos todas las potencialidades de Adán y Eva porque, al pecar, nunca pudieron llevar a cabo sus responsabilidades de manera completa. Pero, como veremos en el resto del capítulo, en el hombre caído aún se observa una porción de su diseño y de su propósito originales.

El hombre

Entre las características observadas típicamente en el sexo masculino encontramos el liderazgo, la fuerza, la confrontación, la independencia, la racionalidad (frente a la emocionalidad), la capacidad de ser proveedor y protector. Gran número de estas cualidades simbolizan responsabilidades dadas por Dios, quien creó al hombre para reflejar aspectos de Su Creador. Él se revela en la creación, de acuerdo con Romanos 1:19-21. Tal como los cielos proclaman la gloria de Dios (Sal. 19:1-4), el hombre y la mujer deben hacer lo mismo al vivir Su diseño. Veamos estas características masculinas por separado.

Liderazgo

La Escritura establece desde el principio que Dios creó al hombre a Su imagen y semejanza (Gén. 1:26a). La Biblia también nos revela el orden en que el hombre fue creado. Primero Adán, como observamos en el Libro de Génesis:

> «Entonces el Señor Dios tomó al hombre y lo puso en el huerto del Edén, para que lo cultivara y lo cuidara. Y ordenó el Señor Dios al hombre, diciendo: De todo árbol del huerto podrás comer, pero del árbol del conocimiento del bien y del mal no comerás, porque el día que de él comas, ciertamente morirás» (Gén. 2:15-17).

Adán recibió de Dios las instrucciones, la responsabilidad y la prohibición. Más tarde, Él formó a Eva:

> «… No es bueno que el hombre esté solo; le haré una ayuda idónea. Y el Señor Dios formó de la tierra todo animal del campo y toda ave del cielo, y los trajo al hombre para ver cómo los llamaría; y como el hombre llamó a cada ser viviente, ése fue su nombre. Y el hombre puso nombre a todo ganado y a las aves del cielo y a toda bestia del campo, mas para Adán no se encontró una ayuda que fuera idónea para él. Entonces el Señor Dios hizo caer un sueño profundo sobre el hombre, y éste se durmió; y Dios tomó una de sus costillas, y cerró la carne en ese lugar» (Gén. 2:18-21).

Esto nos permite conocer que Dios capacitó al hombre para liderar la creación que Él estableció bajo su cuidado. El hombre tuvo la responsabilidad de cuidar y labrar el huerto, esto incluía una serie de obligaciones. Luego, Él creó a Eva y la trajo a Adán como ayuda idónea, tal como leímos en el pasaje de Génesis 2. Al asumir la condición de líder, Adán estaría reflejando una de las características principales de nuestro Padre, quien dirige de forma providencial toda Su creación.[8] Asimismo, y de manera especial, Dios lidera a Sus hijos según lo reveló a través del salmista: «Yo te haré saber y te enseñaré el camino en que debes andar; te aconsejaré con mis ojos puestos en ti» (Sal. 32:8). Él cuida de Sus hijos y de Su creación, es el sustentador del universo. Si el Padre no sostuviera y protegiera Su creación de manera continua, esta colapsaría. Cuando observamos que el mundo formado por Dios sufre daño, debemos comprender que es producto de la caída del ser humano que afectó todo el cosmos; pero es también

8. La providencia de Dios se puede definir como «la convicción de que Dios sostiene el mundo que Él ha creado y lo dirige hacia su destino asignado». Ver S. N. Williams, *Providence en New Dictionary of Biblical Theology* [Providencia, en el Nuevo Diccionario de Teología Bíblica], editores: T. Desmond Alexander, Brian S. Rosner, D. A. Carson, Graeme Goldsworthy (Downer Grove: InterVarsity Press, 2000), p. 711.

el resultado de la irresponsabilidad del hombre al ejercer su liderazgo. Un ejemplo de esto es la destrucción por mano humana de grandes extensiones de bosques en diferentes partes del mundo.

Fortaleza física

El hombre demuestra mayor fortaleza física que la mujer. Su musculatura y su complexión evidencian esta realidad. Liderar y cuidar la creación requiere de vigor físico, por tanto, es lógico que Dios diseñara de esta manera al varón a quién encargó la dirección y la custodia del mundo. Él es poderoso; en Génesis 17:1 expresa: «Yo soy el Dios Todopoderoso…»; y en Salmos 28:7 el salmista afirma: «El Señor es mi fuerza…». Entonces, aunque el ser humano no refleja todo el poder de Dios, al crear y designar al varón como líder, Él lo hizo más fuerte. El Señor reveló esto en 1 Pedro 3:7, donde observamos que la mujer es considerada como vaso más frágil. Cuando el texto bíblico realiza esta afirmación, no alude a una manifestación de la fragilidad de Dios. Más tarde veremos cómo esta particularidad de la mujer la capacita para ser el más amoroso de los dos géneros, lo cual la hace idónea para amamantar a sus hijos y criarlos. Lamentablemente, el hombre caído ha usado su fuerza de manera destructiva después de la transgresión de Adán.

Proveedor

Por otra parte, el Señor llamó al varón a ser el proveedor primario de su hogar. Pablo nos enseña que quien no provee para los suyos es peor que un incrédulo (1 Tim. 5:8). Un hombre responsable no solo es un buen abastecedor, sino que también disfruta de proveer para los suyos y para los demás, de igual manera que nuestro Padre. En Hechos 14:17, Lucas escribe lo siguiente: «… y sin embargo, [Dios] no dejó de dar testimonio de sí mismo, haciendo bien y dándoos lluvias del cielo y estaciones fructíferas, llenando vuestros corazones de sustento y de alegría».

Protector

Todo buen líder será un buen protector. La fuerza física, superior en el varón, lo capacita para esta tarea. Cuanto más protector sea un hombre, mejor reflejará la función de cuidador de nuestro Dios, quien es poderoso para guardarnos sin caída y para presentarnos sin mancha en presencia de Su gloria con gran alegría (Jud. 24).

La facultad de ser más racional y menos emocional

La observación de las conductas de ambos sexos ha revelado que el hombre es un ser más racional o «calculador» al tomar decisiones. Por su parte, la mujer suele ser más susceptible a dejarse persuadir por razones emotivas. Esto no significa que ella no sea capaz de pensar y tomar decisiones convenientes y racionales. Solo nos referimos a las tendencias naturales de cada género. El varón ha sido acusado de poseer escasa empatía por su forma racional de juzgar los asuntos por encima de los sentimientos. La sabiduría de Dios y Sus emociones no están divididas, funcionan al unísono al emitir un juicio. Él es la fuente de todo conocimiento, sin embargo, es un pensador y a la vez es un amante sincero. «Porque de tal manera amó Dios al mundo, que dio a su hijo…» (Juan 3:16). Ese pensador santo fue capaz de destruir Sodoma y Gomorra (Gén. 19). Ese pensador sabio destruyó el mundo con un diluvio, a pesar de amar Su creación (Gén. 6–8). Él ama a los seres humanos, pero la intensidad de ese amor concuerda con Su sentido de lo correcto. En Dios, el pensamiento racional es equilibrado por Su santidad, Su amor y Su justicia. Por diseño divino, el varón fue mejor dotado que la mujer para tomar decisiones más racionales y menos emocionales.

La capacidad para confrontar la maldad

En su rol de líder, el varón enfrentará reiteradas situaciones en las que deberá confrontar lo mal hecho y desenmascarar el error y la mentira. Eso requiere valor, determinación y firmeza. Por tal razón, a lo largo de la historia la mayoría de las posiciones policíacas, militares, judiciales, gubernamentales, fiscales y otras parecidas, fueron ejercidas por hombres. Solo en los últimos años estos cargos comenzaron a ser ocupados por mujeres, justamente cuando los roles han comenzado a confundirse o a invertirse. La Biblia contiene numerosos ejemplos en los que Dios confronta al hombre y aun a Satanás. El primero de ellos se nos presenta en el Jardín de Edén (Gén. 3:11-19). En el relato bíblico observamos que Dios confronta también a Job: «¿Dónde estabas tú cuando yo echaba los cimientos de la tierra? Dímelo, si tienes inteligencia» (Job 38:4). Como líder, el hombre fue llamado para ejercer esa función de confrontación de forma natural, tal como advertimos en la vida de Moisés y de cada uno de los profetas.

La capacidad de ser independiente

Por último, el hombre posee una tendencia natural a ser autónomo, mientras que la mujer disfruta de sentirse cuidada, protegida y, por tanto, dependiente. Dios es el único ser completamente independiente, esto se evidencia en las palabras del apóstol Pablo en Romanos 11:33-36, quien expresa:

> «¡Oh, profundidad de las riquezas y de la sabiduría y del conocimiento de Dios! ¡Cuán insondables son sus juicios e inescrutables sus caminos! Pues, ¿quién ha

> conocido la mente del Señor?, ¿o quién llegó a ser su consejero?, ¿o quién le ha dado a Él primero para que se le tenga que recompensar? Porque de Él, por Él y para Él son todas las cosas. A Él sea la gloria para siempre. Amén».

Por su condición de criatura caída debido a los acontecimientos narrados en Génesis 3, el hombre refleja de manera limitada este y cada uno de los atributos de Dios que hemos mencionado.

La mujer

La mujer, en cambio, exhibe características distintas a las del hombre, pero que de igual manera hallamos en el Señor. Entre estas se encuentran: el amor, el servicio, el deseo de mantener la paz, la capacidad emotiva y el ser proveedora y protectora de las emociones. Ella es quien mantiene las conexiones interpersonales, la influencia y la compasión. Todas estas características se ven de manera principal en la mujer y cada una de ellas se puede identificar con el carácter de Dios, como veremos.

El amor

En 1 Juan 4:8 leemos que Dios es amor. Quizás esta sea la cualidad más conocida de Su carácter. Es el atributo que explica por qué dio a Su Hijo por personas que no querían saber de Él. Es lo que esclarece por qué Jesús pidió perdón por aquellos que lo crucificaban.

Sin lugar a duda, tanto el hombre como la mujer han sido capacitados para amar, pero el amor de una madre aflora desde el momento en que conoce que está embarazada. Ella no necesita esperar hasta ver a su bebé para amarlo. El hombre, en cambio, aunque se alegre con el embarazo, necesita más tiempo y contacto físico con la nueva criatura para comenzar a amarla de manera especial. La razón es solo una: el diseño divino capacitó mejor a la mujer para reflejar este atributo de Dios. Cuando el hombre y la mujer se unen en un buen matrimonio, el amor se exhibe con mayor excelencia.

La ternura

Esta característica propia de la mujer y en especial de una madre, no es algo que observamos con frecuencia en los hombres; pero es ostentada por el sexo femenino. Dios hizo a la mujer a Su imagen y semejanza, entonces deberíamos ser capaces de identificar dicha ternura en Él, y así lo advertimos en el siguiente pasaje: «¡Jerusalén, Jerusalén, la que mata a los profetas y apedrea a los que son enviados a ella! ¡Cuántas veces quise juntar a tus hijos, como la gallina junta sus pollitos debajo de sus alas, y no quisiste!» (Mat. 23:37).

Nutrir los nexos o las conexiones

Los teólogos han señalado que Dios no solo ama, sino que también es amor (en Su esencia). Entonces, antes de crear al ser humano, ¿a quién amaba? La respuesta es que el Señor siempre existió en comunión a través del misterio de la Trinidad. De manera que, Él amó al Hijo y el Hijo al Padre (Juan 3:35; 5:20; 14:31). Así, la capacidad de relación que tiene la mujer indica que Dios la creó conforme a Su imagen y a Su semejanza. Del mismo modo, podemos afirmar que el Señor todo el tiempo ha deseado la comunión con Su pueblo. Dios creó a Adán y a Eva y se relacionó con ellos. Después de la caída, esta primera pareja fue expulsada del Jardín de Edén, pero Él encontró una forma de restaurar el vínculo. De un solo hombre (Abraham), creó una nación y dio instrucciones posteriores de edificar un tabernáculo para habitar en medio de ellos. Luego, el tabernáculo y el templo fueron los lugares donde Dios «habitaría», a pesar de que Él no puede ser contenido. Años después, cuando el templo fue destruido, el Padre envió a Su Hijo que habitó entre nosotros. En el original, el término traducido como habitó podría interpretarse como «tabernáculo» (si existiera tal palabra) porque en griego se utiliza *skenóo* que significa «hacer tienda».[9] Es como afirmar que Jesús vino y colocó Su tienda entre nosotros. Llama la atención que el vocablo para tabernáculo es *skené,*[10] y es similar al traducido en Juan 1:14 como «habitó». Por eso no es extraño que Cristo se identificara como el templo (Juan 2:20-21), en quien mora toda la divinidad de Dios.

Cuando Jesús ascendió, el Padre y el Hijo enviaron a Su Espíritu (Juan 14:26) que hoy mora en nuestro interior. Dios es un ser relacional a diferencia de Alá, el dios de los musulmanes (no trino), cuya voluntad nadie conoce. Nuestro Padre está en relación consigo mismo en la Trinidad y a la vez lo está con el resto de Su creación.

Ayuda idónea

Como ayuda idónea, una de las tareas que la mujer ejecuta de manera perfecta es la de ser un agente de influencia y de colaboración especial. Dentro de la Trinidad, el Espíritu Santo *(parákletos)* es denominado el Ayudador, el Consolador o el Intercesor (Juan 14:26), una función que la mujer ejerce con excelencia, tal como se constata en la vida de la reina Ester, quien intercedió por el pueblo judío ante el rey Asuero. Dios constituyó a la mujer como ayuda idónea del hombre y ella, en cierta medida, refleja el rol de ayudador que el Espíritu Santo cumple en Su interacción con el ser humano.

De acuerdo con diversos estudios, todo recién nacido precisa de algunas condiciones básicas para desarrollar una buena salud emocional. Entre estas se especifican: el contacto físico, la conexión, la seguridad de permanencia, la nutrición emocional y la afirmación. Por diseño de Dios, nadie está mejor calificado para proveer estas condiciones que una madre. Después de

9. Strong's Concordance [Nueva concordancia Strong exhaustiva], palabra #4637.
10. *Ibid.*, palabra #4633.

nacer, la calidad del vínculo entre la mamá y el hijo posee una repercusión para toda la vida. Por ejemplo, un estudio realizado en la Universidad de Harvard reveló que el 91 % de los hombres que no tenían una relación cercana con sus madres desarrollaron enfermedad coronaria, hipertensión arterial, úlceras gástricas y alcoholismo durante la mediana edad, mientras que solo el 45 % de los hombres que recordaban el calor humano y la cercanía con su madre padecían de los mismos problemas.[11]

El diseño de ayudadora no está tan relacionado con lo que la mujer hace, sino más bien con quién ella es. Si observamos con atención, notaremos que la primera reacción de la mujer es ayudar a otros. ¿Por qué? Porque así fue diseñada. En ocasiones necesitamos desaprender numerosas mentiras que nos ha enseñado. Una de ellas es hacernos creer que quien ayuda a otro es inferior a ese otro. Sin embargo, nunca pensaríamos que el Espíritu Santo (el Ayudador), quien nos asiste en el proceso de santificación, es inferior a nosotros. Recordemos que el cambio requiere «desaprender» primero para luego aprender la verdad. Ayudar es la «especialidad» femenina o su principal fortaleza. La Biblia en ninguna ocasión enseña que la mujer no tiene valor, sino todo lo contrario. Hay varios versículos a lo largo de la Escritura que resaltan la valía de las mujeres, como el de Proverbios 31:10 que expresa: «Mujer hacendosa, ¿quién la hallará? Su valor supera en mucho al de las joyas». Declaraciones como esta pueden observarse a lo largo de la Biblia. Las parteras de Egipto que preservaron la vida de los niños hebreos mostraron ese rol de ayudadoras (Ex. 1:15-21), y lo mismo hizo la reina Ester cuando intercedió ante el rey, como mencionamos más arriba.

---

11. Gail Ironson, Lynda H. Powell, *An exploration of the health benefits of factors that help us to thrive: A special issue of the International Journal of Behavioral Medicine* [Una exploración de los beneficios para la salud de los factores que nos ayudan a prosperar: Un número especial de la revista International Journal of Behavioral Medicine] primera edición (Hove, United Kingdom: Psychology Press, 2005), p. 67.

El deseo de mantener la paz armoniosa

La Biblia revela que el Padre estaba enemistado con el ser humano después de la expulsión de Adán y Eva del Jardín de Edén. Ese distanciamiento terminó por iniciativa divina. Dios buscó al hombre para reconciliarlo con Él. Uno de los vocablos utilizados en el Nuevo Testamento para referirse a nuestra redención es la palabra griega *katalásso,* que implica la reconciliación entre dos personas; tal como sucedió entre Dios y la humanidad. Fue el Señor quien puso fin a la enemistad, y esto nos fue revelado en las palabras del apóstol Pablo a los corintios:

> «Y todo esto procede de Dios, quien nos reconcilió consigo mismo por medio de Cristo, y nos dio el ministerio de la reconciliación; a saber, que Dios estaba en Cristo reconciliando al mundo consigo mismo, no tomando en cuenta a los hombres sus transgresiones, y nos ha encomendado a nosotros la palabra de la reconciliación» (2 Cor. 5:18-19).

Cristo es llamado «Príncipe de Paz» en Isaías 9:6. Ese deseo de traer armonía debe hallarse también en un hombre piadoso, pero al observar las relaciones, notamos cómo la mujer es el género que con mayor frecuencia procura mantener la paz armoniosa entre los diferentes miembros del hogar.

La compasión

Un hombre piadoso será también compasivo, pero esta no es una virtud que distingue al varón de manera natural, como sí lo es su fuerza física y su deseo de liderar. Debemos recordar que, si hay alguna virtud en el hombre o en la mujer creados a imagen y semejanza de Dios, es un reflejo de Su carácter. La Escritura declara en múltiples ocasiones la compasión del Señor. En 2 Crónicas 30:9 se afirma que el Padre es clemente y compasivo. Esa piedad se refleja mejor en la mujer que en el varón, aunque de forma imperfecta. Hay pocas personas que argumentarían en contra de que la mujer es el género más compasivo por naturaleza.

Las hormonas del ser humano revelan que fuimos diseñados

En los varones, la hormona vasopresina se combina con la testosterona para aumentar la agresividad. Este efecto sinérgico tiene también un efecto sobre su sentido de la paternidad, la interacción social y la interacción sexual.[12]

Los circuitos masculinos usan más las hormonas testosterona y vasopresina; los circuitos femeninos utilizan más el estrógeno y la oxitocina. Como ejemplo podemos citar un estudio del doctor Richmond Thompson, profesor de psicología y neurociencia en Bowdoin College, en el cual dieron a inhalar vasopresina a representantes de ambos géneros mientras estos observaban retratos de rostros con expresiones neutrales. Después de aplicar la hormona, resultó que las mujeres vieron los rostros más simpáticos, mientras que los varones los percibieron más hostiles.[13]

---

12. Scott H. Liening y Robert A. Josephs, *Social and Personality Psychology Compass* [Alcance psicológico social y de personalidad], *It Is Not Just About Testosterone: Physiological Mediators and Moderators of Testosterone's Behavioral Effects*, The University of Texas at Austin, 4/11 (2010): 982–994. Fuente: https://onlinelibrary.wiley.com/doi/pdf/10.1111/j.1751-9004.2010.00316.x
13. Richmond R Thompson, Kirsten George, *Testing the relationship between levels of endogenous testosterone and physiological responses to facial expressions in men: an experiment conducted by students in an undergraduate behavioral neuroscience class. Journal of Undergraduate Neuroscience Education* 01/2003; 1(2):A41-7. Psychology Department and Neuroscience Program, Bowdoin College, Brunswick, ME 04011.

Otro estudio similar, pero que usó una hormona diferente —la oxitocina—, demostró que cuando se administró una dosis de dicha hormona a los hombres, ellos pudieron conectarse más con las emociones de otras personas.[14,15] Por otro lado, cuando administraron la hormona testosterona a las mujeres, se observó que ellas podían enfocarse más en la realización de una tarea.

En un estudio que midió los niveles de testosterona en hombres antes y después de ver un evento que producía enojo en ellos, se observó que dichos niveles se elevaron con el evento, lo que causó un aumento en los circuitos para la agresión, que a su vez incrementó de nuevo la testosterona y se produjo entonces un círculo vicioso.[16,17]

Estos cambios modifican la estructura y el funcionamiento del cerebro y como resultado producen la maduración cerebral. Lo anterior explica por qué en las diferentes etapas de la vida ocurren cambios no solo físicos, sino también en la forma de pensar y actuar del individuo. Por ejemplo, el centro de placer en el adolescente varón es menos sensible que el centro de placer

---

14. Rilling J. K., Demarco A. C., Hackett P. D., Chen X., Gautam P., Stair S., Haroon E., Thompson R., Ditzen B., Patel R., Pagnoni G. (2014) *Sex differences in the neural and behavioral response to intranasal oxytocin and vasopressin during human social interaction. Psychoneuroendocrinology*, 39:237-48.
15. Sebastian Korb, Jennifer Malsert, Lane Strathearn, Patrik Vuilleumier, Paula Niedenthal. *Sniff and mimic — Intranasal oxytocin increases facial mimicry in a sample of men. Hormones and Behavior*, 2016; 84: 64 DOI: 10.1016/j.yhbeh.2016.06.003.
16. Peterson C. K., Harmon-Jones E., *Anger and testosterone: evidence that situationally-induced anger relates to situationally-induced testosterone. Emotion.* Octubre 2012;12(5):899-902. doi: 10.1037/a0025300. Epub, 12 de septiembre del 2011.
17. *Ibid.*

en los adultos y en los niños. Esto puede revelar por qué el adolescente en múltiples ocasiones aparenta estar aburrido y da la impresión de que no le importa lo que otros piensen de él, cuando en realidad es lo opuesto. Antes de la pubertad, ni el cumplido ni la crítica conmueve a los varones, pero durante la adolescencia la zona cinglar rostral, que es el termómetro cerebral para la aprobación social, está recalibrándose y el rechazo de sus iguales les produce una sensación semejante a la que experimentan al pensar en la muerte.

La autoconfianza de un adolescente es directamente proporcional a su apariencia frente a sus iguales. Si él o ella no siente que está en el primer lugar, se comportará como si no le importara, aunque su corazón esté dolido.[18,19]

Otros beneficios de las diferencias de sexo

Al considerar la Escritura, en especial aquellos pasajes que hablan del matrimonio, observamos que Dios también concibió otros propósitos al crear dos seres tan diferentes entre sí. Como revela Romanos 8:28-30, El Señor forma la imagen de Su Hijo en nosotros, y la unión matrimonial contribuye

18. Judy L. Cameron, *Interrelationships between hormones, behavior, and affect during adolescence: Understanding hormonal, physical, and brain changes occurring in association with pubertal activation of the reproductive axis. Introduction to Part III* [Interrelaciones entre hormonas, comportamiento y afecto durante la adolescencia: Comprender los cambios hormonales, físicos y cerebrales que ocurren en asociación con la activación puberal del eje reproductivo. Introducción a la Parte III] (Annals of the New York Academy of Sciences, Vol. 1021, No. 1, 2004), pp.110-123 | DOI: 10.1196/annals.1308.012.
19. Carré J. M., McCormick C. M., *Aggressive behavior and change in salivary testosterone concentrations predict willingness to engage in a competitive task, Horm Behav.* Agosto del 2008; 54(3):403-9. doi:10.1016/j.yhbeh.2008.04.008. Epub 26 de abril del 2008.

a configurar esa imagen en la vida del creyente a través de las diferencias de género y de roles. El autor de Proverbios nos enseña que: «El hierro con hierro se afila, y un hombre aguza a otro» (Prov. 27:17). Esto se cumple en todas nuestras relaciones, pero en particular en el matrimonio, donde las parejas conviven todo el tiempo con sus diferencias, estas los obligan a ejercitar la paciencia, la mansedumbre, el dominio propio y aún más, el amor incondicional. Quizás no haya otra relación que contribuya más a formar la imagen de Dios en el ser humano que el matrimonio bajo las directrices del Creador.

Un autor estadounidense llamado Gary Thomas, afirma: «Es desafortunado y triste cuando algo tan profundo como vivir una analogía de Cristo y Su Iglesia es reducido a experimentar esta relación meramente como algo que nos ayudará a evitar el pecado sexual, a mantener el mundo poblado y a proveer una cura para la soledad».[20]

El matrimonio tiene la función de ilustrar la unión de Cristo con Su Iglesia; un vínculo indisoluble donde deben primar el amor y la lealtad. En el Nuevo Testamento, el apóstol Pablo instruye a las esposas de la siguiente manera: «Las mujeres estén sometidas a sus propios maridos como al Señor. Porque el marido es cabeza de la mujer, así como Cristo es cabeza de la iglesia, siendo Él mismo el Salvador del cuerpo» (Ef. 5:22-23). El matrimonio permite desplegar la expresión más cercana posible al amor incondicional de Cristo por la Iglesia. La Trinidad ha disfrutado de amor mutuo desde la eternidad. Cristo expresó esta idea cuando oró diciendo: «Padre, quiero que los que me has dado, estén también conmigo donde yo estoy, para que vean mi gloria, la gloria que me has dado; porque me has amado desde antes de la fundación del mundo» (Juan 17:24).

---

20. Gary Thomas, *Sacred Marriage,* (Grand Rapids: Zondervan, 2000, p. 32).

Por su parte, el pastor John MacArthur expresa lo extraordinario de este misterio de la siguiente manera: «El sentido sagrado de la Iglesia está íntimamente relacionado al sentido de lo sagrado del matrimonio. A través del matrimonio usted simboliza o niega a Cristo y a Su Iglesia».[21]

Formas distintas y complementarias de cada género

Con lo expresado no pretendemos sostener que las características mencionadas son exclusivas de cada género. Es claro que los hombres saben amar y que las mujeres tienen fortaleza física. Sin embargo, cada género exhibe algunas de estas cualidades de manera más natural que otras. El hombre y la mujer son diferentes, pero complementarios. Podríamos ilustrar esta afirmación al expresar que los varones demuestran su amor arreglando los problemas del otro, así como un mecánico compone un automóvil o como un matemático resuelve una ecuación numérica, y no tanto expresando el tierno cariño propio de una mujer o de una madre. Las féminas, en cambio, no demuestran el poder desde una posición de autoridad o de fortaleza física, sino por la facilidad con que logran convertirse en agentes de influencia para bien o para mal, como hemos visto en la historia, tanto bíblica como secular.

Por ejemplo, al leer las epístolas de Pablo, notamos un amor tierno en sus palabras (Rom. 1:8-10; Ef. 1:15-16; Fil. 1:3-8), pero siempre escribió sus cartas con el propósito de instruir y en múltiples ocasiones con el objetivo específico de resolver problemas presentes en las iglesias. Esto no fue distinto en Moisés, quien llegó a ofrecer su propia vida para evitar la muerte de los israelitas (Ex. 32:32). Eso es amor, pero también manifiesta a un Moisés firme, con una voluntad de hierro, que ejercía

21. John MacArthur, *The Fulfilled Family: God's Design for Your Home* [La familia realizada: El diseño de Dios para su hogar] (Chicago: Moody Press, 2005).

un liderazgo fuerte y resolvía problemas de modo habitual. Por su parte, la Biblia demuestra el poder de influencia de la mujer, como vemos en el Libro de Proverbios: «La mujer virtuosa es corona de su marido, mas la que lo avergüenza es como podredumbre en sus huesos» (12:4). La palabra utilizada para virtuosa en el lenguaje hebreo es *kjáil*, que también se traduce como fortaleza. La diferencia radica en la forma en que la mujer lo demuestra. No a través de un poder físico, sino mediante su capacidad para influenciar a otros. Su poder puede ser abrumador. No fue casualidad que Satanás se acercara a Eva para llegar hasta su marido y hacerlo caer. Si las mujeres realizan esta función conforme al diseño divino, se convierten en un arma poderosa en las manos de Dios. En la actualidad, el liderazgo no tiene que ver con títulos, posiciones ni diagramas de flujo; se trata más bien de una vida que influencia a otros.

Principios de aplicación

El pecado cometido en el Jardín de Edén produjo el alejamiento de Dios y esto distorsionó todo lo que Él había creado. El hombre entonces utilizó su poder físico de forma equivocada y vio a la mujer como inferior a él. La mujer, para compensar su falta de poder físico, distorsionó su diseño y utilizó su influencia para manipular las situaciones. Esa capacidad es poderosa. El hombre y la mujer deben ejercerla en una actitud de confianza en la sabiduría y la soberanía del Señor. Dios nos guiará para producir el resultado que Él desea en cada situación.

En Su Palabra, el Señor enseña a la mujer cómo debe vivir: «Asimismo vosotras, mujeres, estad sujetas a vuestros maridos, de modo que si algunos de ellos son desobedientes a la palabra, puedan ser ganados sin palabra alguna por la conducta [influencia] de sus mujeres al observar vuestra conducta casta y respetuosa» (1 Ped. 3:1-2). Es importante que la mujer cumpla de modo adecuado el rol que Dios le ha asignado pues, como ya dijimos, esa capacidad de influenciar a otros puede convertirse en un arma poderosa si se usa con santidad. De lo contrario, las consecuencias podrían ser graves, según nos advierte el Libro de Proverbios: «La mujer sabia edifica su casa, pero la necia con sus manos la derriba» (Prov. 14:1). Dios ha otorgado a cada género distintos atributos y fortalezas con el propósito de reflejar Su gloria en medio de un mundo caído y perdido. Nuestro trabajo es descubrir ese objetivo y utilizarlo para que la humanidad vea a Dios a través de nosotros.

Por otro lado, la Escritura también le enseña al hombre a ejercer su liderazgo. Así lo expresa 1 Pedro 3:7: «Y vosotros, maridos, igualmente, convivid de manera comprensiva con vuestras mujeres, como con un vaso más frágil, puesto que es mujer, dándole honor como a coheredera de la gracia de la vida, para que vuestras oraciones no sean estorbadas». Este texto nos permite ver de manera implícita que la tendencia del hombre es ser más áspero o rudo por naturaleza, mientras que la mujer es más frágil y vulnerable en lo emocional, aunque eso no le impide elevarse por encima de numerosas circunstancias.

Dios asignó al hombre y a la mujer diferentes roles. Pero, en ocasiones, el rol de la mujer se superpone al del varón cuando, por ejemplo, una madre confronta y corrige la conducta de sus hijos. Sin embargo, la mujer aporta una perspectiva diferente a esa tarea, la presentada por el vocablo *ézer* (ayudadora). El apóstol Pablo, al instruir a Timoteo en los deberes hacia los demás, enumeró las siguientes virtudes en las viudas: «… que tenga testimonio de buenas obras; si ha criado hijos, si ha mostrado hospitalidad a extraños, si ha lavado los pies de los santos, si ha ayudado a los afligidos y si se ha consagrado a toda buena obra» (1 Tim. 5:10). El rol que expresa el término *ézer* no solo se cumple en el hogar, sino que también debe ser un estilo de vida. Si la mujer fue creada de esta manera, entonces debe vivir ese diseño en todos los roles y en todas las áreas donde el Señor la coloque como persona de influencia. Y si ese papel se desempeña de manera correcta, las mujeres que le sucedan podrán imitarlo y se convertirá en un legado transmitido de una generación a otra, sin importar lo que la cultura secular enseñe a sus hijos.

Capítulo 2

Adán: El hombre que falló

«Porque el marido es cabeza de la mujer, así como Cristo es cabeza de la iglesia, siendo Él mismo el Salvador del cuerpo»

(Ef. 5:23).

Introducción

El día que Adán cayó, él no fue consciente de cuán profundamente quedó afectada la raza humana porque no había visto aún sus consecuencias. Dios lo había creado y llamado para liderar no solo a Eva, su esposa, sino también a toda la creación. Pero, a causa de la nueva naturaleza pecaminosa que habitaba en él, su capacidad para discernir la verdad del error, y también para liderar quedó afectada. En lo sucesivo, Adán ejercería un liderazgo impositivo, que llamamos machismo en América Latina, y que tiene como base temores interiores de los que solo Cristo nos puede liberar.

Después de la caída, Dios llamó a Adán y a Eva. Al escuchar Su voz, ellos cubrieron sus órganos genitales y se escondieron de Su presencia. En ellos habían aflorado nuevos sentimientos: la vergüenza, la culpa y el temor. Estas tres emociones son típicas tanto del hombre como de la mujer, pero el hombre, con un ego más grande, se inclina a ocultar estos sentimientos, lo cual produce una mayor disfunción.

Adán falló al no liderar a Eva de modo adecuado. También Abraham erró al no liderar a Sarah de forma acertada y como resultado tuvieron un hijo ilegítimo, llamado Ismael. Por su parte, Elí padeció la muerte de sus dos hijos en batalla en un mismo día. Dios lo dispuso así por el comportamiento pecaminoso de ellos a quienes Elí no disciplinó como el Señor se lo había indicado. David fracasó, pues no lideró a su familia con devoción. Los resultados de ese desacierto los leemos en la Biblia. Después de la caída de Adán y a lo largo de la historia bíblica, es evidente que ha faltado un correcto liderazgo masculino. De igual manera ocurre en nuestra sociedad actual. Estamos en medio de una crisis moral, pero esta es prioritariamente masculina, y me propongo demostrarlo.

La crisis masculina de nuestra sociedad

De acuerdo con el Departamento de estado de Tennessee, EE. UU., los jóvenes que provienen de hogares sin padres (referido al hombre) representan las siguientes estadísticas:

- 63 % de suicidio de adolescentes
- 70 % de adolescentes en instituciones del Estado
- 71 % de embarazos durante la adolescencia
- 71 % han abandonado la secundaria
- 75 % de niños internados en centros por abuso de químicos
- 85 % de adolescentes en prisión
- 85 % de niños con problemas de comportamiento
- 90 % de niños sin hogar y que se han ido de sus casas[22]

Por otro lado, la experiencia ha demostrado que «los niños que provienen de hogares sin padres tienen menos habilidad

22. Estadísticas del estado de Tennessee, EE. UU.: www.tndads.org/facts.

de retrasar la gratificación sexual y tienen un pobre control de sus impulsos y de la cólera. Estos niños también tienen un sentido más débil de la conciencia y de lo bueno y lo malo».[23] El anterior es otro indicador más de la influencia de un padre y de la crisis de la paternidad. Varios estudios han indicado que «el género es el mejor predictor del comportamiento criminal: Los hombres cometen más crímenes, y las mujeres comenten menos. Esta distinción se mantiene a través de la historia, en todas las sociedades, en todos los grupos, y para casi cada categoría de crímenes».[24] Recuerdo haber leído que cuando se produjo la crisis financiera en América del Norte, el 80 % de las personas que perdieron su trabajo en Canadá fueron hombres porque los ejecutivos determinaron que las mujeres eran mejores trabajadoras: más honestas, más eficientes y más responsables en el cumplimiento de su deber. La pregunta que debemos hacernos es, ¿qué está pasando en el interior de ese hombre rebelde y con frecuencia silente?

El trastorno del liderazgo masculino con la caída

Como ya mencionamos, cuando Adán cayó experimentó vergüenza, culpa y temor. Eso trastornó por completo su liderazgo. Cuando lo formó, Dios le ordenó ejercer dominio sobre los animales de la tierra y sojuzgar la creación. Luego de su caída, el hombre malinterpretó cómo debía desempeñar su liderazgo y en lugar de someter el mundo comenzó a ejercer dominio sobre las personas. Por eso cuando Jesús vino y comenzó a instalar el orden, nos recordó:

---

23. Herbert C. Quay y John S. Werry, *Psychopathological Disorders of Childhood* [Trastornos psicopatológicos de la infancia] (Family Interaction 1979), pp. 247-302.
24. Darrell Steffensmeier, Emilie Allan, *Gender y Crime: Similarities In Male And Female Offending Rates And Patterns, Differences Between Male And Female Offending Patterns* [Género y crimen: Similitudes en las tasas y patrones ofensivos masculinos y femeninos, diferencias entre patrones ofensivos masculinos y femeninos]. http://law.jrank.org/pages/1256/Gender-Crime.html

«... Sabéis que los gobernantes de los gentiles se enseñorean de ellos, y que los grandes ejercen autoridad sobre ellos. No ha de ser así entre vosotros, sino que el que quiera entre vosotros llegar a ser grande, será vuestro servidor, y el que quiera entre vosotros ser el primero, será vuestro siervo» (Mat. 20:25-27).

Adán recibió la responsabilidad de:

- **Proveer para su esposa**: «... y lo puso [al hombre] en el huerto del Edén, para que lo cultivara y lo cuidara» (Gén. 2:15).

- **Liderar a su esposa:** «Y oyeron al Señor Dios que se paseaba en el huerto al fresco del día; y el hombre y su mujer se escondieron de la presencia del Señor Dios entre los árboles del huerto. Y el Señor Dios llamó al hombre, y le dijo: ¿Dónde estás?» (Gén. 3:8-9, énfasis añadido).

- **Enseñar a su esposa lo permitido y lo prohibido:** «Y ordenó el Señor Dios al hombre, diciendo: De todo árbol del huerto podrás comer, pero del árbol del conocimiento del bien y del mal no comerás» (Gén. 2:16-17a, énfasis añadido).

Adán debió impedir que su esposa cayera en la trampa de la serpiente, pero no la lideró para evitar tal tragedia. Abraham debió guiar a Sara y hacerle entender que el plan de Dios no era que él tuviera hijos con su criada. Elí, Samuel, David y muchos otros debieron liderar a sus hijos de una mejor manera, pero no lo hicieron. Todos estos hombres permanecieron mudos. Del mismo modo, gran número de hombres continúan hoy en silencio, lo cual ha provocado un caos en la sociedad. En gran medida, el vacío que deja la falta de dirección del hombre hace surgir el liderazgo femenino. Además, las formas opresivas del liderazgo masculino llevaron a una rebelión por parte de las mujeres que originó, o por lo menos contribuyó, al surgimiento del movimiento feminista.

El mundo interior del hombre caído

En el Jardín de Edén, en relación con Dios, el hombre experimentaba absoluta seguridad para liderar y para someter la creación. Pero al alejarse del Padre, el hombre, como ya dijimos, experimentó vergüenza, temor, culpa y, como consecuencia, se aisló y trató de justificarse.

- **La vergüenza** provoca que enmudezcamos y que no participemos cuando tendríamos que hacerlo. Nos escondemos y no hacemos lo que debemos por temor a ser avergonzados.

- **El temor** que no admitimos y que procuramos ocultar. En ocasiones, nuestras inseguridades nos impulsan a adquirir instrucción, posición y poder, pero aún nos hallamos inseguros. Porque la razón del temor es la pérdida de lo que poseíamos en Dios. Ese miedo nos convierte en hombres silentes, y eso daña a nuestras esposas e hijos. Llegamos a nuestra casa y nos escondemos detrás de un libro, de una computadora o de la televisión. Lo cierto es que no queremos interactuar con el mundo que nos rodea porque no conocemos cómo manejar nuestras emociones ni las de los demás. Mudos, no nos comunicamos, pero esperamos que otros entiendan cómo nos sentimos; no vemos nada malo con nuestro silencio y lo justificamos diciendo «es que yo soy así».

Dos grandes temores del hombre caído

Temor al rechazo. En numerosas ocasiones, ese temor provoca que evitemos a aquellas personas que suponemos que nos rechazarán. Con frecuencia esto nos priva de disfrutar de relaciones valiosas. Pero sin relaciones cercanas, nunca venceremos el temor a las relaciones humanas. Por otro lado, cuando sufrimos de este mal, experimentamos cierto grado de ansiedad alrededor de aquellos que no son como nosotros. Tendemos a ser realmente sensibles a las críticas, pero solemos condenar a otras personas. Esto ocurre cuando nos sentimos reprobados por el otro. También, experimentamos un deseo de controlar a los demás y de conocer lo que ellos piensan. Procuramos impresionar para hallar aceptación. Esto genera una tensión en el matrimonio si creemos que nuestras esposas no nos aprueban, y con frecuencia nos sentimos criticados o condenados ante el más mínimo comentario.

Temor al fracaso. En una iglesia de Estados Unidos donde yo era uno de los ancianos, alguien me dijo que prefería no tener amigos cercanos porque podían fallarle y no deseaba experimentar el fracaso de una amistad. Esa actitud produce un hombre aislado y silente, y acarrea consecuencias sumamente negativas.

Culpa. Esta emoción causa que nos sintamos acusados y solo nos desharemos de ella si la dejamos a los pies de la cruz. Nos sentimos culpables porque somos culpables, el problema es que desconocemos cómo lidiar con esta realidad. Alguien ha dicho que los hombres se sienten culpables de su pasado y temen al futuro.

Aislamiento. Esta actitud solo agrava nuestros problemas porque no tenemos a quién contarle nuestros temores interiores. Si lo hiciéramos, descubriríamos que no somos los únicos que viven esas experiencias. Sin embargo, transitamos por la vida creyendo que no existe nadie más como nosotros. Larry Crabb, autor y consejero cristiano de vasta experiencia en Estados Unidos, en su libro, *El silencio de Adán*, expresa: «La mayoría de los hombres no se sienten cercanos a nadie, incluyendo a Dios y, a su vez, nadie se siente cercano a ellos».

Justificación. Esto impide que admitamos nuestros errores, temores, inseguridades y pecados. Como consecuencia, permanecemos en el autoengaño. Algunas investigaciones han mostrado que cuando las mujeres fallan en algo, se culpan a sí mismas, pero, cuando los hombres fallan culpan a otros. En una relación es común que el hombre no admita estar equivocado.

De hecho, si una pareja va en un coche camino a una reunión y se pierden, si al llegar a la reunión alguien pregunta si estaban perdidos, el hombre prefiere responder: «No, perdidos, en realidad no. Solo tuvimos que dar muchas vueltas para llegar». En lugar de admitir que dieron numerosas vueltas porque estaban perdidos.

Ambos sexos experimentan los mismos sentimientos, pero es común que la mujer tenga amigas con quienes comparte su mundo interior, mientras que el hombre no se atreve porque su temor interno y su ego no se lo permiten.

El silencio del hombre

La mayoría de los hombres, creyentes o no, viven en silencio, y ese silencio es en extremo negativo para un matrimonio. Como el hombre no habla, lamentablemente, su esposa tendrá que llegar a conclusiones por observación de su comportamiento más no por lo que él comparte con ella. Cada vez que la mujer quiere compartir su mundo emocional, el esposo experimenta cierto grado de ansiedad. Es por eso que, en múltiples ocasiones, él prefiere incluso trabajar largas horas en la oficina antes que llegar a la casa. Gary Oliver, en su libro *Real Men have Feelings too* [Los hombres reales también tienen sentimientos] expresa al respecto:

> «Debido a que los hombres no entienden ni saben cómo expresar sus emociones, no saben cómo lidiar con el dolor emocional. Por lo tanto, cuando sentimos dolor no lo entendemos y no sabemos qué hacer con él, por lo cual, nuestra única opción es anestesiarlo. Si nosotros no sentimos, entonces no sentimos dolor, temor, pesar ni pérdida. La anestesia actúa por un rato, pero con el correr del tiempo necesitaremos más y más. Esto lleva a toda clase de hábitos destructivos».

En innumerables ocasiones, el hombre es más apreciado en su trabajo que en su casa. Esto sucede porque quizás en su empleo él es comunicativo, a diferencia de cómo es en el hogar, donde tiene que lidiar con el mundo emocional de su familia.

Lo anterior se explica en que el hombre inseguro en su interior se inclina a dominar un área de la vida en la cual él pueda sentirse seguro. Es común que esa área sea su trabajo. El hombre prefiere temas seguros como gustos, intereses, actitudes, opiniones a diferencia de la mujer que prefiere hablar de cómo ella se siente.

Larry Crabb, en su libro, *El silencio de Adán,* expresa: «Cuando un hombre se siente amenazado en áreas de su interior que él no conoce bien, se retira a áreas de su competencia o domina a alguien para sentirse poderoso». Donde se siente seguro, se convierte en una persona comunicativa. En el hogar, él se aísla y enmudece porque el universo emocional de su esposa y de sus hijos le genera inseguridad. En múltiples oportunidades, cuando la esposa llora por alguna situación, el hombre responde con cierta irritación y pregunta: ¿por qué lloras?, ¿por qué te pones así? Él no sabe qué decir ni qué hacer.

A un gran número de hombres les va bien en el trabajo, aunque con frecuencia no es así en el hogar. Pero a través del silencio fingen que todo está en orden. Sin embargo, en su interior, tienen muchas preguntas que desafortunadamente contestan por sí mismos. Las mujeres comparten su mundo interior y hacen esas preguntas a sus amigas que las ayudan a analizar la dificultad que atraviesan.

El hombre es hermético sobre todo cuando tiene que compartir sus fracasos, su falta de logros, sus preocupaciones, sus temores y sus tristezas.

El efecto de la inseguridad

La inseguridad que experimenta una persona provoca que viva pensando en sí misma, y en cómo lograr su confianza. Por lo cual, no es infrecuente que el hombre posea un comportamiento egoísta. Tampoco es insólito escuchar mujeres que afirman que su esposo se enfoca demasiado en su propio bienestar y comodidad. El hombre inseguro es demandante por naturaleza; desea ser servido más que servir porque así siente que es el centro de atención y, por ello, importante. Su trabajo o incluso sus pasatiempos son preferidos por encima de su familia. El hombre egoísta con frecuencia hace referencia a sí mismo:

- Todo **me** sale mal
- Todo el mundo habla de **mí**
- Esto no **me** trae nada bueno
- Los demás lo han tenido fácil, pero **yo** tuve que trabajar duro
- **Yo** tengo que pensar en **mi** felicidad
- Nadie **me** entiende
- Nadie **me** visita
- **Yo** a nadie le importo

Esa misma inseguridad provoca que el hombre sea controlador. El dominio le garantiza su confianza. Lo cierto es que él no puede dirigir los eventos de la vida y, por otro lado, aunque piense que «controla lo controlable», su incertidumbre persiste. Por eso, puede ser poco confiado y manipulador con tal de conseguir lo que desea. Además, prefiere opinar más que preguntar.

Esa misma inseguridad propicia que el hombre se irrite con facilidad, sobre todo cuando se le pide que haga algo que no es de su competencia. En lugar de admitir su incapacidad, elige condenar a la persona que le asignó la responsabilidad o a algún otro.

El hombre caído y su sexualidad

Una de las áreas de mayor disfunción en el hombre es su sexualidad, sobre todo si la comparamos con la sexualidad femenina que, para ella, es una forma de intimidad. Pero, para el hombre, el sexo es la única forma de intimidad y reemplaza el compartir sus sentimientos con las relaciones sexuales. Las mujeres prefieren hablar de sus emociones. Se ha observado que los hombres, con frecuencia, desean relaciones sexuales cuando están cansados, disgustados, furiosos o inseguros. Cuando el varón confunde las necesidades emocionales con las sexuales, y ve la relación sexual como la única forma de intimidad, se frustra y se pone de mal humor si no la consigue.

Es lamentable observar que, en numerosas ocasiones, el hombre comete adulterio con alguien con quien procuraba tener intimidad y libertad para mostrarse vulnerable. Aunque podía hacerlo con su esposa, no lo hizo. En múltiples oportunidades esto ocurre porque ese hombre se siente intimidado o experimenta una competencia con su cónyuge que en su nuevo enamoramiento no parece experimentar.[25] Por otro lado, el hombre de hoy se consume por la pornografía porque la mujer en la pantalla no representa ninguna amenaza para él, sino que le proporciona «intimidad» (aunque no lo sea) y le permite hacer «con ella» lo que «él quiera». Estas imágenes producen un efecto a nivel cerebral que de modo literal cambia la estructura y el funcionamiento de su cerebro.[26]

Dios necesita trabajar en esta área de la sexualidad masculina para que el hombre honre Su imagen en él.

Principios de aplicación

El expresidente del Instituto Moody, Joseph Stowell, escribió en una ocasión:

> «Muchos de nosotros tememos [...] que, si le entregamos completamente a Cristo las riendas de nuestra

25. Ver capítulo sobre enamoramiento.
26. Ver capítulo sobre pornografía.

> vida, Él nos quitará nuestra hombría. Víctimas de una imagen desmasculinizada de Cristo, hemos olvidado que Su perfecta mezcla de divinidad y humanidad fue expresada a través de Su existencia como hombre. Él fue la perfecta expresión de la hombría. Al tiempo que esto significaba que Él poseía un lado especialmente compasivo, también mostraba fuerza y poder. Fuerza y poder suficientes para atraer a hombres fuertes a convertirse en seguidores suyos. Tan suficiente como para que ellos dejasen incluso su ocupación y ambiciones personales y lo siguieran.
>
> Jesucristo de ninguna manera disminuye nuestra hombría. Él emerge a través de las distintas cualidades de nuestra masculinidad para crear una más completa y rica expresión de lo que un hombre puede ser. Él redefine nuestra hombría reemplazando las motivaciones de nuestro mundo con nuevas normas para el éxito. Dirige nuestra hombría a lo largo del sendero de nuestro fundamental significado. Toma nuestros instintos de protección, provisión, conquista y acumulación y los apunta en direcciones productivas».[27]

Jesús fue la personificación de la hombría y, sin embargo, nos llamó a ser mansos y humildes (Mat. 11:29). Un ser humano humilde suele llevarse bien con los demás porque no siente que deba probar, temer ni esconder nada. Ese es un hombre que depende del Espíritu de Dios y está consciente de que, en Cristo, él es ahora una nueva criatura (2 Cor. 5:17).

El cristiano posee en su interior una capacidad de cambio que nadie puede superar, y es la presencia del Espíritu de Dios que nos va transformando de gloria en gloria (2 Cor. 3:18). Pero

---

27. Joseph Stowell, *The Front Lines, Perspectives from the Trenches of life, under The Making of a Man* [Las líneas de frente, perspectivas de las trincheras de la vida, en «la fabricación» de un hombre] (Discovery House Publishers, 2007).

debe tomar decisiones, mantenerlas y confiar en el poder de Dios:

- ✓ Decido cambiar mi forma de ser para dejar de herir a otros.
- ✓ Decido salir de la jaula que me ha aislado.
- ✓ Decido ser responsable, diligente y un gran «trabajador» en beneficio de otros.
- ✓ Decido ser un siervo a cualquier costo.
- ✓ Decido romper con los hábitos en los que me he escondido.
- ✓ Decido romper con mi ira y mi amargura.
- ✓ Decido romper con mis temores e inseguridades.
- ✓ Decido romper con mis justificaciones.

Cerramos con este versículo de la Palabra de Dios:

«Y a aquel que es poderoso para hacer todo mucho más abundantemente de lo que pedimos o entendemos, según el poder que obra en nosotros, a Él sea la gloria en la iglesia y en Cristo Jesús por todas las generaciones, por los siglos de los siglos. Amén» (Ef. 3:20-21).

Capítulo 3

Eva: La ayuda idónea (*Ézer k'enegdo*)

«Y el Señor Dios dijo: No es bueno que el hombre esté solo; le haré una ayuda idónea»

(Gén. 2:18).

Introducción

Dios en Su sabiduría creó a Adán y luego creó para él a alguien semejante, pero no igual. La idea no era duplicar a Adán, sino proveerle alguien que lo complementara y le sirviera de ayuda idónea *(ézer k'enegdo)*. Evidenciamos, de manera clara, la descripción de este rol en el Libro de Génesis: «Y el Señor Dios dijo: "No es bueno que el hombre esté solo; le haré una ayuda idónea"» (Gén. 2:18). Una de las raíces de la palabra traducida como ayuda *(azár)* está relacionada en algunos de los idiomas semíticos con la acción de rescatar. Sin embargo, el vocablo *ézer* se usa en el Antiguo Testamento con la idea de «brindar ayuda» o «ser ayudador». En Génesis 2:18 este término se refiere a alguien que corresponde de manera apropiada al hombre en contraposición a un animal. Eva fue una ayuda idónea para Adán por las capacidades que Dios le otorgó. Se trataba de alguien correspondiente a él; es decir; una persona que se encontrara a su mismo nivel y no un ser inferior a él.

En la Escritura, el vocablo *ézer*, que aparece 21 veces en el Antiguo Testamento, se usa en la mayoría de los casos para referirse a Dios como el Ayudador. En 18 ocasiones significa ayuda; en otros 2 casos se traduce como ayudador; y en una última aparición se interpreta como ayudadores. En 18 de las 21 ocasiones en que la palabra *ézer* aparece, hace referencia a Dios. Por consiguiente, es evidente que el concepto de ayuda idónea no tiene una implicación de inferioridad, sino que se refiere a alguien que trabaja al lado de la persona a quien ayuda para llevar a cabo la labor que el Señor le ha encomendado.

La palabra traducida al español como «idónea» es el término hebreo *k'enegdo*. El significado de este vocablo es menos claro porque no aparece en ningún otro texto bíblico, a diferencia de lo que ocurre con la palabra hebrea *ézer*, que se usa múltiples veces en la Biblia. Cuando un vocablo no se repite en la Escritura, no hay forma de hacer comparaciones para determinar de forma acertada su sentido. Algunas de las fuentes consultadas mencionan que esta palabra proviene del hebreo *nokakj* que significa estar «en frente de» o ser «opuesto a». La igualdad entre ambos sexos está relacionada con su dignidad y su valor ante Dios. Sin embargo, son opuestos, pero no como si fueran enemigos, sino porque son diferentes en género, en diseño, en su forma de ver la vida y reaccionar ante ella, etc. Son opuestos (distintos) de diversas maneras, pero formados para complementarse de modo perfecto (como una imagen en el espejo). La ayuda idónea es, pues, alguien que complementa a otra persona y la asiste para ser más fructífera.

La bendición de una ayuda idónea

La tarea asignada a Adán no fue sencilla: dominar y llenar la tierra. Era imposible que pudiera realizar esta labor por sí solo.

Por lo tanto, desde el inicio fue evidente que el primer hombre necesitaría asistencia. El máximo potencial se alcanza cuando los hombres y las mujeres se percatan de que cada género tiene dones, habilidades y llamados diferentes que se desarrollan mejor si se trabaja en equipo para ayudar al otro a tener éxito en aquello que el Señor lo ha llamado a hacer. Solo unidos en cuerpo, alma y mente podemos realizar el trabajo de Dios con eficacia. Sin Cristo, nada podemos hacer. Con Él, y unidos como portadores de Su imagen, somos mejores.

El hombre y la mujer fueron creados iguales en dignidad, pero con funciones diferentes, como ya hemos señalado. Es bueno hacer la distinción porque muchos tergiversaron la idea de igualdad y la llevaron al punto de significar que entre el hombre y la mujer no existen distinciones de roles y que, por tanto, las diferencias tradicionalmente reconocidas entre ambos sexos solo representan enseñanzas culturales. Para justificar esta manera errónea de pensar, algunos se han apoyado en el pasaje de Gálatas 3:28, donde el apóstol Pablo enseña que: «No hay judío ni griego; no hay esclavo ni libre; no hay hombre ni mujer, porque todos sois uno en Cristo Jesús». Sin embargo, el contexto de este pasaje no es el matrimonio ni la diferencia de roles, sino la declaración de que somos uno en Cristo por medio de la salvación que Él nos otorgó. Ahora los judíos no podían considerarse un pueblo o grupo exclusivo en comparación con los gentiles, porque la salvación había sido extendida a todos los seres humanos sin distinción. Es lamentable que, cuando citamos un versículo fuera de contexto, provocamos que el texto apoye cualquier idea que queramos exponer. Debemos tener en cuenta que el asunto en el pasaje de Gálatas no es sociológico (relativo a las sociedades y las culturas humanas), sino soteriológico (relativo a la salvación).

En Génesis 1:28 observamos cómo Dios ordenó a ambos géneros sojuzgar la tierra: «… Sed fecundos y multiplicaos, y llenad la tierra y sojuzgadla; ejerced dominio sobre los peces del mar, sobre las aves del cielo y sobre todo ser viviente que se mueve sobre la tierra». Esto debía hacerse de acuerdo con el diseño de Dios. Adán y Eva tendrían una misma meta que cumplir: sojuzgar la tierra, uno al lado del otro, complementándose; cada uno con diferentes fortalezas, habilidades y roles, según el diseño de cada uno. Sería ilógico pensar que seres tan disímiles como estos dos pudieran realizar las mismas tareas de modo eficiente y sin distinción.

Además de las diferencias de diseño para complementarse en el trabajo, las diferencias de sexo también permiten que la mujer le proveyera al hombre compañía y la habilidad de reproducirse, como ya explicamos en una sección anterior.

Las circunstancias del presente

La Palabra de Dios describe a Satanás como el príncipe de este mundo que ha cegado las mentes de los incrédulos para que no vean el resplandor del evangelio de la gloria de Cristo (2 Cor. 4:4). Esa ceguera espiritual es la misma que experimentan las feministas, y que les roba el gozo que encontramos en nuestras diferencias. Hoy en día son muchos los que creen que las distinciones entre los sexos se limitan a la anatomía, y que lo demás es el resultado de un simple acondicionamiento cultural o algo aprendido desde la infancia, con lo cual justifican sus deseos pecaminosos. Por ende, la sociedad actual está tratando de moldearnos contra diseño, aumentando así la frustración interna y disminuyendo la felicidad y el gozo de la vida. Muchas mujeres se sienten insatisfechas, pero es lamentable que esperan encontrar su satisfacción en el ámbito laboral y en medio de la sociedad, en lugar de encontrarla en las funciones primarias para las cuales Dios las creó.

Si observamos la realidad de manera objetiva, veremos que en la mayoría de las culturas los hombres ejercen dominio sobre las mujeres, aunque la forma en que lo hacen refleja una distorsión del diseño de Dios. Si no existieran diferencias reales entre los sexos, podríamos encontrar quizás hasta un 50 % de las culturas donde el dominio del liderazgo fuera ejercido por el hombre o por la mujer. Pero esto no es lo que hallamos, con esto podemos comprobar que más que un adiestramiento cultural, tenemos un diseño otorgado por Dios que no es aprendido. El Libro de Génesis nos enseña que ese diseño es creacional. El Señor creó a la mujer como femenina, con el mismo valor del hombre, pero con funciones diferentes que son complementarias a las del varón.

Para ilustrar estas diferencias, en su libro *Salvaje de corazón*, John Eldredge, reconocido escritor y consejero estadounidense, describe tres anhelos que, según él, están en el corazón de cada hombre: una batalla que pelear, una belleza que rescatar y una aventura por vivir. Este autor identifica además tres anhelos que a su parecer son esenciales para el corazón de una mujer: un hombre que luche por ella, una aventura que compartir y una belleza para desvelar ante un hombre que se deleite en ella.[28]

No solo la Biblia nos instruye sobre estas diferencias de género, sino que también la literatura psiquiátrica ha confirmado que nuestro comportamiento no es totalmente aprendido; más bien existe una combinación entre aprendizaje y cambios cerebrales producidos por «la naturaleza». Pero es difícil creer que la naturaleza en sí misma sea tan inteligente como para producir los mismos cambios en todas las mujeres de todas las culturas en toda la tierra. Además, muchas de estas variaciones se producen también en el reino animal, aunque no en todos los casos, lo que significa que no pudieron darse por evolución, sino por diseño divino.

---

28. John Eldredge, *Salvaje de corazón*, (Nashville: Thomas Nelson, 2001, Nashville, Tennessee), Cap., 1.

El cerebro femenino es diseño de Dios

Según la reciente literatura médica, el cerebro femenino está programado para la conexión y para mantener la armonía. En los bebés que todavía están en la etapa de cuna se ha notado que las mujeres aumentan en un 400 % el contacto visual con las personas a su alrededor, durante los primeros tres meses de vida. Los varones, en cambio, miran los objetos con colores y todo lo que se mueve, como los juguetes que cuelgan encima de la cuna. Por consiguiente, desde corta edad el cerebro femenino es hábil en interpretar las caras, el tono de voz y las emociones de las personas.[29]

Esto corresponde al diseño de una persona que fue creada para la labor especial de dar a luz a un hijo, criarlo con el apoyo del liderazgo del padre y servir de «pegamento» en las relaciones familiares. Según estudios realizados utilizando una tecnología llamada gammagrafía de TEC, el área cerebral responsable de interpretar esta información emocional que acabamos de mencionar es conocida como ínsula y funciona junto con otras áreas.[30]

La ínsula es más grande y más sensible en las mujeres, y lo mismo ocurre con otra área de la corteza cerebral llamada corteza cingulada anterior, que es fundamental para anticipar, controlar, evaluar e integrar las emociones positivas y negativas. Ya mencionamos que las mujeres responden de forma más participativa que los hombres en las relaciones, las cuales involucran muchas de estas emociones. Esto es así, porque, como ya dijimos, Dios preparó el cerebro de la mujer para desempeñar esa tarea.

---

29. *Sex differences in human neonatal social perception.* Connellan, Jennifer, Baron-Cohen, Simon, Wheelwright, Sally, Batki, Anna, Ahluwalia, Jag, *Infant Behavior and development 23* (2000) 113-118.

30. K. Luan Phana, Tor Wagerb, Stephan F. Taylora e Israel Liberzona, *Functional neuroanatomy of emotion: A meta-analysis of emotion activation studies in PET and fMRI,* [Neuroanatomía funcional de la emoción: Un metanálisis de estudios de la activación de las emociones en PET y fMRI] (NeuroImage, Vol. 16, No. 2, junio del 2002), pp. 331–348 | DOI: 10.1006/nimg.2002.1087.

Una observación bíblica

Al escribir sus salmos, David no conocía nada sobre esto, pero quizás había observado cómo los hombres y las mujeres se comportaban de manera distinta. En el Salmo 144 David ora a Dios para que bendiga a las futuras familias de Israel. Cuando él piensa en los jóvenes del futuro, su petición es esta: «Sean nuestros hijos en su juventud como plantíos florecientes, y nuestras hijas como columnas de esquinas labradas como las de un palacio» (Sal. 144:12). John Phillips, en su comentario sobre este salmo, expresa: «David se imagina una nación de hombres jóvenes saludables, varoniles, erguidos y altos que obtienen su fortaleza de su tierra natal, que no están familiarizados con nada decadente o enfermo. Él imagina mujeres jóvenes, futuras madres de Israel, como piedras angulares de la nación, pulidas y esculpidas, fuertes y estables, hermosas y erguidas como columnas estriadas, apropiadas para adornar el palacio de un rey. Bienaventurada es la nación que tiene hijos e hijas como estos».[31]

La palabra hebrea traducida en este salmo como columna es *zavít,* que significa piedra angular. Se refiere a la primera piedra que se instalaba en una construcción y unía el resto del edificio. Es indudable que el salmista no conocía lo que la ciencia ha descubierto en cuanto al funcionamiento del cerebro, pero Dios, como Creador, sabía lo que cada género necesitaba según el propósito para el que fue creado. A través de la observación natural, David notó lo importantes que son las mujeres como conectores y quizás por esto describe a los hijos de una manera y a las hijas de otra. La fémina por naturaleza quiere mantener las relaciones. Es como el «pegamento» que preserva la unidad en la familia, sin importar dónde ella se encuentre. Por diseño, la mujer no solo posee esta necesidad, sino también la capacidad para ejecutarla.

---

31. John Phillips, *Exploring the Psalms* [Explorando los Salmos], Vol. 2 (Neptune: NJ: Loizeaux Brothers, 1988), p. 645.

Una observación práctica con implicaciones biológicas

Desde pequeñas, las niñas entablan relaciones cercanas con otras amigas, pero al ser parte de este mundo caído, esas relaciones tienden al pecado. En numerosas ocasiones, la meta es crear una comunidad y organizar un mundo donde ellas sean el centro de atención. En ese tipo de relaciones, ellas prefieren evitar el conflicto, porque las discordias chocan con su deseo natural de mantener la conexión, recibir aprobación y nutrir a otros. Se cree que la aversión al conflicto es fisiológicamente producida por una serie de circuitos cerebrales que solo se hayan en el género femenino, o quizás los tienen más desarrollados. Estos circuitos cerebrales desvían la emoción de la ira hacia la corteza cingulada anterior, ya mencionada, donde se registra el miedo o temor al dolor en los casos de pérdida, y luego envía la señal hacia el área prefrontal del cerebro, donde reside el centro del razonamiento.

Ante un conflicto, la mujer experimenta un deseo de razonar antes de tornarse agresiva. Por otro lado, los hombres reaccionan físicamente con violencia unas 20 veces más que las mujeres. Por eso el género masculino debe aprender a controlar su agresividad más que el género femenino. Esto se debe a que existen diferencias en el funcionamiento de los cerebros de ambos sexos, aunque la revolución sexual pretenda inculcarnos que estas distinciones son solo culturales.

A continuación, revisamos algunas de esas diferencias hormonales:

1. Las hormonas **estrógeno y progesterona** circulan a niveles más elevados en las mujeres que en los hombres.
2. Durante la comunicación, la hormona del placer, conocida como **dopamina,** aumenta y esto

produce en la mujer un mayor deseo de mantener la comunicación.

3. La **oxitocina** es la hormona responsable de estimular el deseo de intimidad y de conexión, la cual también existe en niveles más elevados en la mujer. Esta hormona contribuye a disminuir la agresividad y aumentar la empatía.

Además, existe otra hormona que la mujer es capaz de producir en niveles más elevados que el hombre, conocida como **serotonina**, y contribuye a producir tranquilidad.

La combinación de las hormonas oxitocina y serotonina produce un aumento en el tiempo requerido para reaccionar ante una amenaza. También, las mujeres tienen conexiones extra en las áreas cerebrales de la comunicación que la oxitocina utiliza.

¿Cómo nos ayuda toda esta información?

Ahora comprendemos mejor por qué las mujeres se inclinan por calmar las situaciones con palabras y no con respuestas físicas como ocurre con los hombres. Por esa misma razón, ellas intentan hablar, comunicarse y conectarse con otras personas con mayor frecuencia que los hombres. Estas realidades contribuyen a que la mujer enriquezca la relación de pareja y mejore la comunicación entre familiares e incluso a nivel social.

Desde jóvenes, las mujeres son expertas en interpretar las expresiones faciales, el tono de voz y, por ende, las emociones de las personas. Muchos han llamado a esto «el instinto femenino». Este instinto no es algo fortuito, sino que corresponde al diseño de Dios para la mujer.

Principios de aplicación

Todos, tanto varones como mujeres, necesitamos recordar el sabio consejo del autor del Libro de Proverbios: «El hombre airado suscita rencillas, y el hombre violento abunda en transgresiones» (Prov. 29:22). De igual modo, no debemos olvidar la advertencia que nos hace Jacobo en su carta: «Esto sabéis, mis amados hermanos. Pero que cada uno sea pronto para oír, tardo para hablar, tardo para la ira» (Sant. 1:19). Estas enseñanzas no son exclusivas para los hombres, pero en numerosos conflictos matrimoniales es el varón quien tiene mayor dificultad para controlar su comportamiento agresivo. Tanto es así que el género masculino es el causante de la mayoría de los episodios de violencia intrafamiliar.

El Señor afirmó: «... No es bueno que el hombre esté solo; le haré una ayuda idónea» (Gén. 2:18). En consecuencia, la mujer de Dios puede servir de apoyo extraordinario al varón en todas las áreas donde ella puede participar de acuerdo a la Biblia. En las relaciones, que es el tópico que hemos analizado, la mujer puede ayudar a su esposo siguiendo las enseñanzas del Libro de Proverbios. Una mujer que camina con el Señor: «Abre su boca con sabiduría, y hay enseñanza de bondad en su lengua» (Prov. 31:26). Ella puede ayudar al hombre a refrenar sus palabras y serenar su espíritu (Prov. 17:27). El varón debe aprender a controlar sus reacciones y en esta área las mujeres pueden contribuir en gran manera. En ese sentido, el apóstol Pablo nos exhorta en Romanos a que «... procuremos lo que contribuye a la paz y a la edificación mutua» (Rom. 14:19).

La mujer descrita en Proverbios 31 es un ejemplo maravilloso de una mujer trabajadora que se esfuerza por cumplir su parte en la tarea asignada por Dios de sojuzgar la tierra. Asimismo, la Palabra nos muestra con claridad que el espíritu ostentado por la mujer al llevar a cabo su rol debe diferenciarse del espíritu exteriorizado por el hombre. De igual modo, el apóstol

Pedro nos instruye: «Y que vuestro adorno no sea externo: peinados ostentosos, joyas de oro o vestidos lujosos, sino que sea el yo interno, con el adorno incorruptible de un espíritu tierno y sereno, lo cual es precioso delante de Dios» (1 Ped. 3:3-4).

Capítulo 4

La caída: El inicio de la distorsión

«A la mujer dijo: En gran manera multiplicaré tu dolor en el parto, con dolor darás a luz los hijos; y con todo, tu deseo será para tu marido, y él tendrá dominio sobre ti. Entonces dijo a Adán: Por cuanto has escuchado la voz de tu mujer y has comido del árbol del cual te ordené, diciendo: "No comerás de él", maldita será la tierra por tu causa; con trabajo comerás de ella todos los días de tu vida»

(Gén. 3:16-17).

Introducción

Intentar comprender el comportamiento del ser humano y el porqué de las cosas que ocurren a nuestro alrededor nos exige regresar a los inicios de la historia de la humanidad, en específico a partir de Génesis 3. Para discernir el contexto de este pasaje, debemos recordar que después de la caída del hombre, producto de su desobediencia, el Señor anunció a Adán y a Eva que en adelante sus vidas cambiarían por completo. El pecado alteró el orden divino y afectó la relación de

Dios con el ser humano y con toda Su creación. En el texto citado, el Creador revela a la mujer cómo el pecado afectaría la experiencia de tener descendencia y cómo cambiaría la relación entre el hombre y ella: «A la mujer dijo: En gran manera multiplicaré tu dolor en el parto, con dolor darás a luz los hijos; y con todo, tu deseo será para tu marido, y él tendrá dominio sobre ti» (Gén. 3:16). Otras traducciones expresan: «… y tu deseo será para tu marido, y él se enseñoreará de ti» (RVR1960).

Es fácil comprender cómo cambió el proceso de alumbramiento de los hijos; pero no es tan sencillo interpretar el resto de lo que este texto bíblico expresa. Por un lado, nos preguntamos qué significa que el marido se enseñoreará de la mujer o tendrá domino sobre ella; y, por otro lado, nos cuestionamos qué implica que el deseo de la mujer será para su marido. Estas son interrogantes que debemos explorar y las respuestas nos regresarán al comienzo del relato de la creación: «Creó, pues, Dios al hombre a imagen suya, a imagen de Dios lo creó; varón y hembra los creó. Y los bendijo Dios y les dijo: Sed fecundos y multiplicaos, y llenad la tierra y sojuzgadla; ejerced dominio sobre los peces del mar, sobre las aves del cielo y sobre todo ser viviente que se mueve sobre la tierra» (Gén. 1:27-28).

Según el relato bíblico, tanto el hombre como la mujer fueron llamados a dominar el mundo en unidad. La Escritura no menciona que un miembro de la pareja dominaría al otro. Si consideramos lo que la Biblia revela sobre la función del hombre, descubrimos que su rol principal es el de liderar y proteger a su mujer, como vimos en el capítulo anterior; y la función de la mujer es someterse de forma voluntaria a su esposo, ayudándolo a llevar a cabo el llamado de Dios para él. Este fue el inicio de la unidad básica de la sociedad, la familia, la cual es creación de Dios.

La caída

El capítulo 2 del Libro de Génesis nos otorga una idea más detallada de la creación y es allí donde encontramos la primera ordenanza de Dios sobre la unión matrimonial. En Génesis 2:24 leemos: «Por tanto el hombre dejará a su padre y a su madre y se unirá a su mujer, y serán una sola carne». Es evidente que, con esta ordenanza de dejar padre y madre, el Señor está considerando a las generaciones futuras, pues ni Adán ni Eva tuvieron padres. El concepto de una sola carne (la unión del hombre con su mujer) fue el plan original de Dios. Sin embargo, después de la caída, ellos desarrollaron deseos egoístas que el Señor evidenció al confrontarlos por su desobediencia. Entonces dijo Dios a la mujer: «... tu deseo será para tu marido y él tendrá dominio sobre ti» (Gén. 3:16b). De modo que, en lugar de dominar juntos la creación con el liderazgo amoroso del hombre y la sumisión voluntaria de la mujer como su ayuda idónea, tal como hubiese ocurrido sin la caída, ahora el varón incluiría a su compañera en el terreno de lo dominado y perdería el deseo de ser una sola carne con ella.

La palabra hebrea traducida como deseo en Génesis 3:16 es *teshucá* y es el mismo término utilizado en el texto de Cantares 7:10, que recoge las palabras de la sulamita sobre su esposo: «Yo soy de mi amado, y su deseo *[teshucá]* tiende hacia mí». Este vocablo también se utiliza en Génesis 4:7, cuando Dios dijo a Caín: «Si haces bien, ¿no serás aceptado? Y si no haces bien, el pecado yace a la puerta y te codicia, pero tú debes dominarlo *[teshucá]*». Muchos teólogos concuerdan en que, si unimos todas las ideas detrás de estos textos bíblicos, concluiríamos que, a partir de la caída, no solo las emociones de la mujer se dirigirían hacia su esposo, sino que también ahora ella tendría una tendencia pecaminosa a querer dominarlo.

Dios habla a Adán después de la caída

«Entonces dijo a Adán: Por cuanto has escuchado la voz de tu mujer y has comido del árbol del cual te ordené, diciendo: "No comerás de él", maldita será la tierra por tu causa; con trabajo comerás de ella todos los días de tu vida. Espinos y abrojos te producirá, y comerás de las plantas del campo. Con el sudor de tu rostro comerás el pan hasta que vuelvas a la tierra, porque de ella fuiste tomado; pues polvo eres, y al polvo volverás» (Gén. 3:17-19).

La naturaleza del trabajo cambió y eso provocaría que, con el tiempo, Adán relegara a su esposa a un segundo plano y colocara su trabajo en primer lugar. De manera que, en lo sucesivo, Adán se interesaría más en lo laboral que en lo familiar. En lugar de hallar su identidad en la relación con Dios, el hombre la buscó en el trabajo. El plan maravilloso de ver a ambos cónyuges enseñoreándose sobre el mundo, bajo el liderazgo de Adán, se perdió; y la unión del marido con su esposa fue alterada como fruto de la desobediencia.

La caída produjo en la mujer y en el hombre un deseo de dominio del uno sobre el otro. Como resultado, la mujer aún querrá ser una sola carne con su esposo, pero ahora de una forma pecaminosa con el deseo de dominarlo. Entonces, en lugar de que la pareja lleve a cabo de manera conjunta el mandato de Dios de dominar la tierra, cada uno trataría de incluir al otro en su «plan de dominio». El anhelo de ser una sola carne, unido a la frustración de no lograrlo y a la actitud de enseñorearse sobre el cónyuge de una forma pecaminosa, es lo que origina numerosas emociones negativas en los corazones de tantas mujeres. Por otro lado, el constante deseo de la mujer de dominar a su esposo, terminaría frustrando el corazón del hombre y produciendo en él un sentido de amenaza, lo cual resultaría en falta de paz en el hogar.

Es interesante ver cómo algunas de las observaciones que hace el mundo secular tienen cierto grado de sabiduría debido a la gracia común que nuestro Dios ha derramado. Algunos de estos análisis son incluso astutos. El problema no radica entonces en las reflexiones, sino en las conclusiones a las que se arriba partiendo de ellas, al poseer una cosmovisión errada. A modo de ilustración, citaremos un ejemplo que encontramos en la literatura psiquiátrica. En una ocasión, el doctor Robert Josephs de la Universidad de Texas hizo una afirmación basada en observaciones realizadas a través de los años en sus casos clínicos. Él llegó a esta conclusión: «La estima propia del hombre está derivada de su capacidad de conservar la independencia; mientras que la de la mujer está basada en su capacidad de mantener relaciones íntimas con otros».[32] Es interesante que el mundo pueda arribar a conclusiones que podemos inferir de la Escritura.

El texto de Génesis 3 nos da la impresión de que Dios en Su justicia y Su sabiduría impuso una penalidad por el pecado de violar Su mandato. El rol del hombre era proteger y liderar a su mujer y falló en las dos áreas: él no la protegió de Satanás y no ejerció el liderazgo oportuno. Cuando se anuncian las consecuencias, notamos que el pecado afectó la capacidad de dirigir de Adán: perjudicó su trabajo (se volvió tedioso) y la relación con su mujer (se convirtió en una relación de dominio). Su señorío o liderazgo en ambas áreas se dificultaría en lo posterior. Por otro lado, la función de la mujer era servir de ayuda idónea a su marido en la asignación divina de «administrar» juntos el mundo, un rol que desempeñaría bajo el liderazgo de su esposo. Sin embargo, a raíz de la caída, lo que pudo ser una contribución hermosa de la mujer a la tarea asignada por Dios a su marido, sería imposible debido al dominio pecaminoso que el hombre ejercería sobre ella. Alejarse del liderazgo de su esposo

32. Louann Brizendine, *The Female Brain*, (New York: Broadway Books, 2007), p. 41

produjo estas consecuencias. Bajo el diseño divino, además, la mujer cumpliría un rol especial en el parto y en la crianza de los hijos. Pero ahora, por las consecuencias del pecado, esa labor se dificultaría en gran manera. Y los dolores del parto serían solo el comienzo de las dificultades.

La buena noticia es que a través de Cristo y Su obra en la cruz, el hombre y la mujer pueden retomar el diseño original y aprender a manejar la facultad de dominio a la manera de Dios, tal como lo fue en el principio. En Efesios 5 nos enseñan cómo podríamos recuperar ese equilibrio santo. Entretanto, la mujer sufriría las consecuencias del pecado original al ser dominada en numerosas ocasiones por el hombre; mientras que al varón el trabajo le resultaría cada vez más difícil.

Es impresionante ver cómo el mundo distorsiona la realidad y nos inculca una idea contraria a la Biblia. La cultura moderna comenzó a despreciar el rol de la mujer en el hogar y elevó su labor en el ámbito profesional, esto se fortaleció en la época posmoderna. Las féminas aprenden que es bueno someterse a un jefe en el trabajo, pero la obediencia al esposo es considerada un acto de esclavitud y una creencia primitiva. Consideremos lo que ocurre. Las mujeres que crían a sus hijos y además poseen un empleo, no solo sufren las consecuencias del pecado de Eva, (tipificado por los dolores de parto y el dominio pecaminoso de los hombres), sino también las impuestas a Adán, pues para ellas el trabajo fuera del hogar añade cierta dificultad. Pensamos que somos brillantes, cuando en realidad somos movidos como fichas en las manos de Satanás.

La caída en el resto de la revelación bíblica

En Génesis capítulo 3 conocemos las consecuencias iniciales anunciadas por Dios a la primera pareja y a la serpiente. El resto de la Escritura nos devela otros numerosos resultados que llegaron hasta nosotros por alejarnos de Dios. Es importante resumir algunos de ellos porque han influenciado el comportamiento del ser humano desde que Adán desobedeció.

Por un lado, la Biblia declara que la mente del hombre quedó entenebrecida (2 Cor. 4:4). Esto implica una falta de entendimiento de la revelación de Dios en el hombre caído e incluso supone una distorsión en su percepción del mundo. A partir de la caída, no discernimos la realidad como es, sino como nosotros somos. La mente en oscuridad piensa y actúa de modo pecaminoso. Todas nuestras acciones están precedidas por un pensamiento y por eso la Escritura afirma que tal como el hombre piensa en su corazón así es él (Prov. 23:7). La mente también acarreó un estado de enemistad contra Dios (Rom. 5:10). Por eso, Pablo declara que la mente pecaminosa no solo rehúsa someterse a Dios, sino que también es incapaz de hacerlo (Rom. 8:7).

También, la Escritura revela que el corazón del hombre se endureció y se convirtió en piedra (Ezeq. 11:19). El corazón es engañoso, lo cual nos indica que las emociones y los sentimientos nos traicionan y provocan que creamos que la mentira es la verdad. La mente caída es incapaz de discernir entre lo veraz y lo falso. Y el corazón tiende a apasionarse no por lo que es verdadero, sino por lo que es ficticio. De ahí provienen las malas decisiones del ser humano por las que ha cosechado resultados terribles.

Además de la mente y el corazón del ser humano, la voluntad quedó esclavizada al pecado, hasta tal punto que la persona no puede hacer lo que quiere y en numerosas ocasiones, hace lo que no quiere (Rom. 7:19-25). Pablo escribe a su discípulo más joven, Timoteo, y expresa lo siguiente: «… corrigiendo tiernamente a los que se oponen, por si acaso Dios les da el arrepentimiento que conduce al pleno conocimiento de la verdad, y volviendo en sí, escapen del lazo del diablo habiendo estado cautivos de él para hacer su voluntad» (2 Tim. 2:25-26).

Todo esto explica por qué el hombre no vive conforme al diseño de Dios. No lo manifiesta en su existencia individual, ni en su matrimonio ni en la crianza de sus hijos. Después de miles de años de historia la sociedad está cosechando los frutos de lo sembrado. Por cierto, muchas de las condiciones de deterioro moral que observamos hoy ya se exhibían en la sociedad de Grecia y de Roma, por ejemplo. Es penoso advertir que, aunque los valores cristianos han impactado vastas regiones de Occidente y estas se han apartado de las mencionadas circunstancias primitivas, no obstante, el ser humano ahora vuelve a experimentar el libertinaje del cual se distanció antes. Y la única razón por la que esto sucede es el alejamiento de la Palabra de Dios.

Cuando Dios quiso dar orden al mundo, Él habló y el universo se formó y se organizó según lo describe Génesis 1 y 2. Cuando Adán y Eva desobedecieron al Creador, revirtieron el mundo de regreso al caos y así vivimos hasta el día de hoy. Dios deseó organizar una nación, le dio Su ley al pie del monte Sinaí y así surgió Israel. Las naciones de Occidente se organizaron y prestaron atención a la revelación de Dios, pero ahora su sociedad parece desintegrarse precisamente por ignorar la Escritura.

Principios de aplicación

En tiempos antiguos la mujer fue tratada como un ser inferior, pero Cristo elevó su dignidad y la colocó a la par del hombre, tal como fue al inicio de la creación, antes que el pecado entrara en el mundo. A pesar de dicho maltrato, en el Antiguo Testamento observamos cómo muchas mujeres de Dios tuvieron un lugar especial en medio de Su pueblo. Por ejemplo, en Rut 3:11, leemos: «Ahora hija mía, no temas. Haré por ti todo lo que me pidas, pues todo mi pueblo en la ciudad sabe que eres una mujer virtuosa». La palabra utilizada aquí para virtuosa es parecida a la palabra que se usa en el Libro de Proverbios, *kjáil*, que también significa capaz, habilidad, valor, actividad, persistencia, riqueza y energía. Es evidente que Rut disfrutaba de dignidad y de importancia en los asuntos administrativos de su casa.

La distorsión en el liderazgo del hombre y el rol de la mujer trastornó la concepción del matrimonio que Dios tuvo para la primera pareja creada por Él. Desde entonces, el hombre ha vivido recolectando consecuencias dentro de su matrimonio que luego se transmiten a la sociedad.

Entonces, ¿cómo podemos regresar al plan original de Dios para el matrimonio? Debemos obedecer al Señor y negarnos a nosotros mismos (Luc. 9:23). Aplicar las enseñanzas de la Palabra de Dios transforma nuestra mente, lo cual hace que nuestras voluntades se sometan a la Suya. En Romanos 12:2, el apóstol Pablo nos explica cómo conocer lo que Dios desea que hagamos: «Y no os adaptéis a este mundo, sino transformaos mediante la renovación de vuestra mente, para que verifiquéis cuál es la voluntad de Dios: lo que es bueno, aceptable y perfecto». La batalla ruge en nuestras mentes y la única forma de ganarla es en sumisión al Espíritu Santo (Heb. 12:9). Primero necesitamos conocer, por medio del estudio de Su Palabra y de la oración, lo que Él espera de nosotros, y luego debemos aplicar lo que aprendimos a la vida diaria. Por eso el Libro de Santiago expresa: «Sed hacedores de la palabra y no solamente oidores…» (Sant. 1:22).

Cuando ponemos en práctica lo aprendido, el Señor Jesucristo nos bendice y Su presencia se hace más real en nuestras vidas. Esta verdad la evidenciamos en el texto de Juan 14:21, que recoge una admirable afirmación de Cristo: «El que tiene mis mandamientos y los guarda, ése es el que me ama; y el que me ama será amado por mi Padre; y yo lo amaré y me manifestaré a él». Aunque es el Señor quien en verdad hace el trabajo, hay una porción que debemos realizar nosotros. Por un lado, Romanos 8:13 nos recuerda la obra de Dios en nosotros:

«... si por el Espíritu hacéis morir las obras de la carne, viviréis»; y por el otro, Efesios 4:22-24 rememora nuestra responsabilidad ante Dios: «... que en cuanto a vuestra anterior manera de vivir, os despojéis del viejo hombre, que se corrompe según los deseos engañosos, y que seáis renovados en el espíritu de vuestra mente, y os vistáis del nuevo hombre, el cual, en la semejanza de Dios, ha sido creado en la justicia y santidad de la verdad».

Segunda parte:

Nuestra situación actual

Capítulo 5

Una sola carne: Un hombre y una mujer

«Por tanto el hombre dejará a su padre y a su madre y se unirá a su mujer, y serán una sola carne»

(Gén. 2:24).

Introducción

El matrimonio es una de las grandes verdades reveladas desde el Libro de Génesis, pero desarrolladas de una forma más minuciosa en el Nuevo Testamento. Tan pronto como creó a Adán y a Eva, Dios los unió y los hizo una pareja. Estas fueron las palabras exactas pronunciadas por Dios en el Jardín de Edén: «Por tanto el hombre dejará a su padre y a su madre y se unirá a su mujer, y serán una sola carne. Y estaban ambos desnudos, el hombre y su mujer, y no se avergonzaban» (Gén. 2:24-25). Es indudable que Dios realizó el primer matrimonio. En ese sentido, podemos decir que la Escritura inicia con la celebración de una boda, pues encontramos esta unión al final del segundo capítulo del primer libro de la Biblia. Es interesante ver cómo Dios cierra la revelación bíblica con otra celebración similar: las bodas del Cordero.

> «Y oí como la voz de una gran multitud, como el estruendo de muchas aguas y como el sonido de fuertes truenos, que decía: ¡Aleluya! Porque el Señor nuestro Dios Todopoderoso reina. Regocijémonos y alegrémonos, y démosle a Él la gloria, porque las bodas del Cordero han llegado y su esposa se ha preparado. Y a ella le fue concedido vestirse de lino fino, resplandeciente y limpio, porque las acciones justas de los santos son el lino fino. Y el ángel me dijo: Escribe: "Bienaventurados los que están invitados a la cena de las bodas del Cordero". Y me dijo: Estas son palabras verdaderas de Dios» (Apoc. 19:6-9).

Es como si Dios hubiera querido encerrar toda la historia redentora del hombre entre dos portalibros, cada uno de los cuales es una ceremonia nupcial. En ese sentido, lo que Dios reveló en el Antiguo Testamento es expresado de una forma más completa en el Nuevo Testamento a través de la carta que el apóstol Pablo escribió a los efesios: «POR ESTO EL HOMBRE DEJARÁ A SU PADRE Y A SU MADRE, Y SE UNIRÁ A SU MUJER, Y LOS DOS SERÁN UNA SOLA CARNE. Grande es este misterio, pero hablo con referencia a Cristo y a la iglesia» (Ef. 5:31-32).

La palabra misterio aparece 22 veces en el Nuevo Testamento y siempre que se usa hace referencia a alguna verdad que estuvo oculta en el Antiguo Testamento, pero que ahora ha sido revelada en el Nuevo Testamento. Todo cuanto Dios hace es para Su gloria. Por tanto, el propósito del matrimonio es revelar dicha gloria de alguna manera. Al principio, cuando leemos el Libro de Génesis no deducimos el gran misterio detrás de esta unión, pero al llegar al Nuevo Testamento descubrimos que el enlace entre el hombre y la mujer representa la unión de Cristo con Su Iglesia. El compañerismo, la ayuda mutua, la intimidad sexual y la procreación son solo beneficios derivados del matrimonio, pero no su propósito.

Los requerimientos del matrimonio

Dos personas no pueden llegar a ser una sola carne sin que ambos sacrifiquen parte de lo que son. Un hombre y una mujer logran esto solo cuando están dispuestos a perder o ceder algo de sí mismos para convertirse en uno con su cónyuge. Dos personas no podrán fundirse en una sola, si ambas insisten en retener cada cosa que trajeron al matrimonio. Lograrán convertirse en una sola carne en lo sexual, pero no en lo espiritual. Asimismo, alcanzar esa unidad requerirá que ambos estén dispuestos a renunciar a una parte de su libertad. Las vidas egocéntricas no producen una sola carne, pues de continuo demandarán aquellas cosas que consideran «sus opciones». Respecto a este tema, Gary Thomas, en su libro *Matrimonio sagrado*, comenta que, desde un punto de vista antropocéntrico, nosotros «mantendremos el matrimonio mientras se cumplan nuestros deseos, satisfacciones y expectativas terrenales».[33] Sin embargo, una de las cosas que desaparece la noche de la unión matrimonial, es la libertad que antes disfrutábamos en nuestra condición de solteros.

El matrimonio es un pacto sagrado. En Malaquías 2:14, Dios se refiere a la esposa de un hombre como «... la mujer de tu juventud [...] la mujer de tu pacto». El pacto posee un carácter incondicional y permanente, a diferencia de un contrato que tiene cláusulas y condiciones. «Los contratos tienen que ver con cosas; los pactos tienen que ver con personas; los contratos "prometen remuneración" por servicios prestados; los pactos involucran a personas más que servicios. Los contratos se hacen por un período de tiempo estipulado; los pactos son para siempre. Los contratos pueden romperse con pérdidas materiales para las

33. Gary Thomas, *Sacred Marriage* [Matrimonio sagrado] (Grand Rapids: Zondervan, 2000), p. 32.

partes contratantes. Los pactos no pueden ser rotos; pero si son violados, esa violación resulta en pérdida personal y los corazones son quebrantados».[34]

El pacto es diferente, pues obliga a las partes a cumplir con sus respectivos compromisos, independientemente de si la otra persona ha realizado o no los suyos. Dios hizo un pacto con el ser humano y durante miles de años la humanidad lo ha quebrantado, pero el Señor ha permanecido fiel a Sus promesas.

El pacto matrimonial es una palabra jurada ante Dios y atestiguada por los hombres. En la antigüedad los pactos no se firmaban, sino que se cortaban. Al celebrar una alianza, se cortaba un animal en dos mitades y las partes que se comprometían en el acuerdo caminaban entre ambas porciones simbolizando que, si una de ellas faltaba a su palabra, esa persona debía ser cortada en dos. Cuando Dios realizó Su pacto con Abraham (Gén. 15:12-21), le ordenó tomar tres animales y cortarlos a la mitad, y luego lo hizo caer en un sueño profundo. Mientras Abraham dormía, Dios, representado por un horno humeante y una antorcha de fuego, pasó entre las mitades de los animales representando que, si Él faltaba a Sus promesas, el Dios de lo alto merecería ser cortado en dos. No obstante, sabemos que es imposible que algo como eso ocurra. Desde aquel momento los descendientes de Abraham han sido infieles en más de una ocasión, pero Dios ha permanecido siempre fiel.

Con lo expresado solo queremos recordarte que existirán momentos en que cumplir bíblicamente con el pacto matrimonial requerirá que cada cónyuge muera a sí mismo, a fin de cumplir con su parte del acuerdo. Todo ello, a pesar de que el otro cumpla o no con la suya. Convertirse en una sola carne requerirá que ambos renuncien a demandar del otro y comiencen a dar de sí mismos.

---

34. Paul Palmer, citado en Douglas J. Brouwer, *Beyond I do: What Christians Believe About Marriage* [Después de haber dicho acepto: Lo que los cristianos creen sobre el matrimonio] (Grand Rapids: Eerdmans Publications Co, 2001), p. 21.

Ser una sola carne implica la fusión de sexos diferentes, vidas diferentes, intereses diferentes, valores diferentes, metas diferentes y sueños diferentes. Es la unión de dos mundos más que el abandono de dos mundos, tal como algunos han expresado. Dos agendas paralelas no forman una sola carne, sino que mantienen a las personas separadas y con el tiempo, como cada uno va en distintas direcciones, terminan alejándose más. Fundirse en uno requerirá que ambos cónyuges dejen a un lado sus diversas opciones para encaminarse en una sola dirección. Es renunciar a una parte de su tiempo para vivir un calendario mutuo. Esa fusión solo es posible si Dios está en medio de ambos. Tal como Cristo es el único intermediario entre Dios y el ser humano, Él es también el mejor mediador entre el hombre y la mujer. Como expresa Eclesiastés 4:12: «… Un cordel de tres *hilos* no se rompe fácilmente».

Diferencias entre los hombres y las mujeres

Como nadie ignora, comprender a la mujer no es tarea fácil para el hombre. De igual manera, a la mujer le resulta en extremo difícil entender al hombre. Ambos se preguntan por qué la otra persona no puede ver lo que para él o ella es tan evidente. Piensa lo siguiente:

- Él sueña en color azul, y ella sueña en color rosado.
- Ella quiere ser oída, y a él eso lo agota porque prefiere resolver.
- Él quiere ser obedecido, pero tener que hacerlo provoca la rebeldía de ella.
- Ella quiere ser amada, pero él no ama de manera natural.
- Ella quiere ser valorada, mientras que él espera ser respetado por ella primero, para luego valorarla.
- Ella quiere sentirse segura a pesar de que él aún posee muchas inseguridades.

- Él quiere sentirse apoyado, pero ella no lo apoyará hasta que se sienta amada por él.

Fusionar cada una de estas diferencias en una sola carne constituye un verdadero milagro. Ahora bien, cuando decimos que es un milagro no nos referimos a que dos personas unan sus vidas en una ceremonia de bodas porque eso lo puede hacer el ser humano; sino a que un hombre y una mujer se fundan en uno de forma tal que piensen y vean la vida de manera similar. Eso es algo que solo Dios puede obrar; por eso lo llamamos milagro, y para que ocurra, el Señor ha diseñado los cambios cerebrales y hormonales que hemos explicado hasta el momento. Pero, aun así, cada persona tiene que realizar la tarea que le corresponde. En ese sentido, Jacobo nos instruye de la siguiente manera:

> «Sed hacedores de la palabra y no solamente oidores que se engañan a sí mismos. Porque si alguno es oidor de la palabra, y no hacedor, es semejante a un hombre que mira su rostro natural en un espejo; pues después de mirarse a sí mismo e irse, inmediatamente se olvida de qué clase de persona es. Pero el que mira atentamente a la ley perfecta, la ley de la libertad, y permanece en ella, no habiéndose vuelto un oidor olvidadizo sino un hacedor eficaz, éste será bienaventurado en lo que hace» (Sant. 1:22-25).

Nuestro trabajo es obedecer y la obra de gracia de Dios es bendecir nuestra obediencia para la gloria de Su nombre. Dios nos ha entregado en Su Palabra instrucciones específicas de cómo cultivar nuestras relaciones. Las instrucciones que nos ayudan a cultivar una buena relación con el prójimo deben aplicarse aún más en el contexto del matrimonio, pues el cónyuge es nuestro prójimo número uno. Notemos cómo Pablo nos instruye a través de su Carta a los Romanos:

> «Y que el Dios de la paciencia y del consuelo os conceda tener el mismo sentir los unos para con los otros conforme a Cristo Jesús, para que unánimes, a una voz, glorifiquéis al Dios y Padre de nuestro Señor Jesucristo. Por tanto, <u>aceptaos los unos a los otros</u>, como también Cristo nos aceptó para gloria de Dios» (Rom. 15:5-7, énfasis añadido).

Observemos cómo la Escritura enfatiza la aceptación mutua, pero de la manera como Cristo nos aceptó y para la gloria de nuestro Dios. Jesús nos admitió de modo incondicional y permanente. Su amor por nosotros no depende de cuánto lo amamos; por lo tanto, así mismo deben comprometerse los cónyuges al amar a sus parejas. La razón primaria por la que debemos amar de esta manera es para reflejar el carácter y la gloria de Dios. El apóstol Pablo nos enseña en 1 Corintios 10:31 «... ya sea que comáis, que bebáis, o que hagáis cualquier otra cosa, hacedlo todo para la gloria de Dios». Esto sería, en cierta medida, aún más cierto en el contexto del matrimonio.

Además, Dios nos une en matrimonio para usarnos como instrumentos de santificación mutua a fin de pulir las asperezas pecaminosas tanto en el uno como en el otro, y así desarraigar nuestro egoísmo. Por eso Helen Rowland, una periodista estadounidense, afirmaba que: «El matrimonio es la cirugía por medio de la cual la vanidad de la mujer y el egoísmo del hombre son extraídos sin anestesia».[35] La vida matrimonial trae a la luz nuestro pecado y cuando ese proceso comienza nos incomodamos con nuestro cónyuge. Sin embargo, necesitamos reconocer que nuestro cónyuge solo está revelando nuestros ídolos.

35. Citada por Gary Thomas en *Sacred Marriage* [Matrimonio sagrado] (Grand Rapids: Zondervan, 2000), p. 82.

Los ídolos necesitan morir para amar verdaderamente.

Los ídolos constituyen el mayor impedimento para cumplir con el mandato de ser una sola carne. Ellos se interponen entre los esposos y provocan que combatan uno contra otro a fin de preservar sus ídolos. Lo peor de todo es que con frecuencia construimos una teología funcional alrededor de nuestros falsos dioses para justificar el quedarnos con ellos. Creamos un vocabulario sofisticado para demandar lo que entendemos como una necesidad y exigimos eso para mantener nuestros ídolos, el primero de los cuales somos nosotros mismos. Es usual que nos airemos con mayor severidad cuando el otro afecta uno de nuestros ídolos ya sea con palabras o con acciones.

La mente y el corazón nuestro están llenos de mentiras que generan una conducta idólatra, tal como explica el apóstol Pablo en Romanos: «... porque cambiaron la verdad de Dios por la mentira, y adoraron y sirvieron a la criatura en lugar del Creador, quien es bendito por los siglos. Amén» (Rom. 1:25). El origen de la idolatría es el cúmulo de mentiras que llegamos a creer. Una de ellas es la falsa idea de que nuestro cónyuge debe hacernos feliz, lo cual nunca sucederá porque el único capaz de satisfacer las necesidades más profundas de nuestro ser es Dios.

¿Qué ocurre cuando uno de los cónyuges no está viviendo a la altura de su llamado?

Cuando en una relación de matrimonio uno de los cónyuges no está cumpliendo con el llamado de Dios, esto no necesariamente desvirtúa la imagen y el propósito del matrimonio. Por ejemplo, si una esposa no hace lo que le corresponde como ayuda idónea, pero su esposo se propone amarla de manera incondicional, ese hombre está reflejando la unión de Cristo con Su Iglesia, la cual nunca vivió a la altura de su llamado. La Iglesia nunca se ha sometido al Señor como debería y, sin embargo, esto no le ha restado la santidad al matrimonio porque el Novio, Jesús, no cambió Su forma de amar a la Iglesia. El amor incondicional del Señor por la Iglesia infiel y pecaminosa ha permitido que esa unión refleje aún más un aspecto en particular del carácter de Dios: Su fidelidad a un pacto que tuvo lugar en la eternidad pasada entre Dios Padre y Dios Hijo en presencia y con la participación del Espíritu Santo como tercera persona de la Trinidad. Jonathan Edwards lo expresó de la siguiente manera: «Dios creó el mundo para que Su Espíritu pudiera preparar una novia para Su Hijo». Asimismo, si un esposo decide ignorar el llamado de Dios a liderar a su esposa como Cristo guía a Su Iglesia, pero esa esposa permanece sujeta a su marido, su comportamiento piadoso mostrará al mundo un aspecto del carácter del Señor que Él mismo nos llamó a imitar. Jesús dijo: «... aprended de mí, que soy manso y humilde de corazón...» (Mat. 11:29). Por lo tanto, la gloria de Dios resplandecerá y el Señor se complacerá en un hombre y en una mujer unidos en matrimonio que deciden morir a sí mismos y exhibir los distintos aspectos del carácter de Dios a través de su relación.

Los creyentes deberíamos percibir el matrimonio de la manera expresada por Gary Thomas: «¿Y si Dios diseñó el matrimonio para hacernos santos más que para hacernos felices?».[36] Esto es consistente con lo que Pablo escribe a los efesios:

> «Maridos, amad a vuestras mujeres, así como Cristo amó a la iglesia y se dio a sí mismo por ella, para santificarla, habiéndola purificado por el lavamiento del agua con la palabra, a fin de presentársela a sí mismo, una iglesia en toda su gloria, sin que tenga mancha ni arruga ni cosa semejante, sino que fuera santa e inmaculada» (Ef. 5:25-27).

Cristo se sacrificó por Su Iglesia para que esta fuera santificada, a fin de que Él pudiera presentársela a sí mismo en el día

---

36. Gary Thomas, *Sacred Marriage* [Matrimonio sagrado] (Grand Rapids: Zondervan, 2015), p. 3.

final sin una arruga ni una mancha. Desde esa perspectiva, la razón principal del matrimonio no es la felicidad del hombre y la mujer, sino más bien su santificación.

Solo Dios puede:

- Unir a dos pecadores para reflejar la santidad de la unión de Cristo con Su Iglesia.
- Unir a dos seres humanos que están destituidos de la gloria de Dios para que, a través de su unión, reflejen Su gloria.
- Unir a dos personas egocéntricas para que se complementen el uno al otro.
- Unir de manera permanente a dos personas no confiables.

La indivisibilidad del matrimonio

Diversos pasajes de los Evangelios reflejan la voluntad de Dios de que la pareja unida en matrimonio no rompa el voto que hizo ante el Señor. Sin embargo, para la época de Jesús, el pueblo hebreo se había acostumbrado a una visión mediocre del matrimonio. Los hombres judíos creían tener el derecho de dar carta de divorcio a sus esposas por cualquier razón, algo que no estaba estipulado en la ley de Dios. Esta visión distorsionada de la unión conyugal era resultado de que en el primer siglo existían diversas escuelas de pensamiento con opiniones contrarias del divorcio. Por un lado, el rabino Hillel entendía que un esposo podía divorciarse de su esposa por cualquier motivo, incluso por servirle una comida quemada. Por su parte, el rabino Shamai ostentaba una posición mucho más conservadora y entendía que un esposo podía repudiar a su mujer solo en caso de infidelidad.

Con lo anterior en mente podemos comprender la pregunta capciosa de los fariseos a Jesús registrada por Mateo:

> «Y se acercaron a Él algunos fariseos para probarle, diciendo: ¿Es lícito a un hombre divorciarse de su mujer

por cualquier motivo? Y respondiendo Jesús, dijo: ¿No habéis leído que aquel que los creó, desde el principio LOS HIZO VARÓN Y HEMBRA, y añadió: "POR ESTA RAZÓN EL HOMBRE DEJARÁ A SU PADRE Y A SU MADRE Y SE UNIRÁ A SU MUJER, Y LOS DOS SERÁN UNA SOLA CARNE?" Por consiguiente, ya no son dos, sino una sola carne. Por tanto, lo que Dios ha unido, ningún hombre lo separe. Ellos le dijeron: Entonces, ¿por qué mandó Moisés DARLE CARTA DE DIVORCIO Y REPUDIARLA? Él les dijo: Por la dureza de vuestro corazón, Moisés os permitió divorciaros de vuestras mujeres; pero no ha sido así desde el principio. Y yo os digo que cualquiera que se divorcie de su mujer, salvo por infidelidad, y se case con otra, comete adulterio. Los discípulos le dijeron: Si así es la relación del hombre con su mujer, no conviene casarse. Pero Él les dijo: No todos pueden aceptar este precepto, sino sólo aquellos a quienes les ha sido dado» (Mat. 19:3-11).

De este pasaje podemos extraer varias enseñanzas claras:

- Jesús se remonta al momento de la creación para referirse al origen del matrimonio (vv. 4-5).
- Jesús establece la condición inalterable e indisoluble del pacto matrimonial instituido por Dios (v. 6).
- Jesús explica que Moisés hizo una concesión por la dureza del corazón del hombre, pero que esa no ha sido la intención «desde el principio» (v. 8). Él nuevamente apunta al momento de la creación.
- Jesús reconoce que el matrimonio puede quebrantarse por el adulterio, *porneía* (v. 9).
- Los discípulos entendieron lo que Jesús les explicó —el matrimonio es indivisible excepto por adulterio— y por eso concluyeron que era mejor no casarse (v. 10).

Jesús no ordenó el divorcio en casos de adulterio, pero sí vio ese pecado como un permiso para la separación, sobre todo en los casos en que el ofensor no se arrepiente. No obstante, lo ideal siempre será la reconciliación de la pareja.

Según el relato bíblico, en un momento determinado de la historia del pueblo hebreo, el Padre le dio carta de divorcio a la nación de Israel por causa de su infidelidad no arrepentida. Con esta acción el Señor mostró que el divorcio es posible en casos de adulterio. Ahora bien, Dios hizo esto solo después de intentar en múltiples ocasiones que Israel se reconciliara con Él. Observemos cómo lo expresa Jeremías: «Y vio que a causa de todos los adulterios de la infiel Israel, yo la había despedido, dándole carta de divorcio; con todo, su pérfida hermana Judá no tuvo temor, sino que ella también fue y se hizo ramera» (Jer. 3:8). Dios detesta el divorcio (Mal. 2:16); por lo tanto, esto nos ofrece una idea de cuán grave es el adulterio sin arrepentimiento ante Sus ojos.

La invariabilidad del matrimonio alude a la cualidad inmutable de la unión de Cristo con Su Iglesia. El perdón dentro del matrimonio apunta a la manera en que Cristo nos perdonó. La fidelidad en el matrimonio subraya la santidad del pacto conyugal y de la fidelidad de Cristo para con los Suyos. La unión no quebrantada y la fidelidad modeladas por una pareja de esposos salvaguardan la estabilidad de sus hijos y por lo tanto la estabilidad de la sociedad. Podemos permanecer unidos si seguimos las instrucciones del apóstol Pedro: «Sobre todo, sed fervientes en vuestro amor los unos por los otros, pues el amor cubre multitud de pecados» (1 Ped. 4:8). En medio de los tiempos difíciles y turbulentos del matrimonio podemos confiar en las promesas de Dios, pues «... sabemos que para los que aman a Dios, todas las cosas cooperan para bien, esto es, para los que son llamados conforme a su propósito» (Rom. 8:28).

Por medio de las dificultades, el Padre está moldeando nuestro carácter para hacernos más parecidos a Su Hijo. Cristo nunca dejó que las emociones ni las circunstancias lo controlaran; por lo tanto, a eso mismo debemos aspirar nosotros como fieles discípulos Suyos. No olvidemos nunca la enseñanza que nos dejó el autor de Proverbios: «La suave respuesta aparta el furor, mas la palabra hiriente hace subir la ira» (Prov. 15:1).

Los tiempos de adversidad en el matrimonio (y fuera de él) representan oportunidades que el Señor nos brinda para hacer brillar Su luz en medio de las tinieblas. En Romanos Pablo nos exhorta: «Si es posible, en cuanto de vosotros dependa, estad en paz con todos los hombres» (Rom. 12:18) De modo que, la meta del creyente debe ser vivir en paz con su prójimo, no declararle la guerra cada vez que las cosas no vayan como deseamos. La guerra ya se ganó en la cruz y por eso no necesitamos vencer en cada situación. El mundo nos enseña a procurar la victoria a cualquier costo, aun si eso le causa daño o dolor al otro, como en la venganza; pero el camino que Jesús modeló no fue el del desquite, sino el de la restauración.

Es lamentable que las mujeres con frecuencia ignoramos ese llamado a estar en paz con todos y usamos nuestra habilidad natural con las palabras de forma pecaminosa para manipular y atacar verbalmente a aquellos que están a nuestro alrededor. Sin embargo, observemos el terrible efecto que poseen nuestras vanas palabras:

> «Así también la lengua es un miembro pequeño, y sin embargo, se jacta de grandes cosas. Mirad, ¡qué gran bosque se incendia con tan pequeño fuego! Y la lengua es un fuego, un mundo de iniquidad. La lengua está puesta entre nuestros miembros, la cual contamina todo el cuerpo, es encendida por el infierno e inflama el curso de nuestra vida. Porque todo género de fieras y de aves, de reptiles y de animales marinos, se puede domar y ha sido domado por el género humano, pero ningún hombre puede domar la lengua; es un mal turbulento y

> lleno de veneno mortal. Con ella bendecimos a nuestro Señor y Padre, y con ella maldecimos a los hombres, que han sido hechos a la imagen de Dios; de la misma boca proceden bendición y maldición. Hermanos míos, esto no debe ser así» (Sant. 3:5-10).

El cristiano no logra controlar la lengua mediante sus propias fuerzas, eso se alcanza solo como resultado del obrar del Espíritu de Dios en la vida del creyente. Por lo tanto, debemos cultivar el dominio propio, una de las manifestaciones del fruto del Espíritu (Gál. 5:22-23), a fin de no utilizar las palabras como armas en contra de nuestros cónyuges. Asimismo, tanto dentro como fuera del matrimonio, debemos recordar cuál es el llamado que tenemos como hijos de Dios y llevarlo a la práctica:

> «Entonces, como escogidos de Dios, santos y amados, revestíos de tierna compasión, bondad, humildad, mansedumbre y paciencia; soportándoos unos a otros y perdonándoos unos a otros, si alguno tiene queja contra otro; como Cristo os perdonó, así también hacedlo vosotros. Y sobre todas estas cosas, vestíos de amor, que es el vínculo de la unidad» (Col. 3:12-14).

El pasaje anterior contiene dos verbos importantes: soportar y perdonar. En el matrimonio tanto el hombre como la mujer son pecadores y, por consiguiente, existirán innumerables ocasiones en que será necesario perdonar y soportar las imperfecciones del otro mientras Cristo forma Su imagen en nosotros.

Otros cinco términos que aparecen en el pasaje merecen nuestra atención: santos, compasión, humildad, mansedumbre y paciencia. Esas características representan el fruto del Espíritu (Gal. 5:22-23). A medida que maduremos en el Señor, la paz reinará en nuestros hogares, el gozo se manifestará y nuestros matrimonios representarán la relación entre Cristo y Su Iglesia.

Entonces, comenzamos a entender y a vivir mejor el propósito de la unión conyugal.

Observaciones fisiológicas: Diseñados por Dios

El esposo cristiano no debe olvidar jamás que está casado con un vaso frágil (1 Ped. 3:7) y una porción de esa fragilidad se expresa mediante temores. Desde el punto de vista médico, las gammagrafías de TEC muestran cómo desde la niñez las mujeres activan más que los hombres el área del cerebro conocida como *la amígdala* (de la cual hablaremos de manera extensa en otros capítulos) cada vez que ellas anticipan el temor o el dolor. El resultado es un estado de ansiedad similar al que la mujer experimenta cuando el estrés activa esa misma glándula haciendo que toda la atención consciente esté dirigida hacia la amenaza.[37] Por esta razón a las mujeres les resulta más difícil suprimir el temor. Para que el proceso de conexión tenga lugar entre un hombre y una mujer y ella pueda «incorporarlo» a su ser, es necesario disminuir la activación de la amígdala.[38]

Y para que esto ocurra, el esposo necesita ser el termostato que regula la temperatura en la relación de pareja, en lugar de ser el termómetro que sube y baja

---

37. Stephan Hamann, *Sex differences in the responses of the human amygdala* [Diferencias de sexo en las respuestas de la amígdala humana] (Neuroscientist, Vol. 11, No. 4, agosto del 2005), pp. 288-293 http://languagelog.ldc.upenn.edu/myl/ldc/llog/Brizendine/Hamann2005.pdf
38. Donatella Marazziti , B. Dell'Osso, S. Baroni, F. Mungai, M. Catena, P. Rucci, F. Albanese, G. Giannaccini, L. Betti, L. Fabbrini, P. Italiani, A. Del Debbio, A. Lucacchini, L. Dell'Osso, *A relationship between oxytocin and anxiety of romantic attachment* [Una relación entre la oxitocina y la ansiedad del apego romántico] (Clinical Practice and Epidemiology in Mental Health, Vol. 2, No. 28, octubre del 2006) / https://cpementalhealth.biomedcentral.com/articles/10.1186/1745-0179-2-28

de acuerdo al ambiente. Para lograrlo debe amar a la esposa de forma incondicional como la Palabra de Dios nos instruye en Efesios 5:25. Pero para amar de ese modo, necesitamos ser llenos del Espíritu. Quizás por eso el apóstol Pablo nos instruye y expresa: «… sed llenos del Espíritu» (Ef. 5:18). El amor produce un aumento de la confianza. Cuando nos fiamos de alguien bajamos nuestras barreras de defensa y entonces podemos dar y recibir amor. Dios sabe cómo instruirnos, porque Él nos diseñó.

Principios de aplicación

Como mencionamos antes, la unión del matrimonio ocurre entre dos personas que han experimentado los efectos de la caída. Por tanto, ambos mostrarán dichos efectos en momentos y formas diferentes: temores, inseguridades, insensibilidades, enojos, desalientos y una gama de emociones típicas de los descendientes de Adán y Eva.

La mejor manera de lidiar con estas actitudes pecaminosas es por medio del amor de Dios, pues, como bien afirma Pedro, «… el amor cubre multitud de pecados» (1 Ped. 4:8). Además, la Palabra afirma que «En el amor no hay temor, sino que el perfecto amor echa fuera el temor…» (1 Jn. 4:18). El único lugar donde el ser humano puede encontrar ese amor perfecto es en una relación correcta con Dios. El esposo cristiano, en su rol de líder, debe ser la persona que ayude y motive a su esposa a cultivar una relación íntima con Cristo. Cuando el varón ejerce su rol de proteger, cuidar y brindar seguridad a su cónyuge, él refleja el amor de Cristo por Su Iglesia y propicia que su mujer se sienta protegida y amada. Pero, el hombre que no conoce a Dios no puede obrar así con su esposa porque él mismo no tiene una relación íntima con Cristo ni discierne su necesidad de salvación, que nace en el entendimiento correcto del rol de la cruz. Como expresó el apóstol Pablo: «... la palabra de la cruz es necedad para los que se pierden, pero para nosotros los salvos es poder de Dios» (1 Cor. 1:18).

Por último, no olvidemos que el Señor diseñó a la mujer con un sistema cargado de emociones, pero las consecuencias de la caída lo llevaron al desbalance. Por lo tanto, es vital que aprendamos a controlar nuestras emociones y a usarlas según el diseño original de Dios. En Filipenses, el apóstol Pablo nos muestra una parte del secreto para aprender a llevar nuestras emociones cautivas a la obediencia de Cristo:

> «Regocijaos en el Señor siempre. Otra vez lo diré: ¡Regocijaos! Vuestra bondad sea conocida de todos los hombres. El Señor está cerca. Por nada estéis afanosos; antes bien, en todo, mediante oración y súplica con acción de gracias, sean dadas a conocer vuestras peticiones delante de Dios. Y la paz de Dios, que sobrepasa todo entendimiento, guardará vuestros corazones y vuestras mentes en Cristo Jesús. Por lo demás, hermanos, todo lo que es verdadero, todo lo digno, todo lo justo, todo lo puro, todo lo amable, todo lo honorable, si hay alguna virtud o algo que merece elogio, en esto meditad» (Fil. 4:4-8).

CAPÍTULO 6

LA REVOLUCIÓN MORAL DE NUESTROS DÍAS

«Si los fundamentos son destruidos; ¿qué puede hacer el justo?»

(SAL. 11:3).

Introducción

Las palabras del Salmo 11:3 las declaró el rey David. Las pronunció en un momento difícil de su vida; desconocemos cuándo estas palabras fueron inspiradas y los expertos no llegan a un acuerdo en este punto. Spurgeon, por ejemplo, opinaba que David escribió este salmo mientras huía de Saúl; por otra parte, Franz Delitzsch, autor de un afamado comentario sobre el Antiguo Testamento, piensa que es probable que David lo escribiera mientras huía de su hijo Absalón. No estamos seguros; pero no hay duda de que el salmista atravesaba un momento en el que sentía que las bases de su reino se tambaleaban.

Los consejeros de David no poseían la confianza en Dios que caracterizó a David la mayor parte de su vida y que le permitió afirmar en el Salmo 11:1: «En el Señor me refugio; ¿cómo decís a mi alma: Huye cual ave al monte?». David pregunta: «¿cómo me aconsejas que huya a las montañas, cuando mi refugio está en el Señor?». Afirmar «el Señor es mi refugio» es fácil mientras las cosas salen bien, pero recordemos que el mismo autor de esas palabras temió y huyó en más de una ocasión, como temieron Moisés, Elías, Pedro y muchos otros hombres de Dios. Esa es una experiencia vivida por todo hijo de Dios que ha caminado lo suficiente con Él. Dios orquesta esos momentos para venir a nuestro encuentro y recordarnos Su fidelidad y Su gracia.

Cuando David escribió este salmo, él estaba confiado en el Señor y así debemos estar nosotros en medio de las grandes incertidumbres que vivimos. Hagamos una pausa y preguntémonos:

> ¿Qué puede hacer el justo cuando los fundamentos morales que han sostenido la sociedad parecen desmoronarse?
>
> ¿Qué puede hacer el justo cuando las bases establecidas por Dios para el matrimonio son socavadas?
>
> ¿Qué puede hacer el justo cuando la sociedad quiere que el ser humano defina su identidad como hombre o mujer en base a sus sentimientos?
>
> ¿Qué puede hacer el justo cuando la violencia impera y la justicia falta?
>
> ¿Qué puede hacer el justo cuando naciones poscristianas quieren movernos en esa dirección junto con ellas?

Creo que estas son las preguntas que están en la mente de numerosas personas, ante la «revolución moral» que se nos viene encima. Y esas son algunas de las preguntas que procuraremos responder en la medida en que nos adentramos en este libro.

El momento actual en el mundo y en América Latina

Nuestra región latinoamericana se encuentra bajo la influencia de dos grandes fuerzas. Una de ellas es el secularismo que amenaza a nuestra civilización entera, y el otro viento que parece soplar con mayor fuerza en este momento es el del evangelio como lo conoció el movimiento de la Reforma en Europa y aun en Estados Unidos bajo la predicación de los grandes avivamientos.

A pesar de esta buena noticia, no podemos dormirnos en los laureles y pensar que la batalla ya está ganada, porque en realidad la batalla apenas comienza. Es un combate por el corazón y la mente de nuestros hijos. No tengamos la menor duda de eso. El campo de batalla del enemigo es el corazón y la mente de nuestros hijos y usa la destrucción del núcleo familiar que hoy está en rebelión.

El hombre se rebela contra su rol y no asume la responsabilidad de liderar su familia en lo espiritual, sino que prefiere divertirse con los videojuegos como un adolescente y, por eso, en innumerables ocasiones no contrae matrimonio hasta después de los 35 años, si es que lo hace.

La mujer se rebela contra su rol de ayuda idónea, sometida a un esposo que lidera el hogar tanto en lo espiritual como en lo físico.

Los hijos se rebelan contra los padres porque no hay autoridad espiritual en los hogares.

Por otro lado, las élites intelectuales liberales y los medios formadores de opinión le han vendido a esta generación la idea de que la homosexualidad es solo un estilo de vida alternativo, que el género de una persona es una mera construcción social y cultural y no algo que la genética define, como siempre se ha afirmado, y que el matrimonio entre personas del mismo sexo es tan moral y estable como la unión conyugal instituida por Dios. Al mirar la sociedad de hoy es difícil creer que esta es la misma generación de hace 40 años cuando los autores de este libro apenas cursaban estudios universitarios.

Mary Eberstadt en su libro *How The West Really Lost God* [Cómo Occidente realmente perdió a Dios], analiza algunas de las causas señaladas como los factores contribuyentes a que Dios saliera de la sociedad occidental. Entre otras razones, la autora menciona algo expresado por Sigmund Freud, quien afirmó que el hombre premoderno buscaba a Dios porque Él le ofrecía seguridad, pero ahora que la ciencia ha avanzado, el hombre busca esa seguridad en el progreso y así se explica la disminución de la religión, según la opinión de gran número de personas.[39] El problema radica en que, cuando analizamos la larga lista de mártires que expiraron perseguidos, resulta evidente que el cristianismo no ha ofrecido seguridad que explique por qué el hombre continúa buscando a Dios en la fe cristiana. El cristianismo no fue una religión segura en la época de Cristo y de los apóstoles, ni lo fue en la época de la Reforma, cuando quemaron a tantos mártires y tampoco lo es hoy, cuando se extiende la persecución. A pesar de eso, la religión cristiana prosigue su crecimiento. De manera que Freud estaba equivocado. El sentido de seguridad no es lo que atrajo al hombre al cristianismo.

Mary Eberstadt también analiza cómo la Era de la Iluminación (o de la razón) contribuyó a que el hombre dejara de creer en Dios; pero esa no es toda la explicación, porque durante el siglo XVIII y hasta la primera mitad del siglo XIX, aun en medio del apogeo de la Era de la Iluminación, aumentaron las formas más conservadoras de la fe cristiana incluso entre personas con una vasta instrucción.[40]

---

39. Mary Eberstadt, *How The West Really Lost God* [Cómo Occidente realmente perdió a Dios] (West Conshohocken, PA: Templeton Press, 2013), pp. 61-67
40. Hugh McLeod yWerner Ustorf, *The Decline of Christendom in Western Europe*, 1750-2000 [La decadencia de la cristiandad en Europa occidental, 1750-2000] (Cambridge, RU: Cambridge University Press, 2011), p. 16.

Eberstadt menciona en el libro antes citado que, según algunos, las dos guerras mundiales contribuyeron a producir una disminución de la religión, pero lo cierto es que después de la Segunda Guerra Mundial el mundo vio un despertar de la religión que duró hasta principios de la década de 1960. Eso fue así en Inglaterra, en Australia, en Estados Unidos, en Alemania Occidental, en Francia, en España, en Bélgica y en Holanda. Así que las Guerras Mundiales no fueron las causantes.[41]

Otros han mencionado que las personas progresaron económicamente y se acomodaron, y al hacerlo, perdieron interés por participar en las actividades de la iglesia. Eso puede ser un pequeño factor. Pero lo que Mary Eberstadt demuestra es que la raíz principal de por qué Occidente perdió a Dios se encuentra en la pérdida de la familia.[42] Si estas tienen cada vez un número menor de hijos, llegará el momento en que no existirá forma de pasar la fe cristiana a la próxima generación.

La responsabilidad de los padres en medio de la revolución sexual

Como bien afirma el pastor John MacArthur: «La familia es el diseño de Dios para pasar la fe cristiana de una generación a otra».[43] Así reveló Dios una parte de esta verdad en Su Palabra:

> «Escucha, pueblo mío, mi enseñanza;
> inclinad vuestro oído a las palabras de mi boca.
> En parábolas abriré mi boca;
> hablaré enigmas de la antigüedad,
> que hemos oído y conocido,

---

41. Mary Eberstadt, *How The West Really Lost God* [Cómo Occidente realmente perdió a Dios] (West Conshohocken, PA: Templeton Press, 2013), pp.76-81.
42. *Ibid.*, pp. 89-137.
43. John Mac Arthur, *The Master's Plan for the Church* [Hay versión en español: El Plan del Señor para la Iglesia] (Chicago: Moody Publishers, 2008), Kindle ed., Loc 1113 of 6417.

y que nuestros padres nos han contado.
No lo ocultaremos a sus hijos,
sino que contaremos a la generación venidera las
alabanzas del Señor, su poder y las maravillas que
hizo» (Sal. 78:1-4).

De modo claro, el salmista revela que su generación había escuchado de las grandezas del Señor de parte de sus padres y que ellos asumían el compromiso de relatarlas a la próxima generación. Ya en la época de Moisés, Dios había mostrado de qué manera Él entendía que nuestra fe debía transmitirse de generación en generación y lo reveló a los hijos de Israel antes de entrar a la tierra prometida, como lo expresan estas palabras:

> «Y estas palabras que yo te mando hoy, estarán sobre tu corazón; y diligentemente las enseñarás a tus hijos, y hablarás de ellas cuando te sientes en tu casa y cuando andes por el camino, cuando te acuestes y cuando te levantes» (Deut. 6:6-7).

Y más adelante en Deuteronomio 6:20-25 Dios agregó:

> «Cuando en el futuro tu hijo te pregunte, diciendo: "¿Qué significan los testimonios y los estatutos y los decretos que el Señor nuestro Dios os ha mandado?", entonces dirás a tu hijo: "Éramos esclavos de Faraón en Egipto, y el Señor nos sacó de Egipto con mano fuerte". "Además, el Señor hizo grandes y temibles señales y maravillas delante de nuestros ojos contra Egipto, contra Faraón y contra toda su casa; y nos sacó de allí para traernos y darnos la tierra que Él había jurado dar a nuestros padres". Y el Señor nos mandó que observáramos todos estos estatutos, y que temiéramos siempre al Señor nuestro Dios para nuestro bien y para preservarnos la vida, como hasta hoy. Y habrá justicia para

nosotros si cuidamos de observar todos estos mandamientos delante del Señor nuestro Dios, tal como Él nos ha mandado».

Pero, si no hay hijos porque se evitan los embarazos o se aborta a gran escala, ¿quién va a pasar la fe a la próxima generación? Y si los padres no están ahí porque las parejas se han separado o trabajan todo el tiempo, ¿quién va a pasar la fe a la próxima generación? Vale la pena mencionar que la tasa de reemplazo poblacional se ha estimado en casi 2,1 hijos por mujer. Esto significa que, en cada nación, cada mujer necesita una tasa de fecundidad aproximada de 2,1 para asegurar que la población se reemplace a sí misma. Se estima que entre 60 y 70 naciones en el mundo no alcanzan esa tasa de sustitución y algunas naciones europeas no alcanzan esa tasa desde la década de 1980.

Esto empeora por la situación familiar en que nos encontramos. Vivimos en medio de una generación en extremo fracturada y por tanto disfuncional, con valores distintos de los que hasta ahora las familias habían tenido. Cada generación que pasa parece estar más lejos de la idea de la existencia de Dios. Nuestra batalla no es pequeña; pero es una batalla que los cristianos debemos librar y ganar con la ayuda de Dios, por medio de Él y para Él.

La realidad que muchos ignoran

Nadie puede negar que el mundo se enfrenta a cambios monumentales en nuestros días. Casi en todas las direcciones que observamos, hay una confusión, que solo parece empeorar con el paso del tiempo. No importa si analizamos el mundo desde un punto de vista moral, económico, político, psicológico o social, la realidad es la misma: existen problemas de proporciones épicas. Lo peor de todo es que innumerables seres humanos parecen no estar preocupados por las condiciones que el mundo está viviendo, a menos que sea un pensador responsable. El hombre posee una gran fe en sí mismo y, por lo tanto, no importa lo difíciles que sean las circunstancias, siempre cree que puede vencer los obstáculos que tiene por delante.

Tendemos a olvidar el pasado, y por eso con frecuencia repetimos los mismos errores. Sería bueno realizar una pausa y reflexionar en las palabras que Malcolm Muggeridge[44] expresó en un discurso pronunciado en 1985, con el título *The Real Crisis of Our Time* [La verdadera crisis de nuestro tiempo]. Estas fueron las declaraciones de este analista social y gran intelectual:

> «Miramos hacia atrás en la historia, y ¿qué vemos? Imperios subiendo e imperios descendiendo; revoluciones y contrarrevoluciones que ocurren una detrás de la otra; acumulación de riquezas y disipación de esas mismas riquezas; una nación dominando y luego otra. Como el rey Lear de Shakespeare lo expresa: "La subida y la caída de los grandes que se mueven como las mareas causadas por la luna".
>
> En una sola vida he visto a mis compatriotas [ingleses] gobernando sobre más de un cuarto del mundo, y la gran mayoría de ellos convencidos —en las palabras de lo que todavía es una canción favorita— de que el Dios que los ha hecho poderosos los haría más poderosos aún.
>
> En referencia a Hitler, dijo: "He oído a un enloquecido austríaco anunciar el establecimiento de un Reich o Imperio alemán que iba a durar 1000 años; escuché a un payaso italiano [refiriéndose a Mussolini] anunciar

44. Malcom Muggeridge fue un periodista e intelectual inglés que se autodenominó agnóstico la mayor parte de su vida, pero finalmente se encontró con Cristo. En el año 1969 publicó su primer libro sobre el Señor, al que tituló, Jesús redescubierto.

> que el calendario comenzaría de nuevo con su ascenso al poder; [refiriéndose a Stalin sostuvo] he visto un bandido asesino de la nación de Georgia, en el Kremlin aclamado por la élite intelectual como más sabio que Salomón, más ilustrado que Ashoka, y más humano que Marco Aurelio.
>
> He visto a Estados Unidos más rica que el resto del mundo en su conjunto; y con la superioridad de armamento que le hubiese permitido a los estadounidenses, si así lo hubiesen deseado, superar a un Alejandro Magno o un Julio César en el alcance de sus conquistas. Todo se ha ido en un poco tiempo de vida; todo se ha ido con el viento: Inglaterra ahora es parte de una isla de la costa de Europa, amenazada con más desmembramiento; Hitler y Mussolini son vistos como bufones; Stalin, un nombre siniestro en el régimen que él ayudó a fundar y dominó totalmente durante tres décadas. Los norteamericanos perseguidos por el temor a quedarse sin el precioso líquido [petróleo] que mantiene las autopistas rugiendo y el esmog que se sedimenta, y por los recuerdos preocupantes de una campaña desastrosa en Vietnam, y de las grandes victorias de los Don Quijotes de los medios cuando marcharon contra los molinos de viento de Watergate"».[45]

Todo se ha ido en un poco tiempo de vida. Hace más de 30 años que Muggeridge pronunció estas palabras. Hoy vivimos tiempos posteriores y peores a los descritos por Muggeridge, en una época que ha sido llamada «poscristiana»; un momento en que la influencia de los valores cristianos ya no juega un papel

---

45. Malcom Muggeridge,"But Not of Christ", *Seeing Through the Eye: Malcolm Muggeridge on Faith*, ed. Cecil Kuhne (San Francisco: Ignatius Press, 2005), pp. 29-30.

importante en las decisiones de la mayoría de los hombres y las mujeres de la sociedad occidental.

En la portada de la conocida revista *Newsweek* del 2 de abril del año 2009, aparece un artículo importante: *The End of Christian America* [El final de la Norteamérica cristiana], que fue impulsado por los resultados de una gran encuesta realizada en el 2008 sobre la identificación religiosa en Estados Unidos. Esta encuesta mostró que el número de norteamericanos que afirma no tener afiliación religiosa de ningún tipo casi se ha duplicado desde 1990: pasó del 8 % al 15 %. Jon Meacham, el editor de la revista *Newsweek* en ese momento, comentó cómo la nación estadounidense no solo se ha vuelto menos cristiana, sino que pasó a una fase «poscristiana».

El doctor Albert Mohler Jr., presidente del Seminario Teológico Bautista del Sur y una de las mentes más brillantes del mundo evangélico de hoy, reaccionó a esa encuesta y expresó en un artículo:

> «Un cambio cultural notable ha tenido lugar alrededor de nosotros. Los contornos más básicos de la cultura estadounidense se han alterado radicalmente. El llamado consenso judeocristiano del último milenio ha dado paso a una crisis cultural posoccidental, posmoderna, poscristiana, que amenaza el corazón de nuestra cultura».[46]

Esos vientos soplan hoy sobre nuestra región latinoamericana también.

Sin lugar a dudas, después de la Segunda Guerra Mundial, Estados Unidos ha sido la nación o el imperio, como algunos lo califican, que ha dominado el mundo. Y no debemos olvidar que los imperios exportan no solo sus productos, sino también sus valores. Por eso, mientras el huracán moral sopla en aquella nación,

---

46. Albert Mohler, *Transforming Culture: Christian Truth Confronts Post-Christian America* [Una cultura que transforma: La verdad cristiana confronta a la América poscristiana]. Consultado el 14 de julio del 2004 en Albert Mohler.com.

nosotros sufrimos los embates de sus vientos tempestuosos en el sur.

La Unión Europea, por otro lado, ha decidido tomar más participación en el liderazgo mundial y hoy invierte grandes sumas de dinero en los países del tercer mundo para cambiar su código de valores. Estas naciones afirman que los cristianos no tienen el derecho de imponer sus valores sobre los que no son creyentes, pero estos países poscristianos sí creen tener el derecho de imponer sus agendas morales sobre otros estados como los nuestros. Menciono todo esto con el propósito de alertar al pueblo de Dios para que entienda cuán furiosos son los vientos de secularismo que está avanzando desde hace 300 años.

Hasta el año 1700, la sociedad occidental creyó en la existencia de un Dios creador a la manera en que la Biblia lo describe. Era casi imposible encontrar a alguien que no creyera. Pero cuando la era de la Iluminación hizo su entrada, el ser humano dejó de creer que el Señor se había revelado a la humanidad y comenzó a pensar que, si existía un Creador, este había formado el mundo y luego lo había abandonado para que funcionara conforme a sus propias leyes. Así, el hombre dejó de creer que Él se había revelado a la humanidad y con eso comenzó a perder su respeto por la Biblia. Este fue el inicio del deterioro de la sociedad occidental, hace ya 300 años. Y durante ese tiempo nació Estados Unidos, fundada por una combinación de intelectualidades, algunas cristianas y otras deístas, creyentes en un dios creador, aunque no necesariamente creyentes en el Dios de la Biblia.

Estados Unidos: Un ejemplo del proceso de secularización de la sociedad

Es lamentable que, la nación norteamericana que fue tan impactada por los valores cristianos, emprendió un proceso de secularización que se apresuró a partir de la década de 1960.

Esta década fue considerada por muchos como la bisagra que hizo que la civilización girara en otra dirección. Pero aún más doloroso es ver lo que ha ocurrido durante los últimos quince años con la revolución sexual que amenaza nuestra región después de acontecer en Europa y Estados Unidos. Hacemos amplia mención de lo que ocurrió en Estados Unidos porque es la nación más influyente sobre nosotros los latinos.

Notemos el progreso del deterioro moral de la nación:[47]

> Año 1962: se prohíbe orar en las escuelas públicas de Estados Unidos, después de 200 años de oraciones públicas en las escuelas.
>
> Año 1963: se prohíbe la lectura de la Biblia en las escuelas públicas.
>
> Año 1968: se declaran inconstitucionales las leyes que prohibían la enseñanza de la teoría de la evolución.
>
> Año 1973: se legaliza el aborto a petición.
>
> Año 1987: se anulan las leyes que requería la enseñanza de la creación si se iba a enseñar la teoría de la evolución en las escuelas.
>
> Año 2004: el día 17 de mayo, Massachusetts se constituye en el primer estado de Estados Unidos en aprobar el matrimonio homosexual.
>
> Año 2013: el día 26 de junio, la Suprema Corte de Justicia de Estados Unidos aprueba el matrimonio homosexual.

Son numerosos los cambios que hemos experimentado como sociedad. De modo usual, el patrón de variaciones

---

47. Miguel Núñez, *El poder de la Palabra para transformar una nación* (Medellín, Colombia: Poiema Publicaciones, 2016), pp. 106-07.

sociales ha seguido esta dirección: Europa cambia primero, luego sigue Estados Unidos y después América Latina. El sociólogo, Charles Taylor, en su libro *A Secular Age* [Una Era Secular], afirma: «Antes de la modernidad en Occidente la existencia de Dios era asumida en todos los niveles».[48] El mismo autor expresa: «Hoy en día, sobre todo en Europa y Estados Unidos, creer en Dios es simplemente una entre muchas opciones».[49]

La agenda que se desea imponer sobre nuestras naciones es agresiva y por lo tanto debemos conocerla.

En 1983, John Dunphy, un humanista secular, escribió en el Diario Humanista:

> «Estoy convencido de que la batalla por el futuro de la humanidad debe ser librada y ganada en el aula de las escuelas públicas por maestros que perciben correctamente su papel como proselitistas de una nueva fe: una religión de la humanidad que reconoce y respeta la chispa de lo que los teólogos llaman divinidad en cada ser humano. Estos maestros deben encarnan la misma dedicación desinteresada como los predicadores fundamentalistas más enérgicos, porque ellos serán ministros de otro tipo, que utilizan una clase en lugar de un púlpito para transmitir valores humanistas en cualquier materia que enseñan, independientemente del nivel educativo, ya sea preescolar o alguna universidad grande.

El aula debe convertirse y se convertirá en una arena de conflicto entre lo viejo y lo nuevo; entre el cadáver putrefacto del cristianismo, junto con todos sus males adyacentes y miseria, y la nueva fe del humanismo, que resplandecerá con su

48. Algunos sitúan el inicio de la Era Moderna alrededor del año 1609, cuando Galileo Galilei inventó el primer telescopio.
49. Charles Taylor, *A Secular Age* [Una Era Secular] (Cambridge: The Bellknap Press of Harvard University Press, 2007), pp. 1-5.

promesa en un mundo en el que el ideal cristiano de «amar a tu prójimo», nunca alcanzado, será logrado finalmente».[50]

Este pensador cree que la agenda humanista logrará un mundo donde nos amaremos los unos a los otros y donde se conseguirá aquello que los cristianos no han podido alcanzar. Este autor humanista propone que los maestros en las aulas de clase se conviertan en evangelistas del humanismo. Su propuesta suena como «evangelismo», y lo es, pero el evangelio que se presenta aquí es un evangelio ateo. Estas palabras, escritas hace 30 años, se hicieron realidad.

Desde el surgimiento del deseo de Adán de ser como Dios y su subsiguiente caída, la cosmovisión secular tiene como meta desplazar a Dios y colocar al ser humano en el control; desea desaparecer la imagen de Dios, impresa en Su diseño. El hombre anhela ser su propio dios para poseer el derecho de decidir lo que quiere hacer y cómo hacerlo.

Verdades bíblicas para nuestros días

Dios nos recuerda en Su Palabra que Él tiene control de todo (1 Crón. 29:11-12) y que no hay nada que pueda frustrar Sus planes (Job 42:2). Por otro lado, el Señor ha revelado que a partir de la caída los seres humanos están «... entenebrecidos en su entendimiento...» (Ef. 4:18) y su corazón es «engañoso» (Jer. 17:9). Esto explica por qué personas inteligentes y educadas no ven lo evidente, ignoran las leyes de Dios que ellos descubrieron a través de la ciencia y eligen creer una mentira (Juan 3:19). Tampoco olvidemos que nuestras acciones pecaminosas poseen consecuencias y así lo señala el profeta: «¡Ay de los que llaman al mal bien y al bien mal, que tienen las tinieblas por luz y la luz por tinieblas, que tienen lo amargo por dulce y lo dulce por amargo!» (Isa. 5:20).

---

50. John Dunphy, «A Religion for a New Age» [Una religión para la Nueva Era], The Humanist, 43 (enero-febrero de 1983), p. 26.

Dios creó dos sexos que exhiben Su imagen, hombre y mujer, cada uno con características y virtudes diferentes. Cuando ellos se unen en armonía, se completan y la gloria y la sabiduría de Dios se despliegan a través de las relaciones de forma única. La majestad y la sabiduría del Señor son notorias en toda la creación del mundo, pero Su gloria se debe mostrar de una forma más patente en la corona de Su creación: el hombre y la mujer. Ellos fueron los únicos seres creados a Su imagen y semejanza (Gén. 1:26-27).

Cuando suprimimos las diferencias entre los sexos, distorsionamos la imagen de Dios y, por lo tanto, la escondemos. Satanás puede mantener al mundo ciego (2 Cor. 4:4) y lo conduce todo el tiempo a cambiar la verdad por la mentira (Rom. 1:25). Esto origina lo que Pablo le dijo a Timoteo: «… los hombres malos e impostores irán de mal en peor, engañando y siendo engañados» (2 Tim. 3:13). Con todo, el siguiente versículo nos recuerda lo que debemos hacer: «Tú, sin embargo, persiste en las cosas que has aprendido y de las cuales te convenciste, sabiendo de quiénes las has aprendido» (2 Tim. 3:14).

Nosotros somos embajadores de Cristo para predicar el evangelio, y vivir Su diseño es otra forma de expresar que creemos Su verdad. Así glorificamos Su nombre y afirmamos que existe un único y verdadero Dios, creador de todo lo visible e invisible. De esta manera el mundo queda sin excusas (Rom. 1:20).

Principios de aplicación

Esta es la hora de defender la verdad quizás como nunca antes, porque este es el tiempo en que la verdad de Dios está bajo ataque como en ningún otro momento. La Iglesia fue designada como «… columna y sostén de la verdad» (1 Tim. 3:15). Aunque innumerables personas crean que no es cierto, todas las instituciones de la sociedad dependen de la Iglesia de Cristo como columna y sostén de la verdad. Si la Iglesia negocia la verdad, nos quedaremos en la oscuridad y nos convertiremos en ciegos, guiando a ciegos. La Iglesia es el micrófono a través del cual Dios ha hablado durante los siglos, después de la muerte y resurrección de nuestro Señor.

Una visión antropocéntrica del evangelio y de la misión de la Iglesia no será capaz de influenciar la sociedad. Solo mediante una visión centrada en Dios podremos ver y reaccionar ante los cambios sociales de una manera bíblica que nos permita sostenernos en medio de la tormenta.

Esto escribió el profeta Habacuc, en un momento difícil de la nación:

> «Aunque la higuera no eche brotes, ni haya fruto en las viñas; aunque falte el producto del olivo, y los campos no produzcan alimento; aunque falten las ovejas del aprisco, y no haya vacas en los establos, con todo, yo me alegraré en el Señor, me regocijaré en el Dios de mi salvación. El Señor Dios es mi fortaleza; Él ha hecho mis pies como los de las ciervas y por las alturas me hace caminar» (Hab. 3:17-19).

La respuesta a la crisis en medio de la cual nos encontramos es confianza absoluta en el Dios que está por encima de la tormenta y por encima de toda circunstancia. Él sabe lo que hace, cómo lo hace, por qué lo hace, cuándo lo hace y también conoce por qué no hace lo que a nosotros nos parece que Él debería estar haciendo. Como dice ese himno escrito por John Sammis en 1887, *Trust and Obey* [Confía y obedece]. De esta forma pensó el profeta Habacuc.

Capítulo 7

La ideología de género

«En el principio creó Dios los cielos y la tierra»
(Gén. 1:1).

«Y dijo Dios: Hagamos al hombre a nuestra imagen, conforme a nuestra semejanza...»
(Gén. 1:26).

Introducción

Durante los últimos diez o quince años nuestra generación ha experimentado cambios en extremo notorios en el área de la sexualidad humana. Nos hallamos en medio de una revolución sexual sin precedente, creada de manera artificial; se trata de una nueva ideología de género, nunca antes conocida en la historia de la humanidad. Sus ideas no son innovadoras, sino destructoras de las bases que ofrecen estabilidad a la sociedad. El concepto de matrimonio se basa en el entendimiento de que, en su naturaleza, el hombre y la mujer están capacitados de formas diferentes y cuando ocurre la unión conyugal se complementan el uno al otro y adquieren nuevas capacidades, como la de procreación. Lo que algunos llamarían «equipamiento dado por la naturaleza» obedece a un diseño inteligente, no de parte de un Dios impersonal, sino de un Señor omnisciente, sabio, justo, santo y personal, que colocó Sus huellas sobre una pareja portadora de Su imagen para que se complementaran, se disfrutaran mutuamente y se reprodujeran (Gén. 1–2). Después de la caída, la imagen de Dios en el hombre y la mujer quedó distorsionada, eso trajo como consecuencia la desfiguración de su funcionamiento y una redefinición de sus roles que ha empeorado en las últimas décadas con la revolución feminista, seguida por la revolución sexual de nuestros días.

Hace varios años, durante una conferencia internacional para la mujer, escuché (Cathy) un comentario realizado por un funcionario gubernamental con relación a las mujeres. Esa persona alegaba que la única diferencia entre los hombres y las mujeres eran: «los glúteos grandes y los senos». Al escucharlo, quedé asombrada y experimenté una gran pena por el profundo desconocimiento que existe en el mundo sobre las diferencias entre el hombre y la mujer. Si observamos de manera objetiva, es evidente que las desemejanzas entre los dos géneros[51] se encaminan más allá de la anatomía. De hecho, cuando comparamos al hombre y a la mujer en sus formas de pensar o reaccionar en contraste con sus diferencias anatómicas, nos percatamos de que hay más similitudes en su anatomía, que en sus formas de pensar y actuar.

La ciencia ha demostrado que a nivel cerebral la función fisiológica es distinta en los hombres y en las mujeres. Y aunque la diferencia genética entre el varón y la mujer es solo de un 1 %, las implicaciones de este minúsculo porcentaje son inmensas. Para colocar este hecho en perspectiva, vale la pena mencionar que la distinción genética entre el ser humano y el chimpancé, que los evolucionistas siempre han considerado como la especie

51. Hoy, bajo la nueva ideología de género, algunos hablan de que el género está determinado por lo que la persona sienta, ya sea que se sienta hombre o mujer, y que el sexo solo define sus órganos genitales. Esta es una ideología de género que no alcanzó a «correr por las calles» hasta hace unos 10 años, aproximadamente.

más cercana al ser humano, es de 1,23 %;[52] aunque algunos hablan de un 3 %. Es evidente que, conforme a la cosmovisión de cada persona, podríamos llegar a deducciones diferentes. Sin embargo, para quienes somos creacionistas (creyentes en un Dios creador y sustentador del universo) la conclusión es que Dios, el único ser infinitamente sabio, puede diseñar seres con grandes diferencias efectuando modificaciones apenas medibles. De modo que, mantener la perspectiva correcta es vital al realizar un análisis.

Un refrán afirma que no debemos juzgar un libro por su cubierta y entendemos que este proverbio popular expresa una inmensa sabiduría. Por ejemplo, si un hombre se somete a una cirugía plástica para cambiar su sexo, después del proceso quirúrgico, ¿esa persona es un hombre o ahora es una mujer? Si juzgamos por su apariencia exterior tendríamos que concluir que es una mujer, pero ¿cuál es la realidad? En cada organismo viviente hay un solo tipo de molécula que contiene toda la información genética usada en su desarrollo y en su funcionamiento, llamada ADN o ácido desoxirribonucleico, que es responsable de toda la transmisión hereditaria. Esta información reside dentro del núcleo de cada célula en cada organismo. Cuando un hombre se somete a un procedimiento quirúrgico para cambiar de género, no cambia su ADN ni cambian sus cromosomas que lo definen como hombre; la transformación que produjo la cirugía es solo a nivel de sus órganos sexuales. Por lo tanto, él aún es un hombre, pero ahora vive en rebelión a su diseño. De igual manera sucede con otros tipos de cirugías plásticas. Tú puedes realizarte todas las cirugías plásticas disponibles

52. Tarjei S. Mikkelsen *et al.*, (este artículo tiene más de 50 autores). *The Chimpanzee Sequencing and Analysis Consortium, Initial sequence of the chimpanzee genome and comparison with the human genome* [El consorcio de secuenciación y análisis de chimpancés, secuencia inicial del genoma de chimpancé y comparación con el genoma humano], (*Nature* 437, 1 de septiembre del 2005), pp. 69–87, publicado en línea.

para lucir más joven, pero al final del camino tu edad será la que dictan los años, no la que se descubre ante el espejo.

La ideología de género[53]

Hasta hace dos décadas, las palabras sexo y género podían usarse de manera indistinta sin problema. Hoy, sin embargo, esto ha cambiado. Muchos han comenzado a opinar que el sexo define solo características biológicas que causan que un individuo sea varón o hembra, y que el género (masculino o femenino) es una construcción social y no biológica que está determinada por lo que la persona siente que es, hombre o mujer, independientemente de sus órganos genitales.

Según nuestra sociedad, la biología no tiene nada que ver con la identidad de género. Pero el asunto no es tan sencillo como parece.

Para comprender cómo se determina el sexo de una persona, debemos regresar a la genética y a la embriología. En el núcleo de cada célula hay genes con diferentes combinaciones de ADN (ácido desoxirribonucleico), las unidades hereditarias que determinan no solo las características físicas de la persona, sino también el funcionamiento de cada órgano.

Las diferentes combinaciones en el ADN determinan las características de los seres humanos: el color de pelo, el tono de piel, o cualquier otro rasgo que marca la individualidad de la persona. En los humanos, hay 23 pares de cromosomas (46 en total); 22 pares se conocen como autosomas y son iguales en el sexo masculino y en el femenino. El último par, son los que llamamos «cromosomas sexuales». Aquí existe una diferencia: las personas femeninas tienen dos cromosomas X (XX) y las personas masculinas tienen un cromosoma X y otro Y (XY).

---

53. Una porción del contenido de este artículo fue publicado por primera vez en Coalición por el Evangelio el 16 de noviembre del 2016, bajo la autoría de Catherine Scheraldi.

El sexo está determinado por el tipo de gen que el feto recibe de sus padres. El hijo o la hija recibe un cromosoma sexual de cada progenitor. La madre siempre donará un cromosoma X y el padre puede donar un cromosoma X o un cromosoma Y.

Aunque el sexo queda determinado en el momento de la concepción, en el estado fetal el desarrollo de ambos sexos es idéntico hasta la sexta semana. Si el feto es masculino, entrará en juego una proteína conocida como proteína SRY, que se produce a partir de un gen en el cromosoma Y. Esta proteína ocasiona la formación de los órganos masculinos. Si la proteína SRY está ausente, se desarrollarán los órganos femeninos. Así, la composición genética (lo que llamamos el genotipo) es lo que determina cómo el individuo luce y funciona (lo que llamamos el fenotipo).

El vocabulario cambió y así cambiaron las ideas

Cuando una persona afirma sentirse más como el sexo opuesto al que su fenotipo demuestra, entonces se habla de disforia de género. Ese individuo profesa sentimientos como si estuviera en el cuerpo del sexo equivocado, condición que se ha denominado transexualidad. En otras palabras, la persona siente que es una mujer atrapada en un cuerpo de hombre o viceversa (disforia de género). El término disforia de género también se utiliza para referirse a personas que sienten que su género no es exclusivo (masculino o femenino), estas personas alegan que son «bigénero» y se identifican con ambos géneros. También existen quienes se denominan «agénero», porque sienten una ausencia de género o porque se consideran de un tercer género totalmente separado de los otros dos. El pensamiento popular de hoy declara que el género es determinado en el individuo no por su genética, sino por lo que la persona «siente». Antes del posmodernismo esto se habría considerado descabellado.

Dot Brauer, psicóloga clínica y directora del Centro LGBTQA[54] de la Universidad de Vermont, define la identificación de género como «lo que se siente bien para la persona». Ella expresa: «En mi generación toda la información fue dada desde una perspectiva limitada y con lenguaje limitado impartido en la clase de salud y aquello que fue aprobado por la junta de educación», así sugiere que ellos poseían una mente estrecha. Se declara que el género existe en una gama, como un modo de afirmar que existen diferentes y múltiples expresiones entre los dos géneros. Lisa Fields, de WebMD, expresa: «Ser transgénero tiene que ver con lo que una persona siente en su interior».[55] El doctor Michael L. Hendricks, psicólogo clínico en Washington que trabaja con pacientes durante su transición (personas que cambian de lo que su biología determinó hacia lo que sienten), manifiesta que no hay un patrón, sino que varía con cada paciente. Ahora se esclarece porqué Facebook posee 71 géneros diferentes para seleccionar en un perfil.

Todo esto implica que, si me siento mujer, pues eso es lo que soy. Incluso se desea aprobar que los niños escojan el sexo que ellos quieren ser. Esto significaría que, si un niño siente que es *Superman*, deberíamos permitirle que se identifique como tal porque eso es lo que siente. Hace algún tiempo la BBC de Londres informó que una mujer sentía que era hija del famoso artista Salvador Dalí. Análisis de ADN probaron la falsedad de lo que ella sentía.[56] Entonces, ¿por qué decidimos creer en la genética en este caso, y no cuando un niño afirma que siente que es (varón o hembra) cuando no lo es?

---

54. L= lesbiana; G= Gay; B= bisexual; T= transgénero; Q= queer o questioning, su traducción al español suele ser «torcido(a)» o raro(a); A= asexual.
55. Lisa Fields, *What it means to be transgender* [Qué significa ser transgénero], https://www.webmd.com/a-to-z-guides/features/transgender-what-it-means#1
56. Salvador Dali: «DNA test proves woman is not his daughter» [Salvador Dalí: prueba de ADN demuestra que la mujer no es su hija], 6 de septiembre del 2017: http://www.bbc.com/news/world-europe-41180146

Es notorio que no podemos decidir lo que somos basándonos en nuestros sentimientos y en contra de la evidencia. Algunas personas manifiestan que sienten que son animales e incluso han tratado de vivir como tales. Pero no por eso los consideramos animales. ¿Por qué no? Porque su genética prueba todo lo contrario.

Usaremos un versículo bíblico como ilustración y aplicación. Proverbios 14:5 expresa: «El testigo veraz no mentirá, pero el testigo falso habla mentiras». Es evidente que el contexto de ese versículo no es la sexualidad humana, pero a modo de ejemplo podríamos declarar que el testigo veraz es la composición genética que Dios nos dio y el testigo falso es la cirugía que pretende hacernos lucir como lo que no somos. La mujer puede acentuar o remover aspectos de su feminidad con sus acciones, pero ella no puede alterar su verdadera feminidad. Aun después de masculinizar su feminidad, esa mujer porta un par de cromosomas XX en cada célula de su cuerpo. La confusión y el caos de nuestra cultura se deben, en gran proporción, a que las mujeres (y también los varones) se han conformado a los patrones y formas de pensar del mundo, que son contrarios a las directrices dadas por el apóstol Pablo en Romanos 12:1-2.

La cosmovisión cambió, y por lo tanto también cambió el lenguaje. Ya no es «género biológico», como siempre se afirmó, sino «género asignado», lo cual significa que este fue «asignado» al nacer por el personal médico, sin conocer si será el género con el que el niño o la niña se identificarán.

Como hemos visto, la biología, la embriología, y la genética demuestran que solo hay dos sexos. Esta noción de que el género es independiente del sexo biológico se considera precisamente una ideología porque no está basada en la ciencia. Aunque la disforia de género todavía es considerada como una anormalidad en la psiquiatría, esto también parece estar cambiando.

En el siglo XVIII, el mundo pasó por la Revolución Científica, donde se buscaba la verdad a través del método científico. Para que algo fuera aceptado como verdadero debía ser probado a través de la experimentación y la corroboración de los resultados iniciales. Esto es efectivo cuando la información es medible, pero en otras áreas es impreciso.

Una de las áreas en que el método científico no tiene valor es en las emociones. En el ámbito filosófico, moral y psicológico, se aceptaron innumerables afirmaciones como postulados científicos, cuando en realidad el método científico no puede aplicarse a ninguna de ellas.

A medida que la sociedad cambió, la humanidad se volvió más egocéntrica e individualista, y llegó a pensar que la verdad se establece para cada individuo según su propia opinión. En el mejor de los casos, el ser humano de hoy piensa que, si él no tiene la razón, la mayoría sí la tendrá. Este es el fruto del corazón engañoso del hombre que lo impulsa a creer que él siempre tiene la razón (Prov. 21:2).

En nuestros días, la mayoría de las personas ha llegado a pensar que la autorrealización es lo que trae la felicidad; esto se convierte en tierra fértil para la aceptación de algo como la ideología de género. Si la felicidad es un derecho y la verdad es relativa, entonces la tolerancia a cualquier ideología será el resultado natural, con el consecuente rechazo de cualquier verdad absoluta.

La caída del hombre y la ideología de género

Ya hemos hablado sobre esta idea. Es importante recordar que la caída del hombre fue el resultado de una mentira que alteró la verdad revelada por Dios. Del mismo modo, la ideología de género es un engaño contrario a lo revelado por el Creador. El profeta Isaías nos recuerda: «¡Ay de los que llaman al mal bien y al bien mal, que tienen las tinieblas por luz y la luz por tinieblas, que tienen lo amargo por dulce y lo dulce por amargo!» (Isa. 5:20). Con la caída, narrada en Génesis 3, todos los aspectos del ser humano se afectaron.

Esto incluye la naturaleza física, la facultad mental, las emociones y la dimensión espiritual. Dios nos creó para que existiera armonía en todos las áreas; sin embargo, con la entrada del pecado, esta conformidad se perdió.

Los sentimientos y las emociones de cada persona son reales y pueden ser en extremo fuertes, aunque no correspondan a la verdad de su biología. A pesar de esto, si permitimos que la verdad se defina por los sentimientos y el individualismo, en lugar de por aquello que corresponde a la realidad, entonces terminaremos en la posición que observamos hoy, donde muchos se preguntan qué es verdad.

Si las personas con disforia de género son estimuladas a abrazar lo que es una patología, solo empeoraremos su disfuncionalidad. Entre el 32 % y el 50 % de las personas transgénero cometen un intento de suicidio aun en lugares como Suiza, donde esta ideología es aceptada.[57] El cristiano siempre debe desear lo mejor para los demás. Eso implicaría ayudar a estas personas a abrazar el diseño del Creador. Entonces las amaríamos de verdad.

Durante numerosos años la ciencia sostuvo que los niños nacen como una pizarra en blanco y que las diferencias conductuales son provocadas por las diferencias en la enseñanza dada por su ambiente. Con el descubrimiento de las resonancias funcionales (IRM) y las tomografías por emisión de positrones (TEC), los estudios han demostrado que esto no es cierto. Mantener dicha posición sería similar a aseverar que la tierra es cuadrada, aun después de descubrir que no lo es. A través de este libro pretendemos demostrar cómo la ciencia ha comenzado a revelar lo que la Biblia nos ha enseñado desde hace miles de años. Dios diseñó al hombre y a la mujer de

57. H. G. Virupaksha, Daliboyina Muralidhar y Jayashree Ramakrishna, *Suicide and Suicidal Behavior among Transgender Persons* [El suicidio y los comportamientos suicidas entre las personas transgénero]; Indian J Psychol Med. 2016 nov-dec; 38(6): 505–509. DOI: 10.4103/0253-7176.194908).

manera diferente, lo cual ha sido afirmado aún por estudios de ciencia.[58, 59]

El veredicto de la Biblia

En el Nuevo Testamento, el apóstol Pablo nos enseña: «... somos hechura suya, creados en Cristo Jesús para *hacer* buenas obras, las cuales Dios preparó de antemano para que anduviéramos en ellas» (Ef. 2:10). La palabra griega para hechura suya es *poíema,* de donde proviene el vocablo poema. Este término expresa la idea de belleza en la forma y en el patrón dado, tal como sucede con una obra magistral.

Por eso el rey David escribió en el Libro de los Salmos:

> «Porque tú formaste mis entrañas; me hiciste en el seno de mi madre. Te alabaré, porque asombrosa y maravillosamente he sido hecho; maravillosas son tus obras, y mi alma lo sabe muy bien. No estaba oculto de ti mi cuerpo, cuando en secreto fui formado, y entretejido en las profundidades de la tierra. Tus ojos vieron mi embrión, y en tu libro se escribieron todos los días que me fueron dados, cuando no existía ni uno solo de ellos» (Sal. 139:13-16).

Cuando Dios diseñó al primer ser humano tuvo en cuenta cada detalle, y lo mismo hizo con cada criatura que Él formó en el vientre de una madre. Cada ser es diferente y único. «Siempre recuerda que tú eres absolutamente único, igual que ocurre con

---

58. Larry Cahill, *Why sex matters for neuroscience* [Por qué el sexo es importante para la neurociencia] (Nature Reviews Neuroscience, Vol. 7, No. 6; junio del 2006), pp. 477-484 | DOI: 10.1038/nrn1909
59. Kelly P. Cosgrove, Carolyn M. Mazure, Julie K. Staley, *Evolving Knowledge of Sex Differences in Brain Structure, Function, and Chemistry* [Conocimiento evolutivo de las diferencias sexuales en la estructura, función y química del cerebro] (Biological Psychiatry, Vol. 62, No. 8; 15 de octubre del 2007), pp. 847–855 | DOI: 10.1016/j.biopsych.2007.03.001

todas las demás personas», es una frase atribuida a Margaret Mead, una antropóloga cultural norteamericana, no cristiana. Ella afirmaba una verdad que solo conocía de modo parcial. Dios manifestó esa realidad cuando David expresó, por inspiración divina, «asombrosa y maravillosamente he sido hecho». David no declara «hemos sido hechos» para referirse a los seres humanos en general, sino que usa el pronombre para referirse a él como un individuo: «he sido hecho».

Nuestro entendimiento de las diferencias entre el diseño de la mujer y el del hombre no constituye un concepto abstracto, sino una cosmovisión que determina cómo vivimos. Por esta razón, el cristiano debe estudiar y entender este tema, ya que el mundo en que existimos está confundido y cegado por el pecado, que empeora con los cambios culturales y morales que van *in crescendo*. Cada persona vive en concordancia con su concepción del mundo y de la existencia (cosmovisión). Nuestro conocimiento de Dios, nuestro entendimiento de cómo Él nos creó y qué hizo por nosotros se refleja en nuestras actitudes, nuestras acciones, nuestras relaciones, la forma en que educamos a nuestros hijos, nuestro comportamiento, nuestras expectativas, y en todas las demás áreas de nuestra vida. Esta cosmovisión afectará también a la próxima generación. Oseas 4:6 revela: «Mi pueblo es destruido por falta de conocimiento. Por cuanto tú has rechazado el conocimiento, yo también te rechazaré para que no seas mi sacerdote; como has olvidado la ley de tu Dios, yo también me olvidaré de tus hijos». Ese conocimiento es el que modela nuestra cosmovisión.

Aunque no dedicamos gran cantidad de tiempo para evaluar nuestra cosmovisión, esta influye en nuestro diario vivir. Eso explica por qué en ciertas ocasiones personas inteligentes e instruidas no ven lo que a nosotros nos parece evidente. La cosmovisión bíblica siempre es opuesta a la del mundo porque el príncipe de este mundo es Satanás (Juan 12:31) y él cegó el entendimiento de los hombres, tal como explica el apóstol Pablo a los corintios: «En los cuales el dios de este mundo ha cegado el entendimiento de los incrédulos, para que no vean el resplandor del evangelio de la gloria de Cristo, que es la imagen de Dios» (2 Cor. 4:4). Pero Jesús vino para revelar la verdad, como Él afirmó: «[…]. Para esto yo he nacido y para esto he venido al mundo, para dar testimonio de la verdad. Todo el que es de la verdad escucha mi voz» (Juan 18:37b). Cristo no solo se encarnó para revelarse como Salvador, sino que también vino para revelar la verdad en su totalidad. Esta idea se completa en Juan 10:10 cuando Jesús expresa: «El ladrón sólo viene para robar y matar y destruir; yo he venido para que tengan vida, y para que la tengan en abundancia».

Una observación objetiva del mundo de hoy revela que las diferentes culturas están desintegrándose de forma paulatina conforme aumentan los índices de deterioro social como el consumo de drogas, la violencia, el crimen, etc. Si lo que hacemos no está funcionando, debemos cuestionar nuestras creencias. No resolveremos nuestros problemas si conservamos la forma de pensar que dio origen a esas dificultades. Se ha dicho que: «Locura es repetir la misma cosa una y otra vez, esperando resultados distintos». Esta frase ha sido atribuida con cierta frecuencia a Albert Einstein; sin embargo, no tenemos completa certidumbre de que él haya sido el autor de la misma. La única conclusión verdadera a la que podemos arribar es que estamos equivocados y como las creencias poseen consecuencias, debemos decidir lo que creeremos y luego actuar.

Durante la conferencia *Mujer Verdadera* organizada por el ministerio *Aviva Nuestros Corazones* en octubre del año 2008 en la ciudad de Chicago, Estados Unidos, el pastor John Piper, el predicador invitado para abrir la noche, hizo la siguiente observación: «Una teología débil forma mujeres débiles».[60]

---

60. Nancy Leigh DeMoss, John Piper, et al., *Voices of the true woman movement: a call to the counter-revolution* [Voces del verdadero movimiento de la mujer: Un llamado a la contrarrevolución] (Chicago, IL: Moody Publishers, 2010), p. 17.

Bíblicamente esto se relaciona con la enseñanza que aparece en Oseas 4:6, donde Dios, a través del profeta, expresa: «Mi pueblo es destruido por falta de conocimiento». Entonces, debemos tomar esto en serio. Nuestra cosmovisión afectará no solo el futuro de nuestra vida cristiana, sino también el de nuestra familia. El Señor posee la capacidad de transformar nuestra casa aunque no hagamos ningún esfuerzo, pero la mayor bendición sería que Él nos usara para realizar ese trabajo en quienes nos resultan tan cercanos.

Principios de aplicación

La idea de esta sección del libro es entender el momento histórico en el que nos encontramos para saber qué hacer (1 Crón. 12:32). Luego, en una sección siguiente, constatar cómo la ciencia ha corroborado a través de estudios lo que ya sabíamos. Por ello, debemos decir amén a lo revelado por Dios. El ser humano no le informa al Señor lo que es verdad, sino que descubre lo que Él ya reveló como cierto. Como cristianos, en numerosas ocasiones nos sentimos inseguros alrededor de los «educados» con otra cosmovisión y desconocemos cómo defender lo que creemos (apologética). Es nuestro deseo que, con la información compartida en este libro, usted pueda «defenderse» usando no solo la Palabra de Dios, sino también los hallazgos del quehacer científico del ser humano. Decía Louis Pasteur: «Un poco de ciencia aleja de Dios, pero mucha ciencia devuelve a Él».[61] El propósito es proveer toda la evidencia posible para defender mejor lo que el Creador nos ha revelado, sin olvidar que debemos hacerlo con mansedumbre y reverencia (1 Ped. 3:15). Precisamos clamar al Señor para que Él nos enseñe a fin de caminar conforme a lo revelado (Jer. 33:3).

61. Tihomir Dimitrov, *Founders of Modern Science Who Believe in GOD* [Fundadores de la ciencia moderna que creyeron en Dios], Part. IV; *Scientific GOD Journal*. Abril del 2010, vol. 1, núm. 3, pp. 222-240.

Recordemos las palabras del apóstol Pablo a los efesios:

> «A mí, que soy menos que el más pequeño de todos los santos, se me concedió esta gracia: anunciar a los gentiles las inescrutables riquezas de Cristo, y sacar a luz cuál es la dispensación del misterio que por los siglos ha estado oculto en Dios, creador de todas las cosas; a fin de que la infinita sabiduría de Dios sea ahora dada a conocer por medio de la iglesia a los principados y potestades en las regiones celestiales» (Ef. 3:8-10).

A diferencia de Pablo, nosotros no recibimos una revelación personal, sino que fuimos movidos por Dios para indagar y compilar lo escrito en la literatura para edificar a Su Iglesia al ver la gloria del Señor en el desarrollo de la ciencia. «La sabiduría nos permite comprender la realidad. A través de la sabiduría hemos descubierto un conjunto de principios de ciencia que expresan la realidad con elegancia en el lenguaje de las matemáticas. Siempre que el hombre aprende la lógica del universo, el hombre está (en esencia) *Thinking God's thoughts after Him* [pensando los pensamientos de Dios en búsqueda de Él], como decía el gran astrónomo del pasado, Johannes Kepler. Una correcta "comprensión" de lo que entendemos, por lo tanto, es que los seres humanos descubren (y aplican) la sabiduría; nosotros no la inventamos».[62]

Esta es nuestra oración: «Y a Aquel que es poderoso para hacer todo mucho más abundantemente de lo que pedimos o entendemos, según el poder que obra en nosotros, a Él sea la gloria en la iglesia y en Cristo Jesús por todas las generaciones, por los siglos de los siglos. Amén» (Ef. 3:20-21).

---

62. *Nature Reveals God's Wisdom* [La naturaleza revela la sabiduría de Dios] (Institute for Creation Research, http://www.icr.org/wisdom-of-God/).

Capítulo 8

La homosexualidad: Una distorsión redimible

«¿O no sabéis que los injustos no heredarán el reino de Dios? No os dejéis engañar; ni los inmorales, ni los idólatras, ni los adúlteros, ni los afeminados, ni los homosexuales, ni los ladrones, ni los avaros, ni los borrachos, ni los difamadores, ni los estafadores heredarán el reino de Dios. Y esto erais algunos de vosotros, pero fuisteis lavados, pero fuisteis santificados, pero fuisteis justificados en el nombre del Señor Jesucristo, y en el Espíritu de nuestro Dios»

(1 Cor. 6:9-11, énfasis añadido).

Introducción

En un libro sobre el diseño de Dios en oposición al acondicionamiento del hombre es imposible no incluir un capítulo para discutir el tema de la homosexualidad. Este ha sido el debate principal del siglo XXI. Por ello, quisiéramos compartir una publicación del National Institute of Health [Instituto Nacional de la Salud] del 15 de julio del 2014, donde se revelaron los resultados de una encuesta realizada en Estados Unidos para determinar el porcentaje de personas homosexuales, bisexuales y heterosexuales en un grupo de 34 557 personas mayores de 18 años que fueron entrevistadas en el año 2013. Según las estadísticas, el 96,6 % de los entrevistados era estrictamente heterosexual; el 1,6 % se consideraba a sí mismo homosexual (hombres o mujeres); el 0,7 % admitió ser bisexual, y el 1,1 % declaró no saber la respuesta o se rehusó a contestar.[63]

Los homosexuales afirman haber nacido con una inclinación sexual hacia individuos de su mismo sexo, pero hasta la fecha no existe ningún estudio científico fidedigno que lo confirme. Entendemos que, de ser así, la Biblia se expresaría de otra forma sobre la homosexualidad. Si hay alguien que conoce a cabalidad el origen de esta distorsión de la sexualidad humana es el Creador.

Ahora bien, ¿en realidad se producen diferencias biológicas durante el estado fetal en los niveles hormonales, la genética, los circuitos cerebrales o en áreas cerebrales específicas; o acaso los cambios suceden como producto de experiencias que vivieron las personas? Hasta ahora no se encontraron diferencias anatómicas ni fisiológicas entre homosexuales y heterosexuales. Con esto no estamos diciendo que no existan estudios que afirmen haber encontrado «diferencias», pero tales estudios no fueron realizados de manera correcta desde el punto de vista científico y cuando otros investigadores intentaron reproducir sus hallazgos no lo lograron.

Si la homosexualidad tuviera su origen en un factor genético, entonces deberíamos ver una tasa de concordancia en familias; esto implica que si el problema fuera genético, entonces en los casos de gemelos (personas nacidas como resultado de la fecundación de un solo óvulo), esperaríamos que, si uno de

---

63. Brian W. Ward, Ph.D.; James M. Dahlhamer, Ph.D.; Adena M. Galinsky, Ph.D.; y Sarah S. Joestl, Dr.P.H., *Sexual Orientation and Health Among U.S. Adults: National Health Interview Survey, 2013* [Orientación sexual y salud entre adultos de Estados Unidos: Encuesta nacional de entrevistas de salud, 2013] https://www.cdc.gov/nchs/data/nhsr/nhsr077.pdf.

ellos es homosexual, la probabilidad de que el otro lo fuera sería altísima, pues los gemelos tienen el mismo conjunto de genes. Sin embargo, la tasa de concordancia en varones gemelos es solo del 50 %, lo que revela una influencia grande del ambiente sobre estas personas. Si son mellizos (personas nacidas como resultado de la fecundación de dos óvulos) la tasa disminuye a el 22 %. En hermanos que no son gemelos ni mellizos el porcentaje disminuye al 9 % y si son hermanos adoptados (genética totalmente diferente, pero ambiente similar) aumenta al 11 %, lo cual apunta a que el ambiente posee más influencia que la herencia genética, si es que la genética desempeñara algún rol. En las mujeres, la tasa de concordancia en gemelos es del 48 %; en mellizos, del 16 %, y del 6 % en el caso de hermanas adoptadas. Esto demuestra, una vez más, que el ambiente tiene una influencia considerable.

En Dinamarca, donde el matrimonio entre individuos del mismo sexo es legal desde el año 1989, se realizó un estudio con 2 millones de adultos daneses, que puso en evidencia varios factores ambientales específicos que, según ellos, aumentaban la probabilidad de que un individuo escoja una pareja del mismo sexo para unirse en matrimonio. En el caso de los hombres, los factores ambientales asociados con incidencias mayores de matrimonio homosexual incluían el haber nacido en una zona urbana y tener un padre ausente o no conocido. En las mujeres, los factores que aumentaron la probabilidad del matrimonio homosexual fueron similares e incluían un lugar natal urbano, la muerte materna durante la adolescencia o la ausencia de la madre.[64] La conclusión de estos estudios es que, al parecer, las

64. Morten Frisch, Anders Hviid, *Childhood family correlates of heterosexual and homosexual marriages: a national cohort study of two million Danes* [Correlaciones familiares de la infancia de matrimonios heterosexuales y homosexuales: Un estudio de cohorte nacional de dos millones de daneses] (Archives of Sexual Behavior, Vol. 35, No. 5, octubre del 2006), pp. 533-547 | DOI: 10.1007/s10508-006-9062-2

experiencias familiares durante la infancia y los factores ambientales influyen en las decisiones por matrimonios heterosexuales u homosexuales en la edad adulta.

Una investigación considerada la más amplia y representativa del comportamiento sexual en la población adulta de Estados Unidos de América, en que la homosexualidad era solo uno de los factores tomados en consideración, apoyó también la teoría del factor ambiental más que la herencia genética. De nuevo, este estudio identificó diferentes tipos de ambientes específicos que aumentan la probabilidad del comportamiento homosexual al que los autores han llamado «ambiente congenial» o «ambiente armonioso» al desarrollo de la homosexualidad. Para los hombres, el factor ambiental más relacionado con la homosexualidad fue el grado de urbanización del lugar de residencia durante la adolescencia y, de manera más específica, se observó que aquellos que vivieron en grandes centros urbanos entre las edades de 14 y 16 años fueron de tres a seis veces más propensos a participar en comportamientos homosexuales que los niños que vivían en comunidades rurales a las mismas edades. Los autores consideraron la posibilidad de que un ambiente que ofrece mayores oportunidades para el desarrollo de la sexualidad de forma distorsionada y menos sanciones contra la sexualidad del mismo género puede permitir e incluso promover la expresión del interés y el comportamiento sexual con el mismo género. En las mujeres, el factor ambiental más asociado con una identidad homosexual o bisexual fue un nivel más alto de educación, lo que también fue cierto en el caso de los hombres, pero el patrón fue más notorio en las mujeres.[65] La educación no es la cura de las desviaciones morales del hombre porque estas están a nivel del corazón.

---

65. Edward O. Laumann, John H. Gagnon, *The social organization of sexuality: Sexual practices in the United States* [La organización social de la sexualidad: Prácticas sexuales en Estados Unidos] (Chicago, IL: University of Chicago Press, 1994).

La (NO) evidencia médica de la homosexualidad

Extensas investigaciones llevadas a cabo en Suecia, Finlandia, Dinamarca y Estados Unidos de América revelan que la homosexualidad es inducida de manera primordial por el ambiente. Dichos estudios no indicaron cuáles factores ambientales en específico contribuyeron a fomentar la preferencia homosexual, pero ofrecieron algunas conclusiones al respecto. En algunos estudios el margen de error fue tan grande que es probable que los factores genéticos no jugaran ningún rol en el desarrollo de la homosexualidad. Esto todavía tiene que determinarse, pero lo que sí quedó resuelto es que el factor primario en su desarrollo es el ambiental.

En múltiples oportunidades, escuchamos personas que afirman de manera vehemente que nacieron con esta preferencia sexual, porque no recuerdan un tiempo en sus vidas cuando no sentían atracción por el mismo sexo. Como médicos, estamos entrenados para pensar de forma científica y, como clínicos, fuimos instruidos para considerar el diagnóstico diferencial al tratar con pacientes. En ese sentido, entendemos que es necesario preguntarnos si la homosexualidad es un estado normal, o si durante el período fetal o sumamente temprano en la niñez sucede algo que afecta la preferencia sexual de estos individuos en la adultez.

Hoy en día observamos que, en naciones de Europa y América del Norte, optaron por considerar la homosexualidad como un fenómeno habitual, un estilo de vida alternativo y la asocian con los derechos humanos. Como clínicos, revisamos la literatura científica disponible para buscar algún estudio de investigación que validara este fenómeno.

En ese sentido, un estudio publicado por el genetista Dean H. Hamer, junto a algunos de sus colegas, encontró una correlación entre el marcador genético Xq28 y la orientación homosexual. En 54 hermanos homosexuales, el 64 % compartió la región Xq28 en el cromosoma X,[66] pero otros estudios liderados por George Rice y Carol Anderson no encontraron la conexión.[67,68] Para que los resultados de un estudio científico puedan considerarse como verdaderos y válidos, y no pura casualidad, es necesario que otros estudios posteriores sean capaces de reproducirlos para descartar la sospecha de que hayan sido manipulados. Hasta el momento no ha sido posible reproducir dicho estudio y alcanzar las mismas conclusiones.

Asimismo, un estudio realizado por Simon LeVay, un neurocientífico británico-americano, encontró diferencias en el volumen de un área del cerebro (el tercer núcleo intersticial del hipotálamo anterior) en las autopsias practicadas a sujetos separados por su orientación sexual que habían muerto de SIDA. El estudio fue criticado por la comunidad científica porque el grupo de prueba fue reducido (solo 35 pacientes: 19 homosexuales y 16 heterosexuales) y debido a que hubo errores en las estadísticas. Además, algunos de los hallazgos en homosexuales (el hipotálamo más pequeño), se observaron en el cerebro de tres de las personas heterosexuales. Y tres de las personas homosexuales tuvieron el hipotálamo más grande, como también se vio en las autopsias de pacientes heterosexuales. Al igual que en el caso anterior, subsecuentes estudios no pudieron confirmar los

---

66. Dean H. Hamer, S. Hu, Vicki Magnuson, N Hu, Angela M. L. Pattatucci, *A linkage between DNA markers on the X chromosome and the male sexual orientation* [Un vínculo entre los marcadores de ADN en el cromosoma X y la orientación sexual masculina] (Science, Vol. 261, No. 5119, 16 de julio de 1993), pp. 321-327 | DOI: 10.1126/science.8332896
67. George Rice, Carol Anderson, Neil Risch, George Ebers, *Male homosexuality: Absence of linkage to microsatellite markers at Xq28* [Homosexualidad masculina: Ausencia de vinculación con marcadores de microsatélites en Xq28] (Science, Vol. 284, No. 5414, 23 de abril de 1999), pp. 665-667 | DOI: 10.1126/science.284.5414.665
68. J. Michael Bailey, Richard C. Pillard, Michael C. Neale, Y. Agyei, *Heritable factors influence female sexual orientation* [Los factores hereditarios influyen en la orientación sexual femenina] (Archives of General Psychiatry, Vol. 50, No. 3, 1 de marzo de 1993), pp. 217–223 |DOI: 10.1001/archpsyc.1993.01820150067007????

hallazgos de dicha investigación y el propio autor concluyó que ese estudio solo abría la posibilidad de una diferencia física.[69] Asimismo, como todos los pacientes homosexuales estudiados habían muerto de SIDA, desconocemos si esos cambios fueron producidos por la enfermedad.

El veredicto de la Palabra de Dios

La responsabilidad de los padres en la educación

Dios asigna un rol primario a los padres para educar a sus hijos. Él nos considera responsables de nuestros descendientes biológicos y de transmitir la fe a la próxima generación, como ya mencionamos en otro capítulo. En el Libro de Deuteronomio, Moisés nos da la siguiente instrucción de parte de Dios: «Y estas palabras que yo te mando hoy, estarán sobre tu corazón; y diligentemente las enseñarás a tus hijos, y hablarás de ellas cuando te sientes en tu casa y cuando andes por el camino, cuando te acuestes y cuando te levantes» (Deut. 6:6-7). Educar a los hijos, sobre todo en los mandamientos del Señor, es tarea de los padres y no de los centros académicos, el gobierno o la iglesia. Los profesores de nuestros hijos pueden complementar o apoyar lo que les enseñamos en el hogar, pero jamás reemplazarlo. El Libro de Proverbios aconseja a los padres: «Enseña al niño el camino en que debe andar, y aun cuando sea viejo no se apartará de él» (Prov. 22:6). Observamos la sabiduría de este pasaje, pues es incuestionable que la instrucción recibida en la niñez tiene repercusiones en la vida adulta.

Se ha observado que, por el modelo de crianza aplicado a algunos niños, ellos crecen con una idea distorsionada de la

69. Simon Le Vay, *A difference in hypothalamic structure between heterosexual and homosexual men* [Una diferencia en la estructura hipotalámica entre hombres heterosexuales y homosexuales] (Science, Vol. 253, No. 5023, 30 de agosto de 1991), pp. 1034–1037.

masculinidad y presentan una mayor tendencia a experimentar desviaciones en su sexualidad. Por ejemplo, un padre que es emocionalmente distante de sus hijos podría provocar que ellos se refugien en su madre para encontrar seguridad, sobre todo cuando ese padre es abusivo en lo físico o en lo emocional. La niña, por otro lado, podría crecer pensando que los hombres no son confiables, porque si el varón que más debería amarla (su padre) exhibe ese comportamiento, ¿qué puede esperar esa niña del resto de los hombres? En otras ocasiones una madre que no respeta a su esposo podría influenciar de manera negativa a su hija y provocar que ella rechace a los hombres. La madre puede comunicar con sus palabras o con sus acciones un mensaje como «tú no necesitas a un hombre», o «¿para qué sirven los hombres?». Es posible que esa niña rechace al sexo opuesto y se refugie en otra mujer, pensando que los hombres no brindan seguridad.

La homosexualidad como pecado contra Dios

Todo lo que no honra a Dios o a Su diseño es pecado. Por lo tanto, es un buen momento para recordar que la homosexualidad no es el único pecado, ni es el único pecado sexual ni tampoco es el pecado imperdonable. Conocemos que la homosexualidad no forma parte del plan del Creador porque desde el inicio leemos en Génesis: «… varón y hembra los creó» (Gén. 1:27). Es decir, que Dios creó dos géneros con características internas (genotipo) y externas (fenotipo) propias de cada uno. Y luego, en el versículo 28, leemos que les dijo: «… Sed fecundos y multiplicaos…». La única manera de llevar a cabo este mandato es si las personas que se unen poseen órganos sexuales que les permitan acoplarse y luego reproducirse. Más adelante, en el Libro de Levítico, leemos lo que Dios dijo de manera clara: «No te acostarás con varón como los que se acuestan con mujer; es una abominación» (Lev. 18:22). En el mismo Libro de

Levítico observamos: «Si alguno se acuesta con varón como los que se acuestan con mujer, los dos han cometido abominación; ciertamente han de morir. Su culpa de sangre sea sobre ellos» (Lev. 20:13). A la luz del Nuevo Testamento entendemos que hoy no debemos aplicar la ley de esa manera, pero sí creemos que Dios revela que Él rechaza la homosexualidad, aunque nunca rechazaría a una persona que la practicara, siempre y cuando esa persona, arrepentida, busque Su perdón.

La homosexualidad ofende a Dios porque rechaza Su diseño y degrada la imagen de Él en la criatura. Así sucede con la fornicación, la promiscuidad y la pornografía. Todos estos son pecados contra el cuerpo y forman parte de la distorsión de la sexualidad humana. En la actualidad, como la sociedad perdió sus frenos y abandonó el sentido de la culpa y de la vergüenza, muchos dieron rienda suelta a estas y otras prácticas pecaminosas, que van en aumento. Por esto, quisiéramos recordar tres realidades:

1. Jesús murió por heterosexuales y homosexuales.
2. Todo pecado, independientemente de su naturaleza, requiere arrepentimiento; no solo la homosexualidad.
3. No hay pecado que Jesús no pueda perdonar.

Con relación a este último punto, es bueno mencionar que, en la congregación de Corinto, en apariencia, había algunos que fueron homosexuales en el pasado y a quienes Cristo había redimido. Así leemos en 1 Corintios 6:9-11:

> «¿O no sabéis que los injustos no heredarán el reino de Dios? No os dejéis engañar: ni los inmorales, ni los idólatras, ni los adúlteros, ni los afeminados, ni los homosexuales, ni los ladrones, ni los avaros, ni los borrachos, ni los difamadores, ni los estafadores heredarán el reino de Dios. Y esto erais algunos de vosotros; pero

fuisteis lavados, pero fuisteis santificados, pero fuisteis justificados en el nombre del Señor Jesucristo y en el Espíritu de nuestro Dios».

Recordemos que para su salvación el homosexual necesita lo mismo que el heterosexual: arrepentimiento de pecado, perdón de parte de Dios a través del sacrificio penal y sustitutivo de Cristo (Él pagó la pena y murió en nuestro lugar) y, además, debe confesar a Jesús como su Señor y Salvador. Ese es el camino para todo el que quiera entrar en el reino de los cielos.

Áreas de investigación al presente

Los interruptores endócrinos y la conducta homosexual

La comunidad científica, por varios años, ha realizado observaciones a través de la literatura médica en materia de salud pública y endocrinología sobre ciertas sustancias químicas capaces de alterar el equilibro hormonal de los organismos de una especie. Dichas sustancias fueron catalogadas como «interruptores endócrinos». Los estudios e investigaciones comenzaron cuando se empezaron a notar cambios adversos en la población de la fauna. Ciertas anormalidades reproductivas y de desarrollo se relacionaron con la exposición a interruptores endócrinos y al presente fueron documentadas en aves, ranas, focas, osos polares, moluscos marinos y docenas de otras especies de fauna. Un claro ejemplo es el lago Apopka. Se trata del tercer lago más grande del estado de la Florida, en Estados Unidos, y uno de los más contaminados de dicho estado debido a las múltiples actividades agrícolas a su alrededor y a la presencia de una planta de tratamiento de aguas residuales. En el año 1980 un accidente en la planta de tratamiento de aguas produjo un importante derrame de diclorodifenildicloroetileno (DDE) y diclorodifeniltricloroetano (DDT), interruptores endócrinos conocidos. Se ha observado que estos productos químicos causaron problemas en la vegetación y en la fauna del lago, y provocaron infertilidad y otros trastornos sexuales en varias especies, incluida la feminización de los caimanes que moran en el lago Apopka y sus alrededores.

En agosto del año 1994, el zoólogo Louis L. Guillette Jr. y sus colegas informaron por primera vez en la revista *Environmental Health Perspectives* [Perspectivas de salud ambiental] (EHP) que los caimanes machos del lago Apopka tenían penes anormalmente pequeños con niveles bajos de testosterona, mientras que las hembras presentaban niveles excesivos de estrógeno. En algunos casos, la inversión del animal llegó a tal extremo que un género estaba madurando con los órganos reproductores y capacidades del género opuesto.[70,71] Asimismo, se informó de una alteración en la proporción de géneros (masculino frente a femenino), donde existe una mayor tasa de natalidad de un género que del otro. Esto se observó en varias poblaciones de peces, en particular en cardúmenes que vivían cerca de fábricas de papel o pulpa y de plantas de tratamiento de aguas residuales.

Un estudio realizado en la Universidad de Gainesville, en Florida, por el ecologista Peter Frederick y su colega, Nilmini Jayasena, publicado en la revista científica *Proceedings of the Royal*

---

70. Louis J. Guilette Jr., Timothy S. Gross, Greg R. Masson, John M. Matter, H. Franklin Percival, Allan R. Woodward, *Developmental abnormalities of the gonad and abnormal sex hormone concentrations in juvenile alligators from contaminated and control lakes in Florida* [Anomalías del desarrollo de la gónada y concentraciones anormales de hormonas sexuales en lagartos juveniles de lagos contaminados y de control en Florida] (Environmental Health Perspectives, Vol. 102, No. 8, agosto de 1994), pp. 680-688 | DOI: 10.2307/3432198
71. Louis J. Guilette Jr., Daniel B. Pickford, D. Andrew Crain, Andrew A. Rooney, H. Franklin Percival, *Reduction in penis size and plasma testosterone concentrations in juvenile alligators living in a contaminated environment* [Reducción en el tamaño del pene y las concentraciones plasmáticas de testosterona en lagartos juveniles que viven en un ambiente contaminado] (General and Comparative Endocrinology, Vol. 101, No. 1, enero de 1996), pp. 32-42 | DOI: 10.1006/gcen.1996.0005

Society B [Procedimientos de la Real Sociedad B][72] en diciembre del año 2010, informó que la exposición experimental de un ave acuática durante tres años a concentraciones de metilmercurio (MeHg) ambientalmente relevantes provocó un aumento proporcional a la dosis, en el comportamiento de apareamiento homosexual (macho con macho).

Según un informe publicado por el Comité Científico sobre Problemas del Medio Ambiente (SCOPE, por sus siglas en inglés) y la Unión Internacional de Química Pura y Aplicada, mejor conocida por sus siglas en inglés IUPAC, en la revista científica *Pure and Applied Chemistry*[73] [Química pura y aplicada], se conocen más de 200 especies de animales que fueron afectadas o se sospecha que fueron afectadas por interruptores endócrinos.

La atrazina es el segundo herbicida más usado en Estados Unidos, y es un potente interruptor endócrino. Varios estudios realizados por Tyrone B. Hayes[74] revelaron que la exposición de la rana africana de uñas *(Xenopus laevis)* a la atrazina provoca que estos anfibios tengan una probabilidad siete veces mayor

---

72. Peter Frederick, Nilmini Jayasena, *Altered pairing behavior and reproductive success in white ibises exposed to environmentally relevant concentrations of methylmercury* [Comportamiento de emparejamiento alterado y éxito reproductivo en ibises blancos expuestos a concentraciones ambientalmente relevantes de metilmercurio] (Proceedings of the Royal Society B: Biological Sciences, Vol. 278, No. 1713, 1 de diciembre del 2010), pp. 1851-1857 | DOI: 10.1098/rspb.2010.2189
73. Junshi Miyamoto, Joanna Burger, *Implications of endocrine active substances for humans and wildlife* [Implicaciones de sustancias activas endócrinas para humanos y vida silvestre] SCOPE/IUPAC (Pure and Applied Chemistry, Vol. 75, Nos. 11-12, 2003), pp. 1617-2615.
74. Tyrone B. Hayesá, Vicky Khourya, Anne Narayana, Mariam Nazira, Andrew Parka, Travis Browna, Lillian Adamea, Elton Chana, Daniel Buchholzb, Theresa Stuevea, Sherrie Gallipeaua, *Atrazine induces complete feminization and chemical castration in male African clawed frogs (Xenopus laevis)* [La atrazina induce la feminización completa y la castración química en las ranas con garras africanas macho (Xenopus laevis)] (Proceedings of the National Academy of Sciences of the United States of America, Vol. 107, No. 10, 9 de marzo de 2010), pp. 4612-4617 |DOI: 10.1073/pnas.0909519107

que la tendencia al comportamiento homosexual. Además, el 10 % de los machos expuestos a este herbicida resultaron feminizados por completo. Dichas ranas se convirtieron en hembras funcionales y produjeron huevos viables. Cuando estos huevos fueron fertilizados por machos no expuestos al herbicida, los renacuajos crecieron como ranas masculinas normales.

En las vaquerías americanas, se han hallado las hormonas esteroideas del ganado en las aguas de la nieve derretida, proveniente de las grandes fincas donde se alimenta el ganado. En el río Shenandoah, que fluye en dirección noreste por Virginia, EE. UU, unos científicos investigan la muerte recurrente de numerosos peces sin razón aparente. Sus indagaciones revelaron que algo contaminó las aguas del río y provocó la feminización de entre el 80 % y el 100 % del pez róbalo de boca pequeña *(Micropterus dolomieu)* y causó la producción de huevos inmaduros en los testículos. En el estado de Minnesota, tres semanas después de poner piscardos *(Phoxinus phoxinus)* masculinos en los lagos, estos peces desarrollaron características intersexuales. Es evidente que algo en el ambiente causaba tal reacción.

Joanna Burger, profesora de biología celular y neurociencia en la Universidad de Rutgers, quien fue una de las supervisoras del proyecto conducido por SCOPE / IUPAC, comentó lo siguiente: «El peso de la evidencia de los interruptores endócrinos en la fauna silvestre es realmente abrumador».[75] Además, agregó: «Sin embargo es un tanto tranquilizante que después de una investigación sustancial en la última década, no hubo hallazgos concluyentes de exposiciones ambientales de bajo nivel a sustancias activas endócrinas que causen enfermedades humanas».[76]

75. J. Lintelmann *et al. Endocrine Disruptors In The Environment* [Disruptores endócrinos en el medio ambiente] (IUPAC Technical Report) Pure Appl. Chem., Vol. 75, No. 5, pp. 631–681, 2003).

76. Ernie Hood, *Are EDCs Blurring Issues of Gender? Environ Health Perspect.* Octubre del 2005; 113(10): A670–A677).

No obstante, no conocemos lo que puedan revelar estudios futuros. En la actualidad los científicos se plantean interrogantes que no son fáciles de responder sobre los potenciales efectos dañinos. ¿Podría la exposición a los interruptores endócrinos interferir en la fertilidad de los hombres o de las mujeres o incluso causar malformaciones de los órganos sexuales? ¿Podría esta exposición afectar el desarrollo de sus órganos genitales? Estas y otras preguntas deben ser respondidas en el futuro.

La ciencia de modo usual se basa en elementos que pueden medirse, pero la atracción hacia el mismo género, que tal vez cuenta con múltiples causas, es difícil de medir. En la actualidad, innumerables personas entienden que la homosexualidad es una variante normal de la sexualidad humana, y esta puede ser una razón por la que tantos estudios han llegado a conclusiones erradas.

El feto en desarrollo o el recién nacido pueden carecer de los mecanismos metabólicos de protección que están presentes en los adultos y que permiten eliminar los químicos a fin de mantener el balance en el sistema. Los tejidos que en estas etapas se dividen y se diferencian con velocidad son en extremo vulnerables a la interrupción del desarrollo normal. De modo que, la exposición intrauterina a los interruptores endócrinos en dosis bajas durante ciertas ventanas críticas del desarrollo, podría tener un efecto significativo y causar un impacto que algunos consideran que podría ser permanente en el desarrollo del feto y en los resultados en la adultez. Estos hallazgos permanecen bajo investigación.

Interruptores endócrinos con posibles efectos en humanos

Hasta ahora se ha comprobado que la exposición a interruptores endócrinos en niveles altos y prolongados produce alteraciones en la salud del organismo humano. Tal fue el caso de numerosas mujeres que estuvieron expuestas *in utero* al fármaco dietilestilbestrol (DES). El DES es un estrógeno sintético que se usó entre los años 1940 y 1970 para prevenir el riesgo de abortos espontáneos en mujeres embarazadas. Se registró una variedad de efectos adversos en la salud de los hijos de las mujeres que consumieron este medicamento, tal como una forma rarísima de cáncer vaginal que afectó a miles de las hijas de estas mujeres.

El doctor Scott Kerlin, un científico social que trabajó en la Universidad de Columbia Británica e hijo de una mujer que recibió DES durante su embarazo, monitorea la literatura científica sobre DES y otros interruptores endócrinos a nivel mundial, además de conducir investigaciones y escribir sobre los efectos a largo plazo del DES en la salud de hombres que tuvieron exposición prenatal a dicho fármaco. Entre julio de 1999 y julio del 2004, el doctor Kerlin dirigió un estudio con 500 miembros de la organización *DES Sons International Network* [Red internacional de hijos DES], un recurso en línea para hombres que poseían confirmación real o una fuerte sospecha de que habían sido expuestos al DES en el útero materno. Los resultados del estudio se presentaron en el Simposio Internacional de Desarrollo del Comportamiento que se llevó a cabo en la ciudad de Minot en Dakota del Norte en agosto del año 2005. El informe destacó que más de 150 participantes (33 %) admitieron padecer de una variedad de trastornos relacionados con el género.

Entonces, ¿cuáles son algunos de los químicos usados con frecuencia que pueden afectar de este modo el sistema endócrino y dónde se encuentran? En primer lugar, podemos citar los parabenos, que son compuestos químicos que por lo general se encuentran en champús, desodorantes y otros cosméticos, y actúan como preservativos por sus propiedades fungicidas y bactericidas. Se ha demostrado que los parabenos imitan la acción de la hormona femenina, estrógenos, y también actúan como un antiandrógeno en los hombres. Otro compuesto químico de uso habitual son los ftalatos. Estos se emplean como plastificadores, y se añaden a los plásticos para aumentar su flexibilidad, transparencia y durabilidad. A menudo se usan para ablandar el policloruro de vinilo (PVC, por sus siglas en inglés) y diversos estudios los han asociado con defectos de nacimiento en el sistema reproductor masculino y con la disminución de la motilidad de los espermatozoides en adultos, entre otros problemas que afectan la salud.

Estos químicos se encuentran en casi todos los productos que usamos a diario en nuestros hogares (champús, jabones, juguetes de niños, cortinas de vinilo para la ducha, la capa que reviste las pastillas de medicamentos, pegamentos, productos electrónicos, productos alimenticios, esmaltes de uñas, tintas de impresión, entre otros) y su presencia en innumerables ocasiones está escondida en la etiqueta bajo el término genérico de «fragancia». En realidad, se trata de antiandrógenos e impiden al organismo producir andrógenos.

No hay duda de que la homosexualidad continúa su incremento y una de las preguntas que los científicos se hacen es si los interruptores endócrinos están contribuyendo al alto índice de homosexualidad en nuestros días. Como estos químicos no se usaron antes de mediados de los años 1930, hoy estamos ante la cuarta generación de individuos que fueron expuestos *in utero* a estos compuestos. Por lo tanto, necesitamos realizar las comparaciones donde sea posible efectuarlas. No obstante, vale la pena señalar, antes de que la ciencia quiera vendernos la idea de que estos interruptores endócrinos son la causa de la homosexualidad, que esta distorsión de la sexualidad humana ha existido desde la antigüedad en ausencia de estas sustancias en el ambiente.

La sociedad de hoy y la homosexualidad

Un análisis bíblico de nuestros tiempos evidencia factores más claros y más poderosos implicados en este aumento de la homosexualidad:

1. La sociedad moderna se alejó de Dios y donde no hay un dador de la ley, las personas concluyen que están libres para hacer lo que piensen que está bien a sus propios ojos.
2. Si no hay Dios, entonces todo es permisible, como dijo Dostoievski en su famosa novela *Los hermanos Karamazov*.
3. Como consecuencia de lo anterior, los límites sociales desaparecieron porque ya no se considera que existan los absolutos.
4. Los padres participan cada vez menos en la crianza de sus hijos, lo cual origina una ausencia de los patrones normales de masculinidad y feminidad.
5. La exposición a los medios de comunicación desde una edad temprana y sin control ha ejercido una influencia en extremo dañina sobre los más jóvenes. Esto es en especial importante, ya que estos medios no presentan hoy un patrón sano de masculinidad y feminidad.
6. La élite intelectual, que es una minoría, siempre ha sido más liberal que el resto de la sociedad, pero hoy, esa élite maneja los medios de comunicación y ha transmitido la idea de que la homosexualidad es solo otra elección y otra forma de vivir.
7. La mente abierta es considerada más progresiva, más avanzada y, por lo tanto, más beneficiosa, lo cual no es verdad a la luz de la historia. El siglo más educado de

la historia fue el pasado, pero también fue el más sangriento y bélico.

8. Existe una campaña patrocinada por las Naciones Unidas para imponer esta nueva ideología de género que un gran número acepta porque la información es manipulada por múltiples agencias internacionales.

Principios de aplicación

La ciencia habla hoy de la neuroplasticidad del cerebro, lo cual implica que las células cerebrales son capaces de formar y reformar redes neuronales a partir de las diferentes experiencias. Los circuitos que se usan con mayor frecuencia se convierten en redes de preferencia y aquellos que no se usan desaparecen con el paso del tiempo. Esto podría explicar la tendencia a actuar sexualmente de cierta manera desde una temprana edad si las experiencias vividas en términos de la sexualidad no son las adecuadas para un niño o una niña.

Este es un proceso que continúa durante toda la vida. Ahora bien, conocemos que esta capacidad de cambio no se encuentra solo en las conexiones o sinapsis, sino también en la producción de neuronas (neurogénesis). A fin de ser capaces de aprender y recordar es necesario el crecimiento, la modificación y la capacidad de podar los caminos. Esto ocurre a través de las experiencias y los pensamientos que provocan un cambio continuo de la estructura cerebral. Esta importante realidad le aporta un significado más profundo a la famosa expresión de Richard Weaver: «Las ideas tienen consecuencias».[77] Pero no solo las ideas tienen consecuencias, sino también las experiencias.

El doctor N. E. Whitehead escribió un artículo titulado *Brain plasticity backs up orientation change* [La plasticidad cerebral

---

77. Richard Weaver, *Ideas Have Consequences* [Las ideas tienen consecuencias], The University of Chicago Press, Chicago, 60637, 1948).

respalda el cambio de orientación], en el que afirma que cualquier diferencia cerebral que pudiera encontrarse entre homosexuales y heterosexuales «probablemente es el resultado de la conducta homosexual más que la causa de ella».[78] Como ya dijimos, los pensamientos y las experiencias, sobre todo si son repetitivos, producen cambios a nivel de las neuronas cerebrales. Después de que una persona se expuso a la cultura homosexual por mucho tiempo, las redes de preferencia ya están formadas en el cerebro, y entonces le resulta difícil abandonarlas. Esto se debe a que la actividad sexual utiliza las mismas áreas cerebrales que se activan con la adicción; por lo tanto, el proceso de salir de estas redes de preferencia produce un período sumamente desagradable y difícil, y, a menos que la persona continúe formando nuevas redes, puede llegar a creer que le será imposible.[79]

Es evidente que Dios, en Su infinita sabiduría, creó un sistema cerebral perfecto para que disfrutemos el propósito que Él mismo nos regaló de tener intimidad con nuestros cónyuges y familiaridad con nuestros hijos. Cuando una persona tergiversa el uso de estos centros neuronales de placer con deleites nocivos, la predisposición intrínseca que poseemos para cumplir la encomienda que Dios nos otorgó, se desvía y produce una distorsión en la belleza del plan de Dios y una esclavitud a la distorsión que el ser humano ha desarrollado.

Cuando una persona entrega su vida a Jesús, el Espíritu de Dios la comienza a transformar a través del proceso de santificación y le concede una nueva naturaleza que piensa y siente de manera distinta. El Señor nos provee instrucciones específicas

---

78. N. E. Whitehead, *Brain plasticity backs up orientation change* [La plasticidad cerebral respalda el cambio de orientación] (Artículo disponible en línea en: http://www.mygenes.co.nz/plasticity.html).
79. A. Tom Horvath, Ph.D., ABPP, Kaushik Misra, Ph.D., Amy K. Epner, Ph.D., Galen Morgan Cooper, Ph.D., editado por C. E. Zupanick, Psy.D., *Addiction changes the brain's communication pathways* [La adicción cambia las vías de comunicación del cerebro].

para luchar contra los pecados remanentes y los deseos de la carne. En Su Palabra Dios nos ordena:

- No adaptarnos a las corrientes de este mundo (Rom. 12:1).
- Renovar nuestra mente (Rom. 12:2).
- Pensar de forma distinta (Fil. 4:8).
- Huir de la tentación (2 Tim. 2:22).

Ahora consideremos los versículos completos:

> Romanos 12:1: «Por consiguiente, hermanos, os ruego por las misericordias de Dios que presentéis vuestros cuerpos como sacrificio vivo y santo, aceptable a Dios, que es vuestro culto racional».
>
> Romanos 12:2: «Y no os adaptéis a este mundo, sino transformaos mediante la renovación de vuestra mente, para que verifiquéis cuál es la voluntad de Dios: lo que es bueno, aceptable y perfecto».
>
> Filipenses 4:8: «Por lo demás, hermanos, todo lo que es verdadero, todo lo digno, todo lo justo, todo lo puro, todo lo amable, todo lo honorable; si hay alguna virtud, o algo que merece elogio, en esto meditad».
>
> 2 Timoteo 2:22: «Huye, pues, de las pasiones juveniles y sigue la justicia, la fe, el amor y la paz, con los que invocan al Señor con un corazón puro».

Dios nos capacita para llevar a cabo Sus mandatos, ya que es Él quien pone en nosotros tanto el querer como el hacer (Fil. 2:13). Esto producirá una nueva cosmovisión, una nueva forma de pensar con los beneficios correspondientes y nos llevará a glorificar a nuestro Señor.

Para concluir este capítulo tomamos prestada la oración del apóstol Pablo en su Carta a los Colosenses:

> «Por esta razón, también nosotros, desde el día que lo supimos, no hemos cesado de orar por vosotros y de rogar que seáis llenos del conocimiento de su voluntad en toda sabiduría y comprensión espiritual, para que andéis como es digno del Señor, agradándole en todo, dando fruto en toda buena obra y creciendo en el conocimiento de Dios; fortalecidos con todo poder según la potencia de su gloria, para obtener toda perseverancia y paciencia, con gozo dando gracias al Padre que nos ha capacitado para compartir la herencia de los santos en luz» (Col. 1:9-12).

Capítulo 9

La pornografía: Una epidemia mortal

«[…]. En la integridad de mi corazón andaré dentro de mi casa. No pondré cosa indigna delante de mis ojos…»
(Sal. 101:2b-3a).

Introducción

La pornografía está en todos lados, aun en nuestros hogares. En los últimos años la sociedad cambió tanto que aquello que era considerado pornografía hace 50 o 60 años es lo que hoy en día llega a nuestros hogares como un anuncio de ropa interior femenina en el periódico. La Internet, por su lado, está colmada de páginas pornográficas de todo tipo (para heterosexuales, homosexuales, pedófilos, zoófilos, etc.). Lo que el ser humano es capaz de imaginar se puede encontrar en la Internet y está disponible 24 horas al día, 7 días a la semana, los 365 días del año. De hecho, en algunas páginas pornográficas es posible comunicarse de manera simultánea con otras personas y hasta pedirles realizar ciertas acciones. Algo impensable hace algunos años.

En el pasado, si alguien estaba interesado en consumir pornografía tenía que ir a lugares de reputación cuestionable y no aceptados por la sociedad. Este hecho por sí solo frenaba a la mayoría de las personas de consumirla. Es desafortunado que, ahora la pornografía esté disponible en la privacidad del hogar y nadie tiene que enterarse. Es accesible (económica o gratuita) y anónima. Esto produjo la proliferación de su consumo a tal punto que ahora la pornografía es ampliamente aceptada en la sociedad. Como resultado, cambió la forma en que los hombres perciben a las mujeres y viceversa, porque las mujeres también la consumen. En esencia, la pornografía ha deshumanizado al ser humano y por lo tanto ha profanado la imagen de Dios.

El acto sexual creado por Dios es un intercambio entre el esposo y la esposa que les permite descubrir aún más el amor del Señor. El sexo fue creado por Él con tres propósitos:

- El primero y el más evidente es la procreación. Es claro que la pornografía no puede cumplir este objetivo.
- El segundo propósito es la intimidad emocional y espiritual. La relación sexual fue diseñada con el objetivo de unir a un hombre y una mujer como una sola carne (Gén. 2:24). La pornografía tampoco puede realizar esta función.
- En tercer lugar, la intimidad sexual en el matrimonio tiene como finalidad brindar placer a ambos cónyuges (Deut. 24:5 y el Libro completo de Cantar de los cantares). La pornografía es capaz de ofrecer placer a quien la consume, pero a expensas de los primeros dos propósitos que mencionamos (procreación y compañerismo) y dañando la intimidad del matrimonio. Por lo tanto, su consumo afecta la capacidad de satisfacer a nuestro cónyuge, como explicaremos más adelante. Asimismo, permite al usuario ser estimulado y expresar su sexualidad, pero sin una verdadera intimidad con la otra persona. Y, peor aún, deshonra a Dios de la forma más vil porque: pervierte Su diseño.

Al Cooper, psicólogo clínico y autor de *Sex and the Internet: A Guide Book for Clinicians* [El sexo y la Internet: Una guía para los médicos],[80] afirma en su libro que la Internet no es pasiva, sino que es un medio interactivo manejado por «el motor de triple-C», la comunicación, la colaboración y la comunidad. Esta nos brinda la oportunidad de estar comunicados con un amplio número de personas a través de páginas web y de la publicación en foros en línea donde siempre alguien responde e interactúa. La colaboración se produce por esta comunicación. Además, existen sitios donde se comparten diferentes páginas web y hasta bibliotecas que almacenan e intercambian tipos específicos de pornografía. La comunidad se establece cuando las personas comparten unas con otras y trabajan para alcanzar una meta en común. Esta interacción produce un sentido de pertenencia a un grupo mayor y una sensación falsa de comunicación e intimidad.

Las ideas tienen consecuencias

La cosmovisión de la sociedad occidental cambió en un corto tiempo y esto fue posible gracias al desarrollo de la tecnología. En el año 1957 la revista *Sports Illustrated* [Deportes Ilustrados] publicó un artículo que expresaba: «No es necesario perder tiempo hablando sobre el bikini porque es inconcebible que una chica con discreción y decencia use una cosa así».[81] Sin embargo, hoy en día la misma revista tiene una edición anual donde las mujeres aparecen «vestidas» con mucho menos que un bikini. Es claro que la cosmovisión de la cultura se transformó de manera radical. Lo que en años pasados era una

80. Al Cooper, *Sex and the Internet: A Guide Book for Clinicians* [El sexo y la Internet: Una guía para los médicos] (New York, NY: Brunner- Routledge, 2002).

81. Julia Turner, *A Brief History of the Bikini* [Una breve historia del bikini] http://www.slate.com/articles/life/fashion/2013/07/history_of_the_bikini_how_it_came_to_america.html, consultado el 25 de diciembre del 2017.

vergüenza hoy es un orgullo. Una vez más debemos regresar a las palabras del profeta Isaías: «¡Ay de los que llaman al mal bien y al bien mal, que tienen las tinieblas por luz y la luz por tinieblas, que tienen lo amargo por dulce y lo dulce por amargo!» (Isa. 5:20). Por otro lado, la proliferación de esta forma aberrante de la sexualidad nos recuerda las palabras del apóstol Pablo en 2 Timoteo 3:13: «Pero los hombres malos e impostores irán de mal en peor, engañando y siendo engañados».

Por lo tanto, ¿qué ha ocurrido en las mentes de las mujeres que ya no tienen pudor para cubrir y respetar sus cuerpos? (2 Tim. 3:1-4). La ilustración de «la rana en el caldero» lo explica bien. Como la rana es un anfibio, no puede regular la temperatura de su sangre y se adapta al ambiente donde vive. Cuando ella es depositada en un caldero con agua caliente, salta hacia afuera de manera inmediata. Pero, si la misma rana es colocada en un caldero con agua templada y poco a poco se incrementa la temperatura, se adaptará de modo continuo a ese cambio hasta terminar cocida. Nuestra conciencia es igual. A menos que contemos con la ayuda del Espíritu Santo para mantenernos en el camino correcto, y crezcamos en fe y en obediencia al Señor, terminaremos adaptándonos al mundo que nos rodea hasta morir consumidos por el calor de la inmoralidad.

La Palabra de Dios explica de manera clara que la conciencia del hombre fue alterada por el pecado; por esta razón perdió la sensibilidad a él. En ese sentido, observamos que la conciencia fue afectada de tres maneras:

> Todos crecemos con una **conciencia corrompida**: «Todas las cosas son puras para los puros, mas para los corrompidos e incrédulos nada es puro, sino que tanto su mente como su conciencia están corrompidas» (Tito 1:15).

Algunos tienen una conciencia tan dañada que está **cauterizada**: «Mediante la hipocresía de mentirosos que tienen cauterizada la conciencia» (1 Tim. 4:2).

Otros tienen una **conciencia débil**: «Sin embargo, no todos tienen este conocimiento; sino que algunos, estando acostumbrados al ídolo hasta ahora, comen alimento como si éste fuera sacrificado a un ídolo; y su conciencia, siendo débil, se mancha» (1 Cor. 8:7).

Nuestra conciencia necesita ser purificada a través del proceso de santificación que el Espíritu Santo lleva a cabo en nosotros: «Acerquémonos con corazón sincero, en plena certidumbre de fe, teniendo nuestro corazón purificado de mala conciencia y nuestro cuerpo lavado con agua pura» (Heb. 10:22).

Lo que observamos en nuestros días no es nuevo, pero empeora con cada generación. Antes, las culturas de Occidente, a pesar de no ser cristianas, creían y valoraban los principios judeocristianos. Sin embargo, esto cambió con el paso del tiempo.

El profeta Jeremías al referirse a su generación, expresó: «¿Se han avergonzado de la abominación que han cometido? Ciertamente no se han avergonzado, ni aun han sabido ruborizarse; por tanto, caerán entre los que caigan; en la hora que yo los castigue serán derribados —dice el Señor» (Jer. 6:15). Estas palabras fueron escritas entre los años 626 y 586 antes de Cristo. Isaías profetizó en el reino de Judá durante los reinados de cuatro reyes (739-686 a.C.), y también profetizó sobre el deterioro moral de la nación: «Además, dijo el Señor: Puesto que las hijas de Sion son orgullosas, andan con el cuello erguido y con ojos seductores, y caminan con paso menudo haciendo tintinear las ajorcas en sus pies, el Señor herirá con tiña el cráneo de las hijas de Sion, y el Señor desnudará sus frentes» (Isa. 3:16-17). En verdad, no hay nada nuevo debajo del sol (Ecl.

1:9). La diferencia radica en que cada generación edifica sobre el pecado de sus ancestros, por lo tanto, el pecado de una nueva generación es más atrevido que el de la anterior. Cuando pensamos que las situaciones no pueden empeorar, el ser humano nos sorprende con su ingenio para la maldad.

La pornografía: Una definición

La etimología de la palabra pornografía proviene del vocablo griego *pornógrafo*. Esta palabra está compuesta por *pórne* que significa prostituta o ramera y *graphein* que significa escribir. De modo que, la palabra pornografía literalmente significa «un escrito sobre prostitutas». Hoy en día, la definición legal de pornografía es: «Presentación abierta y explicita del sexo que busca producir excitación».[82] La palabra *porneía* se usa 26 veces en el Nuevo Testamento y se traduce como «fornicación» o «inmoralidad sexual». Seis veces el apóstol Pablo usa este término con relación a los corintios.

En 1 Corintios 6:13, Pablo nos recuerda que Dios no nos destinó para la inmoralidad: «Los alimentos son para el estómago y el estómago para los alimentos, pero Dios destruirá a los dos. Sin embargo, el cuerpo no es para la fornicación, sino para el Señor, y el Señor es para el cuerpo».

En 1 Corintios 6:18, la Palabra nos manda huir de la fornicación: «Huid de la fornicación. Todos los demás pecados que un hombre comete están fuera del cuerpo, pero el fornicario peca contra su propio cuerpo».

En 2 Corintios 12:21 el apóstol Pablo nos recuerda la necesidad de arrepentirnos: «Temo que cuando os visite de nuevo, mi Dios me humille delante de vosotros, y yo tenga que llorar por muchos que han pecado anteriormente y no se han

---

82. Diccionario del español jurídico, bajo la palabra pornografía: http://dej.rae.es/#/entry-id/E185380.

arrepentido de la impureza, inmoralidad y sensualidad que han practicado».

Todos estos versículos enfatizan que la fornicación es contraria al propósito de Dios para la vida del creyente.

En su carta a los corintios, Pablo nos enseña que lo opuesto a la *porneía* es la pureza. Y esto no se refiere solo al ámbito sexual, sino también a todo el proceso de santificación. Asimismo, el apóstol escribe a los Filipenses y hace una conexión entre nuestra mente (aquello que pensamos) y nuestras acciones. Él nos exhorta: «Por lo demás, hermanos, todo lo que es verdadero, todo lo digno, todo lo justo, todo lo puro, todo lo amable, todo lo honorable, si hay alguna virtud o algo que merece elogio, en esto meditad» (Fil. 4:8). Los deseos sexuales no se originan en los órganos genitales, sino en la mente. Por lo tanto, si queremos honrar a Dios con nuestro cuerpo debemos renovar nuestra mente y abandonar la antigua manera de pensar (Rom. 12:2). Cuando creemos en Cristo, el Espíritu Santo transforma nuestra mente y comenzamos a ver cada vida como sagrada, con dignidad, merecedora de respeto y honor porque el ser humano fue creado con la huella del Señor en su corazón. La pornografía convierte a las personas en objetos y entonces presenta una realidad devastadora psicológica, biológica, espiritual y sociológicamente.[83]

Quienes producen material pornográfico se justifican cuando afirman que la pornografía es consumida por adultos que consintieron y que no es dañina para ellos. No obstante, múltiples estudios han demostrado que la realidad es diferente. Al consumir pornografía se producen cambios en el cerebro que afectan su estructura y su funcionamiento y esa es, tal vez, la razón por la que la adicción a la pornografía es tan común.[84]

---

83. William M. Struthers, *Wired for Intimacy: How Pornography Hijacks the Male Brain* [Cableado para la intimidad: Cómo la pornografía atrapa al cerebro masculino] (InterVarsity Press, PO Box 1400 Downers Grove, IL., 60515-1426), p. 14
84. *Ibid.*

Quizás debemos preguntarnos qué sucede en la mente de los hombres que provoca que el cuerpo femenino los cautive y los hipnotice hasta el punto de hacerles perder el control y quedar esclavizados. Cuidado, la adicción puede ocurrir también en las mujeres, pero como el varón es estimulado de manera principal por lo visual, el uso de pornografía es más frecuente en ellos.

El cerebro masculino es vulnerable en el área sexual y la pornografía es un medio perfecto para su explotación cuando se posee una forma no bíblica de pensar. La pornografía los engaña y se aprovecha de la inseguridad que caracteriza al ser humano, pues ocasiona que piensen que obtendrán satisfacción sexual sin el riesgo de ser rechazados. Lo que ellos no saben es que el uso continuo de pornografía crea conexiones cerebrales anormales que producen una distorsión en la forma de ver a las mujeres. De hecho, existen estudios que conectan la violencia contra la mujer con el uso de la pornografía.

En el año 2003, Naomi Wolf escribió un artículo para la revista *New York Magazine* titulado *The porn myth* [El mito de la pornografía] donde explica: «Durante la mayor parte de la historia humana, las imágenes eróticas han sido reflejos, celebraciones o sustitutos de verdaderas mujeres desnudas. Por primera vez en la historia humana, el poder y el encanto de las imágenes han suplantado a las verdaderas mujeres desnudas. Hoy en día, las verdaderas [en oposición a las imágenes] mujeres desnudas son mala pornografía».[85] En otras palabras, las imágenes tienen mayor atracción para innumerables varones que el estar físicamente con una mujer en intimidad. Como resultado, para muchos hombres adictos a la pornografía las relaciones sexuales convencionales son menos intensas y menos agradables que las imágenes que ellos ven en la pantalla, y el acto sexual bajo condiciones normales ya no los satisface. Al

85. Naomi Wolf, *The porn myth* [El mito de la pornografía] (New York Magazine, 20 de octubre del 2003).

final —según Wolf— la pornografía no estimula los apetitos de los hombres, sino que los aleja de lo real.[86]

Cambios cerebrales producidos por la pornografía

Las conexiones y las redes cerebrales formadas por el consumo de pornografía se archivan en la memoria y cada vez que esa memoria está activada, el circuito neuronal se refuerza y la esclavitud se consolida en su mente. Durante múltiples años hemos dividido el problema entre lo orgánico y lo espiritual, pero la neurociencia está demostrando que existe una conexión entre ambos que se lleva a cabo en el cerebro. Nuestras decisiones producen cambios en la actividad cerebral que benefician o perjudican nuestras acciones. El cerebro no es la causa, sino que nuestras acciones dejan huellas a través de la formación de circuitos cerebrales.

Con la pornografía, el sistema estimula la excitación y produce en la persona una ansiedad sexual que la impulsa a aliviarla, con frecuencia, a través de la masturbación. Además, genera cambios en el cerebro y de manera especial en un área conocida como la corteza cingulada. De modo habitual, el acto sexual con la esposa produce una conexión entre ambos cónyuges, pero con el uso de la pornografía y la subsecuente masturbación, la conexión se crea con una imagen en la pantalla de la computadora, lo cual, al final, provoca en el hombre una disminución en el vínculo con su esposa. Según el doctor William M. Struthers, profesor de Psicología en el Wheaton College, «los hombres parecen estar cableados de tal forma que la pornografía secuestra el funcionamiento adecuado de sus cerebros y tiene un efecto duradero en sus pensamientos y vidas».[87] De manera que, el uso

86. *Ibid.*
87. William M. Struthers, *Wired for Intimacy: How Pornography Hijacks the Male Brain* [Cableado para la intimidad: Cómo la pornografía atrapa al cerebro masculino] (Downers Grove, IL: InterVarsity Press, 2009), p. 11.

de pornografía afecta la respuesta biológica natural de un esposo hacia su esposa.

A nivel hormonal, hay un aumento súbito en la dopamina producto de los nuevos estímulos placenteros, en especial cuando son sexuales o cuando el estímulo es mayor de lo que se esperaba.[88] Como explicaremos en el capítulo 12, al hablar de las diferentes etapas del enamoramiento, los niveles de dopamina se elevan más con un contacto nuevo que con el de una pareja conocida y las imágenes pornográficas están incluidas en este fenómeno de la etapa inicial del enamoramiento. Esta realidad produce una adicción al estímulo nuevo y como resultado se manifiesta una preferencia por la imagen erótica por encima del acto sexual. Esto se explica mediante el denominado «efecto Coolidge», que se observa en todos los mamíferos incluido el ser humano, en virtud del cual en el sexo masculino, más que en el femenino, aumenta el deseo sexual cuando se está en presencia de una nueva pareja receptiva, aun cuando el macho acaba de rehusar una relación sexual con la pareja conocida.[89] Este fenómeno, combinado con el éxtasis que produce la elevación de la dopamina durante una relación nueva, es una de las razones clave de la adicción a la pornografía.

La hormona más secretada durante el uso de pornografía es la dopamina, también conocida como la hormona del placer. Ahora bien, para comprender mejor el peligro que esto representa, basta señalar que es la misma hormona secretada como producto de la adicción a drogas tales como la cocaína y las anfetaminas. Es además la hormona que estimula el aprendizaje impulsado por

---

88. Nestler E. J., *Is there a common molecular pathway for addiction?* [¿Existe un camino molecular común para la adicción?] (Nature Neuroscience. 2005; 9(11)), pp. 1445-1449. *Transcriptional mechanisms of addiction: Role of DFosB* [Mecanismos transcripcionales de la adicción: Papel de DFosB]. (Philosophical Transactions of the Royal Society. 2008; 363), pp. 3245-3256.
89. Fiorino, D. F., Coury, A., Phillips, A. G., "Dynamic Changes in Nucleus Accumbens Dopamine Efflux During the Coolidge Effect in Male Rats" The Journal of Neuroscience, 15 de junio de 1997, 17(12): 4849-4855;

el galardón o la recompensa, y por esa razón es importante tener presente que la pornografía es un mal físico enraizado (no causado) en la complejidad del diseño cerebral. El deseo, el anhelo y el deleite en el acto sexual derivan del cerebro y no de los órganos sexuales. La pornografía degrada a ambos géneros mientras ofrece satisfacción sexual en cualquier momento. Aún más, deshonra a Dios porque trata a las personas como objetos, al promocionarlas como artículos de consumo. El Señor desde el principio creó la intimidad sexual con un propósito más importante que el simple placer o la propagación de la población humana.

Por otro lado, la corteza cingulada, área responsable de las decisiones morales y éticas, se debilita. Como si esto no fuera suficiente, la sobre estimulación de los circuitos de recompensa ocasiona una desensibilización en los receptores de dopamina. Entonces, para que se produzca la misma recompensa y satisfacción, la persona comienza a buscarla con más frecuencia, en formas más distorsionadas y por más tiempo, con el resultado final de la adicción.[90]

Cada vez se habla más de la habilidad de cambios o alteración de la estructura cerebral, lo que hoy se conoce como «plasticidad del cerebro», como ya mencionamos. En este sentido, es importante destacar que cuanto más joven se está involucrado en el consumo de la pornografía, la plasticidad neurológica es más fuerte. Esto, unido a que existe una secreción de dopamina más elevada, lo convierte en un mayor riesgo de adicción y mayor probabilidad de malformación de redes neurológicas. Por todo lo anterior, los especialistas en adicción a la pornografía confirman que su uso produce «daño cerebral».[91]

---

90. Jason L. Niehaus, Nelson D. Cruz-Bermúdez y Julie A. Kauer, "Plasticity of Addiction: a Mesolimbic Dopamine Short-Circuit?" Am J Addict. 2009 jul.-ago.; 18(4): 259–271. doi: 10.1080/10550490902925946.
91. Dolf Zillmann, "Influence of unrestrained access to erotic on adolescents' and young adults' disposition toward sexuality," Journal of Adolescent Health vol. 27, edición 2, suplemento 1, 2000.

La pornografía: Sus implicaciones espirituales

Aunque el daño es parecido a una enfermedad, la causa se origina en las decisiones pecaminosas que tomó la persona y, por lo tanto, no es válida la excusa de que la adicción no es su culpa. La persona no solo es responsable de esos daños, sino también de salir de la situación en que se encuentra. El apóstol Jacobo enfatiza la razón por la cual somos responsables: «¿De dónde vienen las guerras y los conflictos entre vosotros? ¿No vienen de vuestras pasiones que combaten en vuestros miembros?» (Sant. 4:1). La Palabra de Dios es específica en cómo combatirlo: «Huid de la fornicación. Todos los demás pecados que un hombre comete están fuera del cuerpo, pero el fornicario peca contra su propio cuerpo» (1 Cor. 6:18). Lo que impulsa a las personas a la adicción pornográfica es la adoración... de su cuerpo o del placer. Y saldrá de su esclavitud por medio de la adoración, pero del Dios verdadero. Y esa decisión le corresponde a cada individuo.

La esclavitud a la pornografía es ocasionada por un acto voluntario (su uso), pero las personas terminan esclavizadas y controladas por ese pecado, víctimas de su adicción. Al mismo tiempo, debido a su egoísmo y rebelión, el individuo piensa en cómo seguir inmerso en la misma esclavitud. El doctor Edward T. Welch llama a esto «la naturaleza dual del pecado». En su libro *Addictions: A Banquet in the Grave* [Adicciones: Un banquete en la tumba], Welch comenta: «En el pecado estamos desesperadamente fuera de control y a la vez calculando astutamente; victimizados, pero responsables. Todo pecado es simultáneamente esclavitud lamentable y rebeldía o egoísmo manifiesto. Esto es ciertamente una paradoja, pero es la esencia misma de todos los hábitos pecaminosos».[92]

---

92. Edward T. Welch, *Addictions: A Banquet in the Grave: Finding hope in the power of the Gospel* [Adicciones: Un banquete en la tumba: Encontrar esperanza en el poder del evangelio] (Phillipsburg, NJ: P&R Publishing, 2001), p. 34.

El pecado de la pornografía, como todos los pecados, revela los ídolos de nuestro corazón (Ezeq. 14:3). El Señor Jesucristo explicó de modo claro de dónde provienen los pecados del hombre. Él dijo: «Porque de adentro, del corazón de los hombres, salen los malos pensamientos, fornicaciones, robos, homicidios, adulterios, avaricias, maldades, engaños, sensualidad, envidia, calumnia, orgullo e insensatez. Todas estas maldades de adentro salen, y contaminan al hombre» (Mar. 7:21-23).

El pecado no es solo una disfunción, sino también un alejamiento de Dios, nuestra fuente de poder para luchar contra la esclavitud del pecado:

> «Pero vuestras iniquidades han hecho separación entre vosotros y vuestro Dios, y vuestros pecados le han hecho esconder su rostro de vosotros para no escucharos» (Isa. 59:2).

Asimismo, Pablo, cuando escribe a los efesios explica cómo el pecado nos ciega. Así describe el apóstol la vanidad de la mente gentil:

> «Entenebrecidos en su entendimiento, excluidos de la vida de Dios por causa de la ignorancia que hay en ellos, por la dureza de su corazón; y ellos, habiendo llegado a ser insensibles, se entregaron a la sensualidad para cometer con avidez toda clase de impurezas» (Ef. 4:18-19).

Dios advierte al hombre en contra de la idolatría en múltiples pasajes de la Escritura, los Diez Mandamientos son un claro ejemplo: «Yo soy el SEÑOR tu Dios, que te saqué de la tierra de Egipto, de la casa de servidumbre. No tendrás otros dioses delante de mí» (Ex. 20:2-3). Él es un Dios celoso (Nah. 1:2), pero este celo por nosotros no es para Su beneficio, sino para el nuestro. El Señor está completo en sí mismo y no necesita cosa alguna fuera de Él. Lucas expresa: «El Dios que hizo el mundo y todo lo que en él hay, puesto que es Señor del cielo y de la tierra, no mora en templos hechos por manos de hombres, ni es servido por manos humanas, como si necesitara de algo, puesto que Él da a todos vida y aliento y todas las cosas» (Hech. 17:24-25). Cuando pecamos, no es Dios quien pierde, sino nosotros.

La pornografía y el matrimonio

La pornografía produce cambios cerebrales, a través de la neuroplasticidad, que provocan la destrucción de la relación íntima que el Señor creó para el disfrute mutuo de los cónyuges y la propagación de la raza humana. Dios nos creó con necesidades que nos impulsan a comprender que precisamos el uno del otro para llevar a cabo Su plan. Según Efesios, la relación matrimonial es para reflejar la relación entre Cristo y Su iglesia (Ef. 5:22-32) y el propósito de Satanás es esconder o estropear esta relación ante al mundo.

El fin mayor del matrimonio es mostrar al mundo el pacto de Cristo con Su Iglesia (Ef. 5:32). Pero ¿es posible mostrar el maravilloso propósito de la unión conyugal a través de la pornografía? ¡De ninguna manera! Esta, de modo contrario, deforma lo que Dios creó. El Señor diseñó el acto sexual, el amor *eros*, para que se manifestara en una relación de amor *agápe*, pero la pornografía no es más que una imitación del amor *eros*. Es una relación egoísta donde el individuo que la usa busca satisfacción sexual a expensas de otra persona en lugar de hacerlo en una relación de pareja donde dos seres humanos se convierten en una sola carne (Gén. 2:24), a través de la mutua satisfacción.

En el capítulo relativo al proceso de enamoramiento explicamos cómo nuestro cerebro fue diseñado de forma tal que la sensación de recompensa es más fuerte al inicio de una relación que cuando ya estamos conectados al otro. Por lo tanto, como al consumir pornografía el usuario siempre «está» con personas nuevas, se crea tal distorsión en su mente que la relación normal con su cónyuge le resulta aburrida. En ese sentido, en una entrevista de radio, la doctora Judith Reisman concluyó que el uso de pornografía sabotea la relación sexual conyugal y «está castrando a los hombres visualmente, entrenándolos para retirarse al reino de la fantasía cuando sienten el deseo».[93] Al final, produce personas que no están interesadas en sostener relaciones interpersonales, pues es más fácil disfrutar del placer sin tener que aprender a manejar una relación.

Además de deshumanizar a las personas, en particular a las mujeres, los actos de agresión son frecuentes en la pornografía. Un análisis de los 50 videos pornográficos más comprados reveló que el 48 % de las escenas contenía agresión verbal y más del 88 % incluía agresión física. El 72 % de los actos agresivos fueron cometidos por hombres y el 94 % de estos actos fueron contra mujeres; en el 95 % de las escenas la persona agredida se mantuvo pasiva o mostró placer ante la agresión.[94] Peor aún, actos positivos o sanos como besar y halagar se encontraron solo en el 10 % de las escenas.[95] Como resultado, los individuos que ven estos videos pierden de modo gradual la sensibilidad ante la crueldad y, por ende, gran número de ellos son más propensos

---

93. Covenant Eyes blog, *Sexual Sabotage: Pornography, impotence, and the mad scientist who started it all* [Sabotaje sexual: Pornografía, impotencia y el científico loco que comenzó todo] (Entrevista con la doctora Judith Reisman en Covenant Eyes Radio, episodio No. 99) | http://www.covenanteyes.com/2011/04/09/sexual-sabotage-pornography-impotence-and-the-mad-scientist-who-started-it-all/
94. Bridges A. J., Wosnitzer R., Scharrer E., Sun C. y Liberman R. Aggression and sexual behavior in best-selling pornography: A content analysis update [Agresión y comportamiento sexual en la pornografía más vendida: Una actualización del análisis de contenido] (Violence Against Women, 2010, Vol. 16 (10)), pp. 1065-1085.
95. Wosnitzer R., Bridges, A. Chang M., "Mapping the Pornographic Text: Content Analysis Research of Popular Pornography" [Mapeo del texto pornográfico: Análisis de contenido Investigación de la pornografía popular] Presentado en la National Feminist Anti-pornography Conference, (Wheelock College, Boston, 24 de marzo del 2007).

a participar en episodios de violencia o por lo menos su visión negativa ante este tipo de acciones disminuye. El matrimonio es perjudicado porque incontables veces el adicto quiere llevar al lecho conyugal las experiencias vividas en la pantalla. El autor de Hebreos, nos recuerda: «Sea el matrimonio honroso en todos, y el lecho matrimonial sin mancilla, porque a los inmorales y a los adúlteros los juzgará Dios» (Heb. 13:4).

Al considerar la revelación bíblica concluimos que el uso de la pornografía es adulterio si la persona está casada; y fornicación en el caso de los solteros. Lo afirmamos porque en Mateo 5:28 leemos la siguiente declaración por parte del Señor Jesucristo: «Pero yo os digo que todo el que mire a una mujer para codiciarla ya cometió adulterio con ella en su corazón». Eso es lo que sucede al consumir pornografía y la Palabra de Dios nos manda a hacer morir todo lo mundanal en nosotros: la fornicación, la impureza sexual, las pasiones deshonrosas y los malos deseos (Col. 3:5).

Principios de aplicación

En su carta a los creyentes en Éfeso, el apóstol Pablo explica cómo la insensibilidad por el pecado provoca que el hombre inconverso sea capaz de sucumbir ante la sensualidad y la inmoralidad. Sobre este punto él escribe: «Y ellos, habiendo llegado a ser insensibles, se entregaron a la sensualidad para cometer con avidez toda clase de impurezas» (Ef. 4:19). Asimismo, la Palabra enseña que aquellos que decidieron ignorar a su Creador para sumergirse de modo voluntario en la inmoralidad sexual serán entregados por Dios a sus placeres. Pablo, escribe a los romanos y describe la caída en espiral que caracteriza sus vidas:

> «Por consiguiente, Dios los entregó a la impureza en la lujuria de sus corazones, de modo que deshonraron entre sí sus propios cuerpos; porque cambiaron la

> verdad de Dios por la mentira, y adoraron y sirvieron a la criatura en lugar del Creador, quien es bendito por los siglos. Amén. [...] Y como ellos no tuvieron a bien reconocer a Dios, Dios los entregó a una mente depravada, para que hicieran las cosas que no convienen» (Rom. 1:24-25,28).

Nosotros estábamos muertos en nuestros delitos y pecados (Ef. 2:1), pero Dios en Su infinita gracia nos dio vida en Cristo (Ef. 1:4). Por lo tanto, en obediencia y por amor a Aquel que nos salvó, debemos reemplazar los deseos pecaminosos por deseos santos: «Porque los que viven conforme a la carne, ponen la mente en las cosas de la carne, pero los que viven conforme al Espíritu, en las cosas del Espíritu» (Rom. 8:5). De modo que «... todo el que tiene esta esperanza puesta en Él, se purifica, así como Él es puro» (1 Jn. 3:3). ¿Cómo conseguimos purificarnos? Pablo lo explica en su carta a la iglesia en Galacia:

> «Digo, pues: Andad por el Espíritu, y no cumpliréis el deseo de la carne. Porque el deseo de la carne es contra el Espíritu, y el del Espíritu es contra la carne, pues éstos se oponen el uno al otro, de manera que no podéis hacer lo que deseáis» (Gál. 5:16-17).

Este pasaje es una exhortación a morir a nuestros deseos pecaminosos y vivir de forma agradable a Dios por el poder del Espíritu Santo que mora en cada creyente. Para reemplazar los anhelos pecaminosos por deseos santos debemos seguir el consejo de la Escritura: «... Andad por el Espíritu, y no cumpliréis el deseo de la carne» (Gál. 5:16). Esto es posible solo si ponemos la mirada en Cristo: «Si habéis, pues, resucitado con Cristo, buscad las cosas de arriba, donde está Cristo sentado a la diestra de Dios. Poned la mira en las cosas de arriba, no en las de la tierra» (Col. 3:1-2).

A nivel fisiológico, para formar nuevos caminos neuronales que reemplacen las conexiones que la adicción a la pornografía afectó, debemos tener presente que cuanto más se usa una conexión neuronal, más fuerte se torna. Por lo tanto, cuando la persona se ejercita para la piedad (1 Tim. 4:7) y pone la mirada en las cosas celestiales, con el tiempo, su deseo por la pornografía menguará y el interés por las cosas de Dios aumentará. Nosotros somos cambiados de modo paulatino de gloria en gloria por la acción del Espíritu de Dios (2 Cor. 3:18).

El cerebro utiliza de manera automática los circuitos neuronales conocidos y, por lo tanto, al principio será un proceso en extremo incómodo y difícil. Con persistencia lograremos formar nuevos caminos, pero el tiempo y lo arduo de esta lucha dependerá del período (corto o largo) que se haya dedicado a usar las conexiones antiguas. Una persona que vio pornografía durante una semana tendrá menos luchas para abandonarla que un individuo que la ha consumido por años. Como todos conocen, para que un niño crezca y se desarrolle de manera saludable debe alimentarse bien y hacer ejercicio. Las redes cerebrales no son diferentes. Cuanto más se alimentan las nuevas redes sanas, más fuertes se tornan y menos esclavitud se experimenta.

Por otra parte, se ha observado que ciertas enfermedades como la depresión, la ansiedad social, la disfunción eréctil, los problemas de concentración y la percepción negativa de sí mismo son más frecuentes en los hombres adictos a la pornografía. Algunos quizás procuran aliviar estos síntomas con su uso, pero al final, solo contribuyen a empeorar sus dificultades. Sin embargo, hay esperanza en Jesús, tal como nos recuerda el profeta Isaías: «Todos nosotros nos descarriamos como ovejas, nos apartamos cada cual por su camino; pero el Señor hizo que cayera sobre Él la iniquidad de todos nosotros» (Isa. 53:6). Cristo cargó nuestras iniquidades, cayeron sobre Él, aun el pecado de la pornografía.

Los seres humanos fueron creados a imagen y semejanza de Dios. La pornografía distorsiona Su imagen en ellos al presentarlos como objetos de consumo y gratificación personal. Es lamentable que, en innumerables ocasiones, experimentamos la profundidad del pecado, pero no nos percatamos de ello. Nos justificamos y decimos que no causamos daño a nadie al ver pornografía, aunque ese pensamiento está lejos de la realidad. Al hacerlo, abusamos de Dios y de Su bondad.

No hay nada que podamos hacer que el Creador no vea. Él es omnipresente y ninguna cosa se oculta de Sus ojos. El salmista expresa: «Ni aun las tinieblas son oscuras para ti, y la noche brilla como el día. Las tinieblas y la luz son iguales para ti» (Sal. 139:12). Aunque pensemos que estos actos se quedan en la privacidad de nuestra habitación y que nadie jamás se enterará, eso no es cierto. Dios es Señor y debemos tratarlo con el amor y respeto que Él se merece.

Él nos enseña que en Su Palabra está la verdad. En el Salmo 19 leemos: «La ley del Señor es perfecta, que restaura el alma; el testimonio del Señor es seguro, que hace sabio al sencillo. Los preceptos del Señor son rectos, que alegran el corazón; el mandamiento del Señor es puro, que alumbra los ojos» (Sal. 19:7-8).

Para salir de la adicción o, mejor aún, para no caer en ella es vital abrazar y recordar las siguientes verdades reveladas en la Palabra:

> «Sabiendo esto, que nuestro viejo hombre fue crucificado con Él, para que nuestro cuerpo de pecado fuera destruido, a fin de que ya no seamos esclavos del pecado; porque el que ha muerto, ha sido libertado del pecado. Y si hemos muerto con Cristo, creemos que también viviremos con Él» (Rom. 6:6-8).

> «¿O no sabéis que vuestro cuerpo es templo del Espíritu Santo, que está en vosotros, el cual tenéis de Dios, y que no sois vuestros? Pues por precio habéis

sido comprados; por tanto, glorificad a Dios en vuestro cuerpo y en vuestro espíritu, los cuales son de Dios» (1 Cor. 6:19-20).

Como ya dijimos, cada género posee las necesidades básicas de toda la humanidad: ser amado, ser conocido, conocer a otros y ser afirmado. Estas se satisfacen primero a través de la intimidad, con los padres y los hermanos. Luego, al caminar junto con otra persona, el individuo no solo llega a conocer al otro, sino que también aprende sobre sí mismo. Como nuestros corazones son engañosos, necesitamos a una persona a nuestro lado que se atreva a decirnos la verdad en amor. Ese es el principio de rendición de cuentas.

Tercera parte:

Ideología de género: Una invención negada por la ciencia

Capítulo 10

La arquitectura cerebral y la ideología de género

«Porque tú formaste mis entrañas; me hiciste en el seno de mi madre. Te alabaré, porque asombrosa y maravillosamente he sido hecho; maravillosas son tus obras, y mi alma lo sabe muy bien»

(Sal. 139:13-14).

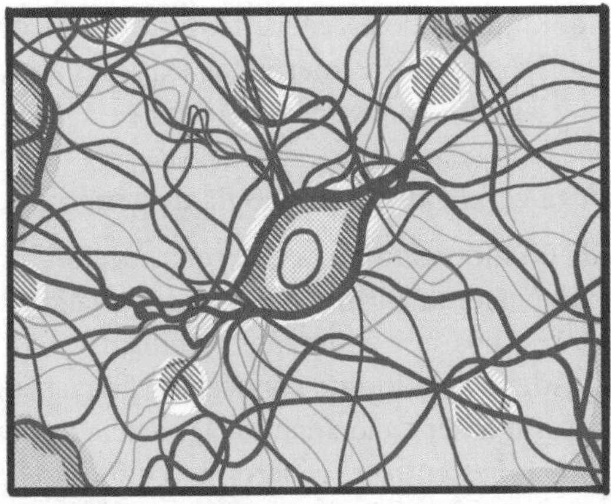

Figura 1. Billones de señales eléctricas entre las neuronas permiten que el cerebro imagine la apariencia de Michael Imperioli.

Introducción

El cromosoma X junto al cromosoma Y son los determinantes del sexo en los seres humanos. Lo que decidirá si el sexo del bebé es femenino (XX) o masculino (XY) es si el espermatozoide paterno llevaba un cromosoma X o uno Y al momento de la fecundación. Durante la etapa fetal, ambos géneros lucen igual hasta la octava semana de embarazo. Es entonces cuando se produce una elevación súbita de la testosterona en el feto masculino (XY) que provoca la masculinización del embrión. Sin esta elevación en los niveles de testosterona el feto se desarrollaría como femenino.

Asimismo, se entiende que durante esta etapa ocurre en el varón un aumento en los circuitos cerebrales para la exploración, el control motor y las habilidades espaciales. Entonces resulta que la corteza parietal, área donde se controla la percepción espacial, es más grande en los hombres. Por su parte, en el cerebro femenino la falta de testosterona propicia que crezcan las células en los centros de comunicación y en las áreas donde se procesan las emociones. Aunque estos cambios cerebrales acontecen en la etapa fetal, son amplificados por las hormonas femeninas durante la adolescencia. De esto resulta que aun las jovencitas son expertas en interpretar expresiones faciales, el tono de voz y las emociones de las personas.

La estructura cerebral y la ideología de género

El género de un individuo no es una construcción social como innumerables personas afirman y esto se ha enfatizado en capítulos anteriores. Los seres humanos fuimos diseñados por un Dios sabio. Además de lo que conocemos gracias a la revelación bíblica y a la observación natural, la ciencia ha demostrado que las distinciones entre el género masculino y el femenino son profundas y abarcan todo nuestro ser. Desde el estado fetal, el cerebro de los hombres y el de las mujeres se desarrollan en formas diferentes. Los circuitos cerebrales son distintos; las hormonas, aunque iguales, se presentan en distintos niveles y los patrones de secreción varían según el género. Así mismo, las funciones que realizan y los circuitos que usan también son diferentes. Aunque los circuitos cerebrales masculinos y femeninos son en extremo parecidos, la forma en que cada género logra la misma meta o tarea con frecuencia es mediante circuitos neuronales distintos.[96]

Una investigación enfocada en el estudio del cerebro de adolescentes de diferentes géneros observó que los circuitos cerebrales que resultaron ser diferentes corrían de norte a sur en el cerebro masculino, mientras que en el femenino lo hacían de este a oeste.[97] A mayor edad (17 a 22 años), las diferencias aún persistían, pero eran menos marcadas.

Las siguientes imágenes muestran las diferencias entre los circuitos cerebrales masculinos (primera imagen) y los circuitos cerebrales femeninos (segunda imagen).

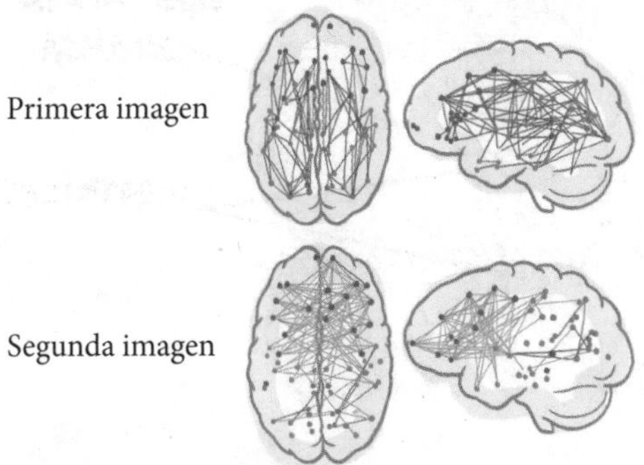

Figura 2. Circuitos neuronales del cerebro de un hombre y una mujer.

96. Halari R., T. Sharma *et al.* (2006). "Comparable fMRI activity with differential behavioral performance on mental rotation & overt verbal fluency tasks in healthy men & women." Exp. Brain Res 169 (1):1-14. footnote

97. Ingalhalikar, M. Smith, A. Parker, D. Satterthwaite, T. D. Elliott, M. A. Ruparel, K. Hakonarson, H. Gur, R. E. Gur, R. C. Verma R., *Sex differences in the structural connectome of the human brain,* PNAS 14 de enero del 2014. 111 (2) 823-828; https://doi.org/10.1073/pnas.1316909110

Al comparar el cerebro de los dos géneros, podemos observar que el masculino tiene 6,5 veces más cantidad de materia gris (compuesta mayormente por los cuerpos neuronales y sus prolongaciones sin mielina, cuya función es procesar la información) y el femenino tiene diez veces más materia blanca (compuesta de modo principal por las prolongaciones de los cuerpos neuronales [axones] con mielina). Estos axones constituyen la red de conexiones y permiten más comunicación entre las neuronas. La diferencia entre mayor sustancia gris en los hombres y mayor sustancia blanca en las mujeres no establece ninguna distinción en grados de inteligencia.[98]

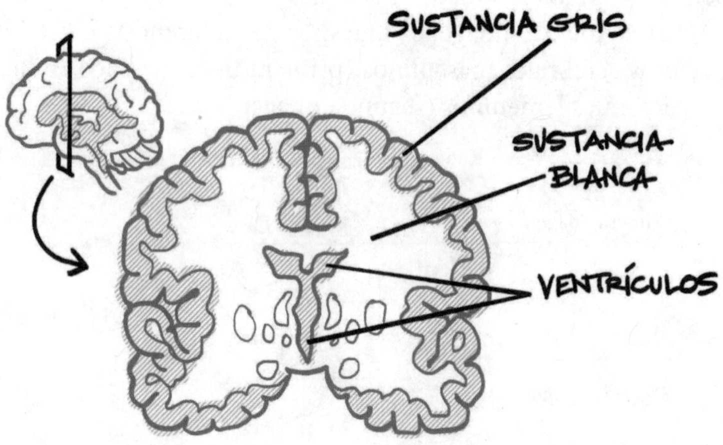

Figura 3. Función de la sustancia blanca.

98. University Of California, *Irvine... Intelligence In Men And Women Is A Gray And White Matter* [La inteligencia en hombres y mujeres es una materia gris y blanca] ScienceDaily, 2 de enero del 2005: https://www.sciencedaily.com/releases/2005/01/050121100142.htm.

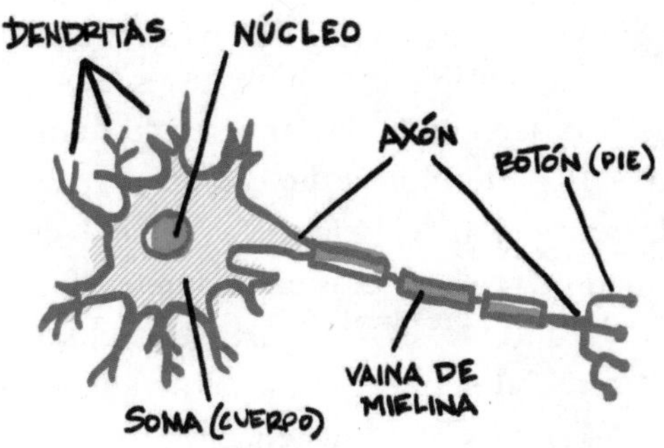

Figura 4. Una neurona.

Ahora bien, las diferencias que hemos mencionado pueden explicar por qué los hombres sobresalen en las tareas donde el proceso cerebral está localizado en un área del cerebro (por ejemplo, el procesamiento de las matemáticas y de la física), mientras que las mujeres se destacan en tareas donde resulta necesario integrar y asimilar la información, como sucede con el lenguaje. Por otro lado, el área cerebral donde residen la materia blanca y la materia gris es diferente según el género. En la mujer, «el 84 % de la materia gris y el 86 % de la materia blanca están alojadas en los lóbulos frontales; mientras que en el hombre solo el 45 % de la materia gris y el 0 % de la materia blanca están ubicadas en dichos lóbulos, pues se encuentran más dispersas en el cerebro masculino».[99]

99. University Of California, *Irvine... Intelligence In Men And Women Is A Gray And White Matter* [La inteligencia en hombres y mujeres es una materia gris y blanca] ScienceDaily, 2 de enero del 2005: https://www.sciencedaily.com/releases/2005/01/050121100142.htm.

En un estudio realizado utilizando resonancias magnéticas[100] con un grupo de quince hombres y mujeres se demostró que hay un área en la corteza cerebral llamada lóbulo parietal inferior que es más grande en el hemisferio izquierdo en los hombres y más grande en el hemisferio derecho en las mujeres. El hemisferio izquierdo es la parte motriz del cerebro, capaz de interpretar la percepción del tiempo y la velocidad y proveer la habilidad de rotar objetos en la mente, algo a lo cual ya habíamos aludido. En autopsias se ha observado que esta área cerebral es más grande en matemáticos y físicos como el gran Albert Einstein.[101]

Asimismo, se han utilizado resonancias magnéticas funcionales para comparar a hombres con mujeres y se ha demostrado que el género masculino usa ambos hemisferios para resolver tareas visuales-espaciales, mientras que el femenino solo utiliza el lado derecho. El hemisferio derecho es más grande en la mujer y es donde se ubica la memoria del entendimiento, la percepción de las emociones y la memoria de las relaciones espaciales entre objetos. Esta es la misma área que permite el procesamiento cerebral de la información que entra por los sentidos, y también ayuda en la atención selectiva asociada con la percepción. Esta es una de las razones por

100. Lane Strathearn, Jian Li, Peter Fonagy, P. Read Montague, "*What's in a smile? Maternal brain responses to infant facial cues*" [¿Qué hay en una sonrisa? Respuestas del cerebro materno a las señales faciales del bebé] (Pediatrics, Vol. 122, No. 1, julio de 2008), pp. 40-51 | DOI: 10.1542/peds.2007-1566 no
101. Melissa E. Frederikse, Angela Lu, Elizabeth Aylward, Patrick Barta, Godfrey Pearlson, Sex Differences in the Inferior Parietal Lobule. *Cerebral Cortex*, Vol. 9, publicación 8, 1 de diciembre de 1999, pág. 896–901, https://doi.org/10.1093/cercor/9.8.896

las que las mujeres pueden captar mejor las emociones de sus hijos.[102]

Al hablar con otras personas, en las mujeres se crea una conexión que no ocurre en los hombres, debido a que el cerebro femenino activa el centro de placer a través de la elevación de dos hormonas: la dopamina, que estimula los circuitos de motivación y de placer, y la oxitocina, que estimula la intimidad. Por cierto, la oxitocina es la hormona que aumenta cuando el bebé se alimenta del seno materno y es también la que produce la conexión entre una madre y su hijo. Del mismo modo, las hormonas estrógeno y progesterona, que existen en niveles más elevados en las mujeres, poseen la capacidad de aumentar aquellas dos hormonas antes mencionadas. En contraste, el aumento de la testosterona en el varón disminuye su interés de socializar con otras personas a menos que se relacione con el del deporte o la búsqueda sexual.

Es claro entonces que las hormonas femeninas preparan a las hembras para las conexiones y relaciones interpersonales (Sal. 144:12), mientras que las masculinas capacitan a los varones en el área del comportamiento agresivo y territorial para cuando él necesite proteger y ejercer dominio sobre su territorio (Gén. 1:28).

Diferencias anatómicas y funcionales entre hombres y mujeres

El cerebro tiene una parte conocida como el lóbulo parietal; esta área es dominante en el lóbulo derecho y nos ayuda con la percepción del tiempo, la velocidad y la habilidad de rotar un objeto en nuestra mente. Ese lado derecho del cerebro es más grande en los hombres que en las mujeres, y para resolver las tareas visuales-espaciales ambos sexos usan ambos lados cerebrales sin embargo las mujeres necesitan usar el lóbulo frontal

---

102. Rodway P., Wright L., Hardie S., *The valence-specific laterality effect in free viewing conditions: The influence of sex, handedness, and response bias; Brain Cogn.* 2003 Dec;53(3):452-63.

también.[103] La actividad es mas simétrico en la mujer mientras en el hombre el lado derecho es dominante.[104]

Esto podría explicar por qué los hombres en múltiples ocasiones se orientan con mayor rapidez que las mujeres.

En referencia a las emociones, la amígdala es el órgano que registra de modo general las emociones que tiene que ver con el peligro. En los estudios realizados, las mujeres, tuvieron más activación en el lado izquierdo, mientras que, en los hombres, se registró mas activación en el lado derecho que es el área que interviene en la acción y que registra el ambiente externo. En el género femenino, la percepción de las emociones, el procesamiento de los sentidos, la atención selectiva y la percepción están ubicadas en el lado izquierdo de la amígdala, mientras que en los varones se ubican en el lado derecho.[105]

Por esta razón, la mujer capta con más velocidad situaciones emocionales como el llanto de un niño, mientras que el hombre puede estar presente y ni siquiera oírlo.[106]

Ya que nosotros, de modo usual, elegimos profesiones relacionadas con áreas para las que poseemos más aptitud, esto podría explicar por qué hay más hombres en las profesiones de arquitectura e ingeniería, mientras que las mujeres dominan más las profesiones que requieren la habilidad de percibir

---

103. Thomsen T., Hugdahl K., Ersland L., Barndon R., Lundevold A., Smievoll A. I., Roscher B. E., Sundberg H. *Functional magnetic resonance imaging (fMRI) study of sex differences in a mental rotation task.* Medical Science Monitor. 2000;6(6):1186–1196. [PubMed].

104. Escher B., Rappelsberger P., *Gender dependent EEG-changes during a mental rotation task. International Journal of Psychophysiology.* 1999;33:209–222. [PubMed]).

105. Turhan Canli,†‡ John E. Desmond,§ Zuo Zhao† y John D. E. Gabrieli, *Sex differences in the neural basis of emotional memories en Proceedings National Academy Science,* EE. UU. 6 de agosto del 2002; 99(16): 10789–10794. PMCID: PMC12504).

106. Lischke A., Gamer M., Berger C., Grossmann A., Hauenstein K., Heinrichs M., Herpertz S. C., Domes G., *Oxytocin increases amygdala reactivity to threatening scenes in females, Psychoneuroendocrinology* 37 (9): 1431–8, 2012.

el dolor del otro, como la enfermería, o aquellas donde se necesita mayor capacidad de hablar o explicar, como la docencia. Podemos notarlo en el ejercicio de las distintas ramas de la medicina. Los sectores donde se necesita ver las conexiones entre los sistemas, como en la endocrinología, son dominados por las mujeres, mientras que aquellos en que se requiere ver los órganos en las tres dimensiones, como la cardiología o la radiología, con frecuencia son controlados por los hombres.

La plasticidad (capacidad para el cambio) cerebral

La ciencia ha demostrado que el cerebro de modo continuo forma nuevos circuitos (conexiones) o altera los circuitos ya existentes, según las distintas vivencias que el ser humano atraviesa a lo largo de la vida, a fin de registrarlas en la memoria. Esto se conoce en medicina como plasticidad cerebral. De manera que, cualquier experiencia nueva produce una excitación en las neuronas cerebrales y cuando esta se repite, las excitaciones neuronales son repetitivas. Aquellas neuronas que se disparan juntas forman conexiones (circuitos) y la repetición refuerza estas conexiones creando caminos que finalmente configuran redes neuronales. Cuando estas redes neuronales son estimuladas, se forman redes de preferencia. Lo opuesto también es cierto: cuando una red neuronal se deja de usar se atrofia y muere. La observación de esta capacidad del sistema nervioso dio origen al dicho «úsalo o piérdelo».[107, 108]

107. Draganski, B. Gaser, C., Busch, V., Schuierer, G., Bogadahn, U., May, A., *Neuroplasticity: changes in grey matter induced by training, Nature* 427, 20040, 311-312.
108. Jan Scholz, Miriam C. Klein, Timothy E.J. Behrens, y Heidi Johansen-Berg, *Training induces changes in white matter architecture,* Nat Neurosci. nov., 2009; 12(11): 1370–1371.

La estructura cerebral llamada núcleo caudado es la responsable de controlar los disparos neuronales, y estos son la manera como los circuitos forman patrones de respuesta en la memoria, que a la vez producen la adaptación y la maduración cerebral. Si un niño se quema la piel al encender un fósforo, como consecuencia de esa experiencia se formará una nueva conexión en su cerebro que permitirá que la próxima vez que vea un fósforo encendido, no lo toque.

El cerebro humano es una computadora inigualable. Cada neurona es capaz de conectarse y comunicarse con alrededor de 7000 a 10 000 otras neuronas. En un segundo, un billón de neuronas puede dispararse de 10 a 100 veces, y enviar neurotransmisores a otras neuronas, lo cual produce conexiones en las diferentes áreas cerebrales. Gracias a estas conexiones neuronales podemos crear un sentido de identidad como individuos, separados del resto del mundo, y a la vez crear un sentido del otro, para saber cómo relacionarnos con las demás personas. Esto produce continuidad sin perder la flexibilidad.

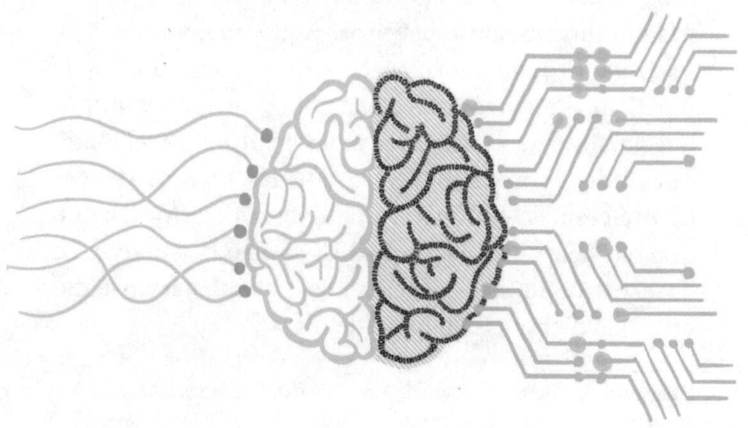

Figura 5. ¿El cerebro en un chip? Ingenieros del MIT lo están haciendo.

Los cambios de la arquitectura cerebral se producen durante toda la vida. Por eso, en ambos géneros, el cerebro cambia en cada etapa del desarrollo humano. De modo que, el niño es diferente del preadolescente, el preadolescente del adolescente y el adolescente del adulto. La próxima imagen corresponde a un estudio que demuestra la maduración cerebral en las diferentes áreas. En la ilustración, las mediciones exhiben el progreso a lo largo de los años. Las áreas rojas y amarillas son las menos maduras, las azules revelan mayor madurez, y el púrpura corresponde al desarrollo completo.

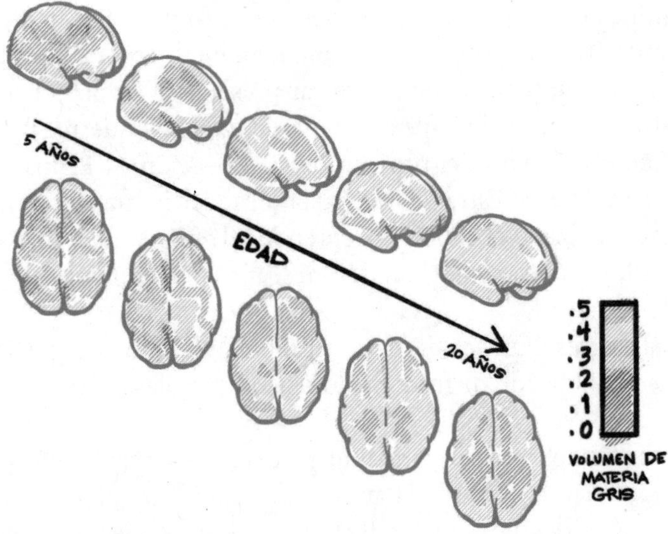

Figura 6. Maduración cerebral.

El rostro masculino y el femenino responden de diferente modo a las emociones

La amígdala cerebral es responsable de procesar y controlar las reacciones emocionales en ambos géneros. Después de procesar la señal, la amígdala envía el mensaje hacia el hipotálamo, donde se regulan las hormonas que afectan la expresión fisiológica de las emociones. Frente a una amenaza, la amígdala procesa las emociones de temor y provoca la estimulación a respuestas como la agresión. La amígdala masculina es más grande que la femenina, y esto se manifiesta aun en las motivaciones que cada sexo posee, por ejemplo, al participar en un juego. Para las niñas el objetivo del juego es formar relaciones cercanas con otras amigas, mientras que para los niños representa una oportunidad para demostrar el rango social, el poder físico y la defensa de su territorio. Esto no significa que las niñas no pueden ser violentas, sino que ellas demuestran la agresividad de una manera diferente. Su cólera es más sutil, pero no deja de estar presente. La violencia es el instinto natural de supervivencia de aquellos que no tienen el Señor. A través del proceso de santificación, el Espíritu de Dios moldea nuestras vidas hasta alcanzar la mansedumbre. Por eso expresó el Señor «… aprended de mí, que soy manso y humilde de corazón, y hallaréis descanso para vuestras almas» (Mat. 11:29).

La agresión física es menos común en las mujeres gracias a una combinación de frenos fisiológicos que ellas poseen:

1. En el cerebro femenino existen más circuitos que desvían la señal de la amígdala (región involucrada en las emociones, en los instintos de supervivencia y en la memoria) hacia la corteza cingulada anterior (región encargada de la toma de decisiones y en la regulación de las emociones) de manera que ella pueda procesar el evento.
2. Las mujeres tienen más habilidad verbal, por lo cual es usual que desee resolver la situación mediante la comunicación.

3. Como la conexión es su meta, las mujeres prefieren evitar el conflicto. Por consiguiente, es común que evalúen la situación en la mente y luego dialogan antes de reaccionar.

Ahora bien, como la mujer tiene mayor facilidad con el lenguaje y sus circuitos verbales son más rápidos y extensos en comparación con los del hombre, cuando ella decide que es necesario hablar sobre un asunto, el hombre por lo general no puede «competir» con la mujer. Solo para compartir algunas estadísticas, veamos estos datos: los hombres de manera regular usan 7000 palabras diarias mientras que las mujeres usan alrededor de 20 000.[109] Esta diferencia empieza a notarse desde la niñez. También, las niñas comienzan a hablar más temprano que los niños, y a la edad de 20 meses el vocabulario de ellas, es de dos a tres veces más amplio que el de ellos. Los varones alcanzan a las niñas, pero no en velocidad, debido a que las dos áreas cerebrales del lenguaje —área de Broca y área de Wernicke— son el 23 % y el 13 % respectivamente más grandes en las mujeres.[110] Además, el cuerpo calloso, cuya función es servir de conexión entre los dos hemisferios cerebrales, es también más grande en el género femenino, aunque hay algunos estudios que cuestionan este dato.[111]

---

109. Louann Brizendine, *The Female Brain* (Portland, OR: Broadway Books: 2006.
110. Laura M. Glynn, Curt A. Sandman, *Prenatal origins of neurological development: A critical period for fetus and mother* [Origen prenatal del desarrollo neurológico: Un período crítico para el feto y la madre] (Current Directions in Psychological Science, Vol. 20, No. 6, 5 de diciembre del 2011), pp. 384-389 | DOI: 10.1177/0963721411422056
111. Schlaepfer T. E., Harris G. J., Tien A. Y., Peng L., Lee S., Pearlson G. D. *Structural differences in the cerebral cortex of healthy female and male subjects: a magnetic resonance imaging study.* Psychiatry Res. 29 de sep. de 1995; 61(3):129-35

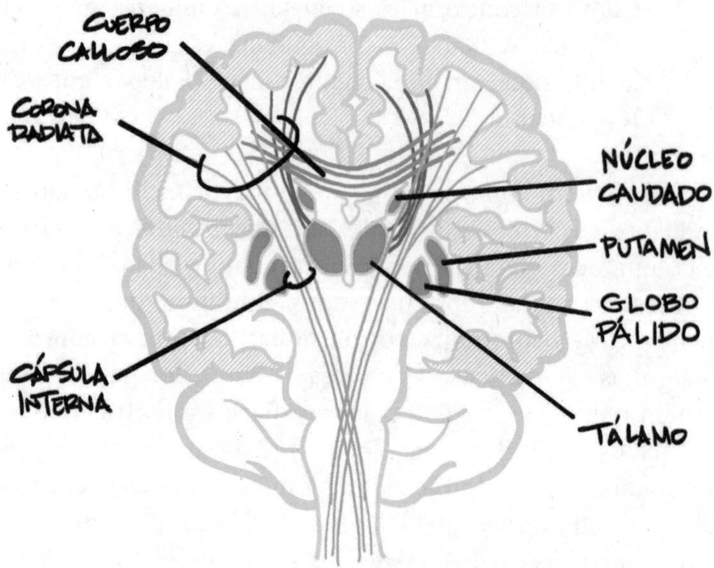

Figura 7. Esquema con la ubicación de los ganglios basales.

En comparación con la mujer, el hombre tiene un cerebro más asimétrico y el centro del lenguaje está solo en el lado izquierdo.[112, 113]

Esta asimetría produce en el hombre mayor capacidad para enfocarse en una tarea porque se orienta hacia la meta, a fin de resolver el problema. En cambio, como las mujeres tienen el centro cerebral del lenguaje al lado del centro de las emociones, ellas pueden expresar sus emociones de una mejor manera y su

112. A. M. Clements, S. L. Rimrodt, J. R. Abel, J. G. Blankner, S. H. Mostofsky, J. J. Pekar, M. B. Denckla, L. E. *Cutting Sex differences in cerebral laterality of language and visuospatial processing Brain and Language.* Volumen 98, publicación 2, agosto del 2006, pp. 150–158.
113. Shaywitz BA , Shaywitz SE , Pugh KR , Constable RT , Skudlarski P , Fulbright RK , Bronen RA , Fletcher JM , Shankweiler DP , Katz L. *Sex differences in the functional organization of the brain for language, Nature* [1 de febrero de 1995, 373(6515):607-609].

forma de resolver los problemas es más creativa, pues enfatizan la comunicación. No obstante, lo anterior implica que las mujeres en general necesitan aprender a controlar su lengua más que los hombres.

Se han realizado estudios con electrodos (electromiograma) en los cuales se midió la actividad de los músculos de la sonrisa (músculo zigomático) y del enojo o ceño fruncido (músculo corrugador) mientras hombres y mujeres veían retratos considerados provocativos en el ámbito emocional. Esos estudios midieron de manera indirecta la emoción que la persona sentía según el músculo que se activaba. En los hombres, la actividad se registró en el músculo corrugador (el del enojo) en 0,2 segundos. Esto ocurrió cuando la emoción todavía permanecía en la subconsciencia y fue más rápido que en las mujeres. Ahora bien, en el lapso de 2,5 segundos, la reacción registrada en este mismo músculo fue menor en los hombres, precisamente cuando la señal había llegado ya a la consciencia.

Los autores del estudio interpretaron que los hombres, de manera subconsciente, entrenan los músculos del rostro para no demostrar el miedo porque esa es la ley de la masculinidad.

En el mismo estudio, las mujeres no solo activaron el músculo corrugador (el ceño fruncido), sino que también este permaneció activo en una forma exagerada. Es de vital importancia, para las mujeres, recordar que los hombres demuestran su amor por nosotras cuando solucionan una dificultad y no necesariamente al expresar preocupación en sus rostros. Por lo tanto, observemos lo que nuestro cónyuge hace por nosotras y no los gestos de su cara.

La experiencia de ira masculina en oposición a la femenina

Al hablar sobre las emociones, expresamos que algunas de ellas, como la ira, son más comunes en los hombres que en las mujeres.[114] También explicamos que la estructura cerebral de la mujer produce una tendencia natural a evitar el conflicto y mostramos el porqué. Sin embargo, hay razones fisiológicas en el hombre que aumentan su capacidad de airarse. No es solo que ellos no poseen el desvío de las emociones hacia el área frontal, como es el caso de la mujer, sino que también ellos registran con más facilidad y rapidez esa emoción. Los hombres y las mujeres admiten sentir ira por igual cantidad de minutos diarios, pero los varones se tornan físicamente agresivos 26 veces más que las mujeres. Esto ocurre porque en ellos la amígdala, que es donde se registra el temor, es más grande, lo cual provoca la agresión; mientras que el *septum*, el área de supresión de la ira, es más pequeña en el hombre que en la mujer. Lo anterior, unido a que existen menos caminos neuronales entre la amígdala y las áreas corticales donde se regulan las emociones y donde se nos da la capacidad de tomar decisiones morales para controlar la ira, contribuye a que el sexo masculino se comporte de modo más agresivo que el femenino. La amígdala del varón también posee receptores para la testosterona, hormona que estimula y aumenta la respuesta a la ira. Como el desafío aumenta los niveles de la testosterona, esto puede producir un círculo vicioso. En algunos hombres la agresión aumenta el placer, y eso disminuye su capacidad de frenar las emociones.[115, 116]

Con esto no pretendemos insinuar que las mujeres no son agresivas. De ningún modo. La diferencia radica en su forma de manifestar la ira. Como ya expresamos, la meta de las mujeres es crear una comunidad y organizar su mundo de manera que

114. Dorian Fortuna, *Male Agression,* https://www.psychologytoday.com/us/blog/homo-aggressivus/201409/male-aggression.

115. Tori DeAngelis, *Priming for a new role* [Cebado para un nuevo rol] (Monitor on Psychology, Vol. 39, No. 8, 2008), p. 28 | DOI: http://www.apa.org/monitor/2008/09/pregnancy.aspx

116. Michelle M Wirth, Oliver C Schultheiss, *Basal testosterone moderates responses to anger faces in humans, Physiology & Behavior,* Volumen 90, publicación 2-3, págs. 496-505, 2007/2/28.

ellas estén en el centro. La violencia está presente, pero es más sutil. En este sentido, el hombre debe recordar las palabras del autor de Proverbios: «El hombre airado suscita rencillas, y el hombre violento abunda en transgresiones» (Prov. 29:22). Por su parte, la mujer puede ayudar al varón a entender y seguir el consejo de Jacobo: «... que cada uno sea pronto para oír, tardo para hablar, tardo para la ira» (Sant. 1:19).

Algunos lectores tal vez se pregunten, si el cerebro masculino está diseñado de esa manera, ¿por qué los hombres de edad avanzada son más tranquilos y menos agresivos? También hay una razón fisiológica para esto. A medida que el hombre avanza en edad, la testosterona disminuye y produce menos estímulo a la amígdala y, por ende, la respuesta agresiva es menor. La amígdala no ha cambiado, pero hay «menos combustible en el tanque». Además, la corteza prefrontal, área donde se registra la sensación del temor y de la pérdida, tiene ahora mayor activación debido a la misma disminución de estímulo en la amígdala y, por lo tanto, el hombre se enoja menos porque piensa más en las consecuencias. La producción de testosterona y vasopresina disminuyen entre el 30 %, y el 50 % durante la quinta y la sexta década de la vida, y aunque los niveles de estrógenos no han aumentado, la proporción entre el estrógeno y la testosterona es tanto más elevada que estimula la secreción de oxitocina y causa un aumento del deseo de abrazar y tener vínculos con otros.

Un estudio realizado en la Universidad de Michigan[117] demostró que, al atravesar por experiencias emocionales, las mujeres activan ambos hemisferios del cerebro y las conexiones entre los centros de las emociones resultan ser más activas y más extensas que en los hombres. Aun el número de áreas

117. Israel Liberzon M. D., Stephan F. Taylor M. D., Lorraine M. Fig M. B., Ch. B., Laura R. Decker BSc., Robert A. Koeppe Ph.D & Satoshi Minoshima M. D., Ph.D, *Limbic Activation and Psychophysiologic Responses to Aversive Visual Stimuli: Interaction with Cognitive Task, Neuropsychopharmacology.* Volumen 23, págs. 508-516 (2000).

activadas son diferentes en ambos géneros. Un estudio llevado a cabo por la Universidad de Stanford[118] que utilizó resonancias magnéticas funcionales demostró que mientras observaban imágenes emocionales, los hombres activaron dos áreas cerebrales, mientras que las mujeres activaron nueve. En otra investigación similar realizada en Londres,[119] donde se suministraron choques eléctricos suaves a varias parejas, se observó que en las mujeres se activaron siete diferentes áreas mientras recibían los choques eléctricos, pero en los hombres solo se activaron dos áreas. La segunda parte de este estudio consistía en informarles a las parejas que su cónyuge estaba recibiendo los choques eléctricos, aunque ellos no podían verlos mientras los recibían, y los estudios revelaron que en las mujeres se activaron de igual manera las siete áreas porque pensaban que su esposo recibía los choques eléctricos. Sin embargo, en los hombres no se activó ningún área al recibir esa información.

Por esta razón es más fácil para las mujeres cumplir el mandato de Pablo: «Gozaos con los que se gozan y llorad con los que lloran» (Rom. 12:15). Debemos entender que estas son capacidades otorgadas por Dios a la mujer. A menudo escuchamos a numerosas esposas quejarse de sus cónyuges y acusarlos de ser como «piedras que no sienten nada». De igual manera, oímos a los varones afirmar que sus esposas «siempre están histéricas y no piensan». Estas expresiones destacan otra diferencia entre el género masculino y el femenino. La mujer, hasta cierto punto, posee la capacidad de tomar decisiones aun cuando está sobrecargada de emociones. Por el contrario, al hombre le resulta más difícil pensar de forma analítica cuando hay emociones de por medio. Por ende, los hombres creen que las mujeres son

---

118. Turhan Canli, John E. Desmond, Zuo Zha y John D. E. Gabrieli, *Sex differences in the neural basis of emotional memories,* Proc. Natl. Acad. Sci., EE. UU. 6 de agosto del 2002; 99(16): 10789–10794.

119. Singer, T. *et al. Empathy for pain involves the affective but not sensory components of pain.* Science, 303, 1157 - 1162, (2004).

iguales a ellos y que no piensan con objetividad cuando muestran sus emociones. Esta habilidad que el género masculino posee para bloquear sus emociones le concede la capacidad de tomar decisiones difíciles en momentos en que la mujer pierde esa capacidad.

Recuerdo cuando mi madre murió. Ella estuvo enferma durante varios días, pero como vivíamos en otro país, no estábamos conscientes de la gravedad de su situación. Todo sucedió durante los días de Navidad. Al llegar al aeropuerto de Nueva York, mi hermano nos dio la noticia de que mi madre acababa de fallecer. Al escucharlo, quedé atónita. Durante todo el trayecto no dije ni una palabra. Cuando llegamos a la casa, encontramos a mi padre llamando a la funeraria, comunicándose con la familia y explicándoles lo que acababa de suceder. Sin embargo, yo permanecía en *shock*. Más tarde, cuando fuimos a la funeraria para tomar todas las decisiones del caso, me sentí incapaz y dejé que mi padre y mis tres hermanos dispusieran todo. Aquello quedó grabado en mi mente y con frecuencia me preguntaba por qué ese día ellos pudieron seguir adelante y yo no. Pero ahora que entiendo mejor la habilidad que tienen los hombres para suprimir las emociones y así ser capaces de tomar decisiones importantes, aun en medio de situaciones emocionalmente difíciles, le doy gracias a Dios por Su sabiduría infinita y Su perfecto diseño al crearnos.

Diferencia de género al hablar

Otra diferencia notable entre hombres y mujeres es que las féminas hablan más que los varones y son más ágiles con las palabras. Esto se debe a que entre ambos géneros existen diferencias cerebrales que afectan las facultades del habla. En ese sentido, diversos estudios científicos han observado que los varones por lo general no hablan cuando tienen problemas. En contraste, lo primero que hace una mujer cuando enfrenta una dificultad es buscar a alguien con quien conversar. Existen razones fisiológicas que explican tales comportamientos.

Según investigaciones realizadas con resonancias magnéticas funcionales, el género femenino posee dos centros de comunicación, uno en cada lado del cerebro, y el corpus calloso (circuito que conecta los dos hemisferios cerebrales) más grande que el del hombre.[120] El corpus calloso es una especie de carretera de comunicación entre los dos lados del cerebro. Cuando una mujer enfrenta un problema, conversar con alguien, aun si esto no resuelve la situación, la ayuda a sentirse mejor. Esto se debe a que su disposición biológica a las relaciones permite que la comunicación por sí misma le produzca una elevación de la hormona del placer (dopamina) y de la oxitocina, el neurotransmisor responsable de la conexión, la intimidad y la confianza.[121]

Por consiguiente, el comunicarse con otros le produce placer y ella entonces se siente mejor con la situación, aunque nada haya cambiado. En contraste, el hombre posee el centro de comunicación en el hemisferio derecho y el área cerebral donde se resuelven los problemas está en el hemisferio izquierdo. Así pues, como existe menos comunicación entre los dos hemisferios debido a que el *corpus* calloso es más pequeño en el hombre, se produce en ellos una incapacidad de hablar cuando están enfocados en resolver un problema porque las dos áreas están aisladas. Numerosas mujeres que desconocen esta realidad, creen que sus esposos solo no desean hablar con ellas sobre lo que les preocupa y arriban a conclusiones erradas. De modo que, cuando se encuentren frente a una situación similar, solo

---

120. Madhura Ingalhalikar, Alex Smith, Drew Parker, Theodore D. Satterthwaite, Mark A. Elliott, Kosha Ruparel, Hakon Hakonarson, Raquel E. Gur, Ruben C. Gur y Ragini Verma, *Sex differences in the structural connectome of the human brain PNAS,* 14 de enero del 2014. 111 (2) 823-828;

121. Natascia Brondino, Laura Fusar-Poli, Pierluigi Politi, *Something to talk about: Gossip increases oxytocin levels in a near real-life situation,* marzo del 2017, volumen 77, págs. 218–224.

denle tiempo a su esposo para resolver la dificultad y finalmente su cerebro activará el área de la comunicación y verán entonces cómo él puede explicarles lo que sucede. En esos momentos es oportuno recordar las palabras de Pablo a los tesalonicenses: «Y os exhortamos, hermanos, a que amonestéis a los indisciplinados, animéis a los desalentados, sostengáis a los débiles y seáis pacientes con todos» (1 Tes. 5:14, énfasis añadido).

Principios de aplicación

Dios diseñó nuestro cerebro para que, después de almacenar Su Palabra en nuestra memoria, podamos recordar Sus promesas. Pero lo hizo de tal manera que el funcionamiento del cerebro femenino y el masculino difieren el uno del otro, a pesar de sus similitudes.

La mujer muestra agresividad a través de las palabras y no necesariamente por medio de la fuerza física. Por lo tanto, ella debe usar su capacidad de expresarse con sabiduría y para la edificación de su prójimo: «No salga de vuestra boca ninguna palabra mala, sino sólo la que sea buena para edificación, según la necesidad del momento, para que imparta gracia a los que escuchan» (Ef. 4:29). No lo olvide: «En las muchas palabras, la transgresión es inevitable, mas el que refrena sus labios es prudente» (Prov. 10:19).

En ocasiones, somos «agresivos» sin parecerlo. Cuando hablamos en momentos en los que deberíamos guardar silencio, aun si el leguaje es respetuoso, podría indicar agresividad en nuestras acciones. Quizás Eva fue agresiva al atreverse a conversar con la serpiente y luego al ofrecer el fruto a Adán. Es posible que el abordaje de Sara fue también impetuoso al ofrecer su criada a Abraham para concebir el hijo que Dios les había prometido (Gén. 16).

Por otro lado, el hombre podría no usar sus brazos o su fuerza física, y aun así ser impulsivo en lo verbal e intimidar a su esposa o a otros con su tono de voz o sus expresiones verbales. Por eso nos advierte Santiago 3:5-12:

> «Así también la lengua es un miembro pequeño, y sin embargo, se jacta de grandes cosas. Mirad, ¡qué gran bosque se incendia con tan pequeño fuego! Y la lengua es un fuego, un mundo de iniquidad. La lengua está puesta entre nuestros miembros, la cual contamina todo el cuerpo, es encendida por el infierno e inflama el curso de nuestra vida. Porque todo género de fieras y de aves, de reptiles y de animales marinos, se puede domar y ha sido domado por el género humano, pero ningún hombre puede domar la lengua; es un mal turbulento y lleno de veneno mortal. Con ella bendecimos a nuestro Señor y Padre, y con ella maldecimos a los hombres, que han sido hechos a la imagen de Dios; de la misma boca proceden bendición y maldición. Hermanos míos, esto no debe ser así. ¿Acaso una fuente por la misma abertura echa agua dulce y amarga? ¿Acaso, hermanos míos, puede una higuera producir aceitunas, o una vid higos? Tampoco la fuente de agua salada puede producir agua dulce».

Por último, en la medida en que creemos y aplicamos la Palabra de Dios, Él se manifiesta a nuestras vidas. Jesús dijo: «El que tiene mis mandamientos y los guarda, ése es el que me ama; y el que me ama será amado por mi Padre; y yo lo amaré y me manifestaré a él» (Juan 14:21). Como resultado, la conexión con el Señor se fortalece más cada día, aun si nuestros ojos físicos no pueden verlo.

Capítulo 11

El diseño de Dios evidente desde la niñez

> «No estaba oculto de ti mi cuerpo, cuando en secreto fui formado, y entretejido en las profundidades de la tierra»
>
> (Sal. 139:15).

Introducción

Los padres que tienen hijos de distintos géneros se han percatado de que los varones y las niñas no solo poseen diferencias en sus personalidades, sino también en su forma de pensar y de actuar. Si los evaluamos con objetividad, no hay dudas de que la disparidad es evidente. Sin embargo, no siempre logramos captar lo que se presenta ante nuestros ojos porque nuestra cosmovisión se interpone. Poseemos creencias profundas que son parte de nuestro ser y no cuestionamos su veracidad a menos que nos detengamos a evaluarlas. En numerosas ocasiones, ni siquiera identificamos estos juicios porque están arraigados en nuestra subconsciencia. Si nuestra posición es que los dos géneros son iguales desde su nacimiento, pero se desarrollan con personalidades distintas, atribuiremos las diferencias a factores externos, ambientales o culturales. Entonces, la conclusión lógica para explicar las desemejanzas es que se derivan de la educación que cada individuo recibió de los padres, los abuelos, los profesores, la niñera, el cónyuge, etc. a lo largo de su vida. Ahora bien, para que nuestra vida cristiana esté a la altura del llamado que hemos recibido de Dios no debemos conformarnos al modo de pensar del mundo (Rom. 12:2) para percibir de forma clara la realidad. La sociedad desea moldearnos; anhela que nos acomodemos a sus patrones, así que nos inculca una ideología que parece progresista y lógica, pero al final es un camino de muerte. Por eso nos advierte el Libro de Proverbios: «Hay camino que al hombre le parece derecho, pero al final es camino de muerte» (Prov. 16:25, énfasis añadido).

¿Cuáles son algunas de estas diferencias?

En el varón, la etapa comprendida desde el nacimiento hasta el primer año de vida se denomina etapa de la *pubertad-infantil*. Durante este tiempo, la testosterona está elevada a niveles iguales a los que se registran en la adultez, estimula el crecimiento de los músculos y mejora las habilidades motoras del niño. A partir del primer año y hasta alrededor de los diez, la testosterona disminuye, pero la hormona SIM (sustancia inhibidora mulleriana) se mantiene elevada. Este período se conoce como la *pausa juvenil* y se cree que durante esta etapa el cerebro está formando más circuitos para la exploración y para jugar en forma «áspera». En los varones, los circuitos que controlan las funciones visuales se activan más que en las mujeres aun en la niñez. En comparación con las niñas, los niños prestan más atención a los cuerpos en movimiento, las formas geométricas y los ángulos de los objetos para investigar su entorno. Esto se nota desde temprana edad con los móviles que se colocan encima de la cuna del bebé. Mientras los varones fijan su atención en el móvil, las niñas observan más las caras de quienes están a su alrededor. La realidad es que el género masculino está programado para moverse, para provocar que los objetos se muevan o para observar las cosas en movimiento.

El sistema nervioso activa los músculos en los niños aun cuando ellos solo piensen en el movimiento, pero esto no pasa en las niñas. Por ejemplo, cuando un varón juega un videojuego, las imágenes por resonancia magnética funcional (IRM-f) han demostrado que cada vez que el personaje en el juego salta, el área cerebral que controla el salto en el niño está activada. Asimismo, cuando un niño lee una palabra relacionada con movimientos como correr, su cerebro manda una señal a las piernas para que estas se preparen para moverse, producto de una contracción nerviosa. El cerebro, los músculos y el desarrollo del sistema nervioso del varón fueron diseñados por Dios para realizar las tareas que él debe desempeñar.

Si revisamos las tareas asignadas por Dios a Adán, veremos cómo el mandato de cultivar y cuidar del Jardín de Edén fue otorgado antes de que Él creara a Eva (Gén. 2:15). Dios diseñó al varón con la fuerza física y la capacidad de movimiento necesarias para completar esa labor.

Por otro lado, la competencia es también parte del diseño de Dios para los hombres. Por lo general, ellos no hablan de forma amistosa, sino que exigen las cosas, amenazan a las personas a su alrededor, se jactan, ignoran las sugerencias de otros y dominan la conversación. Todo eso es parte de la imagen caída del sexo masculino. En un estudio realizado en Suecia, se observó que los varones que tenían niveles más elevados de testosterona reaccionaban con mayor agresividad ante los desafíos. Es posible observar esto incluso en el patio de recreo, en las escuelas y los colegios. Los niños, con frecuencia, luchan y pulsean entre sí. Al jugar, los varones en edad preescolar suelen utilizar objetos domésticos como armas de combate, porque la agresión y la dominancia producen una elevación en los niveles de la hormona dopamina que a la vez estimula el sistema de recompensa del cerebro.

Otra diferencia notable entre ambos sexos es la forma en que hombres y mujeres juegan el mismo juego. Por ejemplo, los varones monopolizan las bicicletas y pelean con sus pares para mantener el control sobre ellas. Su forma de jugar con otros niños es chocando unos contra otros. Por el contrario, las niñas son más cuidadosas de no colisionar y ceden las bicicletas a sus compañeros. Este comportamiento se ha observado en edades tan tempranas como los dos años, que es cuando el varón trata de establecer dominancia física y social.

En una ocasión, un psicólogo le preguntó a un niño de seis años qué era lo más importante que debería saber y su respuesta fue: «Saber cómo pelear». Del mismo modo, en un estudio realizado con niños en una guardería, los varones demostraron que poseían una jerarquía clara después de su primera sesión de juegos. Para la segunda sesión ya todos los niños estaban de acuerdo con el rango de cada persona y esa jerarquía se mantuvo estable durante los seis meses que duró el estudio. ¿En qué se basó el rango? No fue en que el tamaño del niño era más grande, sino en su negación a ceder durante un conflicto. Los niveles de testosterona en estos niños estaban más elevados que en los otros, aunque todos se mantuvieron dentro de los rangos normales para su edad. Sin embargo, como solo un niño puede ser el macho alfa (dominante), los demás niños formaban alianzas con él, le entregaban lo que quería y le hacían favores para mantenerse cerca del líder.

La maduración tardía de los circuitos cerebrales en el área frontal, unida a la fuerte programación para la exploración en un adolescente, provocan que este sea capaz de seguir adelante aun si eso conlleva comprometer su seguridad personal.

Lo que una niña aprende en sus dos primeros años de vida se convierte en su realidad. Durante ese tiempo se forman huellas epigenéticas que la afectarán por el resto de su existencia. Si el cariño, la atención y la aprobación son carentes a lo largo de su niñez, cuando ella sea adulta se enamorará, pero tendrá dificultad en sostener la relación. Un estudio realizado con jóvenes universitarias que no recibieron un buen cuidado maternal durante la niñez, evidenció que esas jóvenes tuvieron respuestas hiperactivas al estrés en las gammagrafías de TEC y secretaron más cortisol (hormona del estrés) hacia el torrente sanguíneo, producto de un aumento en los niveles de ansiedad, el estado de vigilancia o el miedo. Sin embargo, si la niña recibe cuidados de un sustituto, esta reacción puede evitarse. De modo que, nuestras reacciones son una combinación del diseño original de Dios y las experiencias vividas. Los genes de la mujer, en unión con las hormonas, han provocado que la conexión social sea la prioridad de su ser. Esto ocurre por el diseño divino que ha dotado a la mujer con esos genes y hormonas y los ha usado para cumplir Su propósito en ella.

El cerebro femenino está biológicamente programado para la conexión. Esto explica por qué las mujeres poseen la habilidad de conectar con profundidad en la amistad. Ellas gozan de una capacidad que parece casi psíquica para leer las expresiones faciales, el tono de voz, las emociones y el estado de ánimo de los demás, así como una gran agilidad verbal. Las mujeres usan estas habilidades para resolver conflictos y mantener la armonía.

Cambios en la pubertad

Como mencionamos antes, la meta de las mujeres es crear un mundo donde ellas sean el centro de atención. El principal problema con esta idea es que el centro del universo es Jesús (Col. 1:16); además, como cada una está tratando de ser el centro, las mujeres están en constante combate unas con otras.

Antes de la pubertad, los varones y las mujeres responden de manera similar ante las dificultades. Se sienten seguros. Sin embargo, cuando llega la pubertad y las hormonas comienzan a diferenciarse, la respuesta al estrés cambia y produce un reajuste en los dos géneros. Los varones disminuyen la respuesta al estrés, mientras que las niñas la aumentan y comienzan a sentirse inseguras.[122] Las diferencias son aún mayores porque el tipo de estrés al que cada género responde es distinto. Los varones reaccionan más ante la amenaza de perder su autoridad, mientras que las mujeres son más afectadas por la amenaza a las relaciones. En parte, esto se debe a que cada género usa diferentes áreas y circuitos del cerebro para resolver los problemas, procesar el lenguaje y experimentar o almacenar las emociones fuertes. Cada uno tiene la capacidad de realizar todas estas funciones, pero la forma de realizarlas y las áreas utilizadas para ello son diferentes en cada género.[123]

Luego de la pubertad, la depresión es más común en las mujeres. Una de las razones es el reajuste hormonal. La hormona serotonina está relacionada con la depresión y se han encontrado cambios en algunos genes, como el CREB-1 que tiene la capacidad de transcribir los genes cuando es estimulado por

---

122. Amy F. T. Arnsten, Rebecca M. Shansky, *Adolescence: vulnerable period for stress-induced prefrontal cortical function? Introduction to part IV* [Adolescencia: ¿Período vulnerable para la función cortical prefrontal inducida por el estrés? Introducción a la parte IV] (Annals of the New York Academy of Sciences, Vol. 1021, junio del 2004), pp. 143-147 | DOI: 10.1196/annals.1308.017

123. Judy L. Cameron, *Interrelationships between hormones, behavior, and affect during adolescence: Understanding hormonal, physical, and brain changes occurring in association with pubertal activation of the reproductive axis. Introduction to Part III* [Interrelaciones entre hormonas, comportamiento y afecto durante la adolescencia: comprender los cambios hormonales, físicos y cerebrales que ocurren en asociación con la activación puberal del eje reproductivo. Introducción a la Parte III] (Annals of the New York Academy of Sciences, Vol. 1021, junio del 2004), pp.110-123 | DOI: 10.1196/annals.1308.012

ciertas hormonas, como el estrógeno,[124] y el gen transportador de serotonina que la recicla en la sinapsis del nervio para que esta hormona esté disponible para ser usada de nuevo. Se cree que la serotonina afecta los circuitos neuronales que comunican la amígdala con el cíngulo cuando es estimulada por el estrógeno.[125]

En el Instituto Karolinska, una institución universitaria en Suecia, realizaron una investigación por medio de gammagrafías de TEC donde descubrieron que las mujeres poseen más receptores para la serotonina (la hormona de la felicidad) en ciertas áreas cerebrales, pero menos transportadores de serotonina para devolver la serotonina secretada hacia la neurona de modo que esté disponible nuevamente, lo cual explica por qué la depresión es más común en las mujeres.[126]

Por otro lado, como los estrógenos también afectan los ritmos circadianos (ciclo de dormir y despertar), esto puede explicar por qué el tiempo que les toma dormirse a los varones es mayor y por qué innumerables mujeres se quejan de padecer de insomnio al llegar a la menopausia.

Como ya mencionamos, durante la octava semana del período fetal, en el embrión masculino hay un aumento súbito de la testosterona que produce a su vez un aumento de las células en el área del deseo sexual. Después de nacer, la testosterona es

---

124. Éva M. Szegő, Klaudia Barabás, Júlia Balog, Nóra Szilágyi, Kenneth S. Korach, Gábor Juhász y István M. Ábrahám, *Estrogen Induces Estrogen Receptor α-Dependent cAMP Response Element-Binding Protein Phosphorylation via Mitogen Activated Protein Kinase Pathway in Basal Forebrain Cholinergic Neurons In Vivo, Journal of Neuroscience* 12 de abril del 2006, 26 (15) 4104-4110; DOI: https://doi.org/10.1523/JNEUROSCI.0222-06.2006.
125. Claudia Barth, Arno Villringer y Julia Sacher, *Sex hormones affect neurotransmitters and shape the adult female brain during hormonal transition periods,* Front Neurosci. 2015; 9: 37.
126. Jovanovic H, Lundberg J, Karlsson P, Cerin A, Saijo T, Varrone A, Halldin C, Nordström AL., *Sex differences in the serotonin 1A receptor and serotonin transporter binding in the human brain measured by PET,* Neuroimage. 2008 Feb 1;39(3):1408-19. Epub, 25 de octubre del 2007.

el estímulo para este deseo. Entre las edades de 8 a 14 años, los niveles de estrógeno en las mujeres aumentan de 10 a 20 veces, pero la testosterona se eleva solo 5 veces. En contraste, los varones entre las edades de 9 a 15 años experimentan una elevación de la testosterona 20 veces por encima del nivel que se halla en el preadolescente. Este aumento estimula el crecimiento de los circuitos cerebrales que se formaron en la etapa fetal, y produce un incremento en los circuitos hipotalámicos para el deseo y la búsqueda sexual, que es dos veces mayor que en las mujeres. Desde entonces, el deseo sexual en el hombre siempre está en «piloto automático» o «encendido en el fondo». Por medio de encuestas se ha determinado que los pensamientos sexuales flotan en la mente masculina en un promedio de 1 cada 52 segundos, a diferencia de la mujer, que por lo general tiene este tipo de pensamientos una vez al día.

Alrededor de los once o doce años un joven comienza a sentir atracción sexual y a experimentar fantasías sexuales. Al mismo tiempo, se origina en él una repugnancia por las feromonas de su madre y esa es la razón por la que no desea ni que ella se le acerque. La atracción sexual ocurre en la subconsciencia, no es algo que él provoca. Si unimos estos cambios biológicos a la caída, que provocó en el hombre una inclinación continua hacia el pecado, entonces existe razón suficiente para atender a las palabras del profeta Jeremías: «Más engañoso que todo, es el corazón, y sin remedio; ¿quién lo comprenderá?» (Jer. 17:9). La Palabra de Dios revela que nuestra naturaleza es pecaminosa. No somos pecadores porque pecamos, sino que pecamos porque somos pecadores (Rom. 3:12). Por medio de las palabras del apóstol Pablo a los romanos comprendemos mejor la guerra espiritual que luchamos:

> «Así que, queriendo yo hacer el bien, hallo la ley de que el mal está presente en mí. Porque en el hombre interior me deleito con la ley de Dios, pero veo otra ley

> en los miembros de mi cuerpo que hace guerra contra la ley de mi mente, y me hace prisionero de la ley del pecado que está en mis miembros» (Rom .7:21-23).

Sin embargo, la existencia de esta lucha no justifica la promiscuidad, pues la Escritura nos manda: «Andemos decentemente, como de día, no en orgías y borracheras, no en promiscuidad sexual y lujurias...» (Rom. 13:13). El creyente es responsable de cómo responde ante la tentación, y la Biblia también nos advierte sobre la procedencia de nuestras tentaciones: «Que nadie diga cuando es tentado: Soy tentado por Dios; porque Dios no puede ser tentado por el mal y Él mismo no tienta a nadie. Sino que cada uno es tentado cuando es llevado y seducido por su propia pasión» (Sant. 1:13-14).

La sabiduría de Dios es en extremo más profunda de lo que podemos entender (Rom. 11:33), pero en lugar de alejarnos de Él, lo insondable de Sus juicios y decretos debe producirnos mayor fe y confianza en lo revelado. El Señor creó todo lo que existe y, por lo tanto, Él entiende mejor que nosotros cómo funciona Su creación. Debemos creer y confiar en Su Palabra, aunque no la entendamos a plenitud.

Se ha observado que los hombres son estimulados por lo que ven y las mujeres por lo que oyen. Las resonancias magnéticas funcionales han demostrado la razón biológica de esta observación. En el hipocampo, que es el área donde residen los centros cerebrales para el lenguaje y el oído, la mujer tiene 11 % más neuronas que el hombre, y cuando está enamorada experimenta mayor actividad en los circuitos relacionados con el área de los instintos, la atención y la memoria. Por su parte, los hombres poseen más actividad en las regiones que afectan los procesos visuales, quizás esto explique por qué el varón es más propenso a las tentaciones relacionadas con la vista. El hub (centro) cerebral para las emociones y el recuerdo de estas es más grande en la mujer que en el hombre. En contraste, el centro del deseo o impulso sexual y de la agresividad es dos veces y medio más grande en el hombre que en la mujer. Entonces, puesto que el hombre es más estimulado por la vista, es importante que la mujer preste atención a la Palabra cuando llama a las mujeres a vestirse y comportarse con decoro: «Asimismo, que las mujeres se vistan con ropa decorosa, con pudor y modestia, no con peinado ostentoso, no con oro, o perlas, o vestidos costosos» (1 Tim. 2:9).

Los deportes y los juegos, y la ideología de género

Aun cuando se trate de juegos y deportes no violentos, es evidente que los hombres son más apasionados con este tipo de actividades que las mujeres. Podríamos preguntarnos si existe alguna condición fisiológica que impulse al género masculino a emocionarse tanto con los deportes. En ese sentido, algunos estudios revelan que antes de una competencia, las hormonas dopamina, testosterona, cortisol y vasopresina se elevan en los varones, aunque ellos solo sean espectadores del juego. Cuando ganan la competencia, los niveles de testosterona se elevan más que cuando no ganan y esto ocurre incluso cuando solo son espectadores. Este incremento de la testosterona produce en el hombre una sensación similar a estar drogado. No olvidemos que el desafío acrecienta los niveles de testosterona y eso provoca un aumento del placer.

Según algunos estudios, cuando los varones adolescentes juegan en grupos, realizan actos más riesgosos porque experimentan más euforia emocional que cuando juegan solos. En un videojuego de conducir, la presencia de sus iguales duplicó los riesgos que los jugadores tomaron. A nivel fisiológico, esto se debe a que existen dos sistemas distintos que dirigen el cerebro. El primero es el sistema de activación, dirigido por la amígdala cerebral, que es la responsable de impulsar las acciones. Cuando los varones están con otros amigos, este sistema recibe el doble de estimulación. El segundo es el sistema inhibitorio, gobernado por la corteza prefrontal, que es el freno del cerebro, pues permite al individuo pensar de forma cuidadosa y medir los riesgos antes de actuar. El doctor Jay Giedd del Instituto Nacional de Salud Mental de Estados Unidos, descubrió que en los varones el sistema inhibitorio madura dos años más tarde que en las mujeres, cuando estos llegan al inicio de la década de los 20.

Las diferencias entre los varones y las mujeres se notan aun cuando observamos a los niños preadolescentes jugar. Aunque los niveles hormonales son similares durante esta etapa de la vida, la respuesta de cada género es diferente. Como hemos mencionado, cuando surge un conflicto, es común que las niñas decidan parar de jugar y evitar así el enfrentamiento. Por su parte, los niños intensifican el juego y aumentan la competitividad para dominar la situación. Por consiguiente, ellos pueden discutir durante horas hasta ganar. La victoria es más importante para los varones que para las mujeres, pues para ellos el propósito del juego es determinar el rango social. Esta inclinación natural del hombre a ejercer dominio es parte de su diseño y posee una raíz bíblica: el mandamiento de gobernar la tierra registrado en Génesis 1:28. En contraste, para las niñas el propósito principal del juego es la conexión con los demás (Sal. 144:12b). Esto se debe a que el deseo innato de conexión está programado en su cerebro para ayudar *(ézer)* a mantener la armonía y el sentido de unidad. El interés de las niñas se enfoca en las expresiones emocionales porque ellas buscan su sentido de identidad a través de la conexión. Ellas «prefieren» evitar el conflicto porque las discordias chocan con su deseo natural de mantener los vínculos, recibir aprobación y nutrir a otros.

La diferencia entre hombres y mujeres se evidencia aun al participar en videojuegos, las diferencias salen a relucir. Los varones en general prefieren los videojuegos violentos.

Algunas investigaciones han arrojado resultados en extremo preocupantes y debemos prestarles atención. Uno de esos estudios se realizó en Japón por el profesor Ryuta Kawashima de la Universidad de Tohoku utilizando resonancias magnéticas funcionales (IRM-f). Este trabajo evidenció que mientras las personas participan en videojuegos, la corteza prefrontal (el área encargada de la regulación de la conducta social) no está activada, a diferencia de lo que ocurre cuando las personas participan en juegos de laberintos o relacionados con las matemáticas y el lenguaje. Aún peor, los resultados revelaron que hay juegos que, de modo literal, desactivan la corteza prefrontal, como también sucede cuando miramos la televisión. Durante dicho estudio, la activación solo se registró en las áreas del cerebro que controlan la vista y el movimiento. Así mismo, la investigación mostró que los ejercicios matemáticos activaron las áreas frontales bilaterales donde se encuentran las regiones de la memoria, la emoción, el aprendizaje y el control de la conducta.[127]

El profesor Kawashima postulaba que la generación actual, que usa tantos videojuegos violentos mientras crece, desarrollará una sociedad progresivamente más violenta por el efecto que

---

127. John G. Geake, *Mathematical Giftedness in the Brain,* Westminster Institute of Education, Oxford Brookes University, Reino Unido, http://hkage.org.hk/en/events/080714%20APCG/01-%20Keynotes%20&%20Invited%20Addresses/1.7%20Geake_Mathematical%20Giftedness%20in%20the%20Brain.pdf.

tienen esos juegos sobre la habilidad de controlar los elementos antisociales de su comportamiento.

En la 88.ª reunión anual de la Sociedad de Radiología de América del Norte, celebrada en la ciudad de Chicago en diciembre del año 2002, el doctor Vincent Mathews de la Universidad de Indiana presentó un estudio realizado usando IRM-f con dos grupos de adolescentes de 13 a 17 años. El estudio comparó a jóvenes sanos con aquellos que tenían un diagnóstico de trastorno de conducta perturbada. Ambos grupos jugaron dos videojuegos diferentes, uno no violento de carreras automovilísticas y el otro violento, del tipo de *James Bond*. En los dos grupos se observó una disminución en la actividad cerebrovascular durante la exposición a los videojuegos violentos y esto fue más notable en aquellos jóvenes que jugaban con mayor frecuencia. Es como si estos juegos produjeran una desinhibición de la conducta, lo cual solo contribuiría a agravar la tendencia agresiva que de por sí ya expresan los varones.

Principios de aplicación

En nuestros días, observamos cómo diferentes cadenas de tiendas han anunciado con gran interés que sus departamentos de juegos ya no realizarán una distinción entre juegos para niños y juegos para niñas. Esta es una expresión de las enseñanzas de la ideología de género, que afirma que la diferencia de sexo no corresponde a un diseño biológico, sino a la transmisión social de una idea errónea. Una nueva cosmovisión ha surgido en términos de la sexualidad humana. Dicho entendimiento se opone a miles de años de vivencias del ser humano y a lo demostrado por las investigaciones. Existen diferencias claras entre el diseño del hombre y el de la mujer, lo cual es demostrado por la ciencia. Es lamentable que, en innumerables ocasiones, las ideas no cambian por los resultados de los estudios y de la observación prolongada, sino por lo que afirma una minoría que controla los medios de comunicación o por los formadores de opinión que siempre han creído que su pensamiento liberal es más avanzado y progresista que el del resto de la población.

El ser humano peca y luego crea una cosmovisión que justifique su pecado. De este modo, puede criticar a todo aquel que se opone a su nueva interpretación del mundo. El cristiano no debe permanecer callado ante la maldad porque, como fue dicho, lo único que se requiere para que la maldad triunfe es que los «hombres buenos» no hagan nada. Esta verdad aplica a todos los seres humanos, pero en particular a los cristianos que debemos ser la luz del mundo y la sal de la tierra. Enmudecer cuando es preciso hablar no es piadoso, así como hablar cuando es necesario callar tampoco lo es. Con frecuencia, el cristiano es culpable de ambas cosas.

Capítulo 12

El cerebro masculino y el femenino en el proceso de enamoramiento

«Yo soy de mi amado, y su deseo tiende hacia mí»
(Cant. 7:10).

Introducción

En la Biblia no encontramos un capítulo que de manera particular nos instruya sobre el proceso de enamoramiento o en torno a una relación piadosa de noviazgo. Esto quizás se deba a que en la antigüedad no existía la relación de noviazgo como la practicamos hoy en día. En Lucas 1:27 se afirma que María era una virgen desposada con un hombre llamado José. El término «desposada» se refiere a un período aproximado de un año durante el cual el hombre asumía un compromiso tan formal de casarse con su pareja que eran tratados como esposo y esposa ante la sociedad (en términos de la fidelidad contraída entre ambos), aunque entre ellos no existía ningún contacto físico durante ese tiempo.

Es desafortunado que la sociedad de nuestros días viva sin límites y que, con frecuencia, las personas participen de relaciones sexuales sin pasar por un período de enamoramiento que culmine en el matrimonio. El impulso sexual dirige innumerables relaciones. Según la doctora Helen Fisher, una antropóloga y bióloga estadounidense de la Universidad de Rutgers, el proceso de enamoramiento está dividido en tres etapas: la lujuria, la atracción romántica y la conexión.[128] Como ya se observó, una etapa no siempre lleva a la otra y es importante que la mujer evite tener relaciones sexuales con un hombre durante las primeras dos etapas. Lo adecuado es esperar a que se complete la tercera, la conexión, que tiene lugar en el matrimonio cuando la pareja se convierte en una sola carne.

Por el mandato que recibimos de crecer y multiplicarnos, existe en el ser humano un instinto poderoso de intimidad sexual que se corrompió después de la caída de Adán. Las consecuencias de usar ese impulso en contra del diseño divino se observan a lo largo de la historia redentora, de la historia de la humanidad y en la gran pandemia de SIDA que ha cobrado la vida de tantas personas. No obstante, la sabiduría del Señor es infinita y con ella nos instruyó para que reservemos el acto sexual de modo exclusivo para el lecho matrimonial, pues Él conoce cuán vulnerable es el hombre cuando las emociones se elevan durante el proceso de enamoramiento. Por eso, la Palabra de Dios contiene múltiples versículos que prohíben la fornicación y la inmoralidad sexual.

El enamoramiento

El cerebro es un órgano asombroso. Funciona 24 horas al día, 7 días a la semana, 365 días al año, desde el nacimiento hasta que… ¡se enamora! De ahí la conocida frase «el amor es ciego».

---

128. Helen E. Fisher, Arthur Aron, Debra Mashek, Haifang Li, Lucy L. Brown, *Defining the Brain Systems of Lust, Romantic Attraction and Attachment* [Definir los sistemas cerebrales de lujuria, atracción romántica y apego] (Archives of Sexual Behavior, Vol. 31, No. 5, octubre del 2002), pp. 413-419.

Todos hemos escuchado alguna vez esta frase y también hemos observado cómo las personas enamoradas entran en un período en el que parecen poseer cierta incapacidad para ver en el otro, o en la relación, alguna señal de alarma. En nuestra sociedad se utiliza esta frase para referirse al estado de los enamorados, a partir del cual a sus ojos todo luce en extremo mejor que antes: las estrellas brillan como nunca y la luna es más grande... Durante este proceso, el hombre es más amable y la mujer más dulce. Asimismo, los enamorados parecen carecer del discernimiento necesario para reconocer los defectos en el carácter del otro. Por consiguiente, en incontables oportunidades, su conducta se torna compulsiva.

Biología y fisiología diseñadas por Dios

La razón de este comportamiento se torna evidente cuando comprendemos los cambios fisiológicos que se producen a nivel cerebral, y que no son los mismos en el hombre que en la mujer. Existen dos áreas cerebrales que nos advierten en contra del peligro. La primera ya la hemos mencionado antes y es la amígdala, que regula la memoria emocional y la repuesta a los estímulos emocionales. En ella se procesan las experiencias relacionales y se emiten las señales de alerta para diferenciar entre el peligro y la seguridad y entre el placer y el dolor. En la amígdala, además, se conjugan las experiencias pasadas con las emociones, de forma tal que nos permite decidir en una futura oportunidad, si evitamos una situación o si nos acercamos a la nueva experiencia. La segunda área es la corteza cingulada anterior, que es, como ya dijimos, donde el pensamiento crítico forma los juicios.

Diversos estudios han mostrado que durante la etapa de enamoramiento ciertas áreas del cerebro comienzan a producir dopamina, la hormona de compensación y motivación que, junto con otras, estimula áreas que producen placer y recompensa.

Tales hormonas son, en el hombre, la testosterona y la vasopresina; y en la mujer, el estrógeno y la oxitocina. Esta estimulación produce una sensación tan fuerte que cuando la persona está enamorada es como si sufriera una adicción.[129, 130]

Durante el enamoramiento ocurren varios procesos simultáneos en el organismo del ser humano:

- Se reduce la capacidad de reconocer el miedo y de mantener el estado de alerta al disminuir la sensibilidad de las áreas cerebrales (la amígdala y la corteza cingulada anterior) que reconocen estas dos experiencias.
- Se activan circuitos cerebrales que, curiosamente, son los mismos que se activan en los estados de obsesión, manía, hambre, sed o intoxicación. Esto produce una especie de obsesión en la fase inicial del enamoramiento.[131]
- Esta obsesión es la que produce la «ceguera» que no permite ver los defectos de la otra persona.

Se ha determinado que este proceso dura entre seis y ocho meses, lo cual explica por qué las relaciones inadecuadas comienzan a deteriorarse alrededor del octavo o noveno mes.[132]

Un estudio publicado en la revista *NeuroImage* encontró que el varón solo necesita 0,2 segundos (todavía en la

---

129. Xiaochu Zhang, Zhiling Zou, Hongwen Song, Yuting Zhang, *Romantic Love vs. Drug Addiction May Inspire a New Treatment for Addiction Front Psychol.* 2016; 7: 1436.

130. Helen E Fisher, Arthur Aron y Lucy L Brown, *Romantic love: a mammalian brain system for mate choice, Philos Trans R Soc Lond B Biol Sci,* 29 de diciembre del 2006; 361(1476): 2173–2186.

131. Helen E. Fisher, Arthur Aron, Debra Mashek, Haifang Li, Lucy L. Brown, *Defining the Brain Systems of Lust, Romantic Attraction and Attachment* [Definir los sistemas cerebrales de lujuria, atracción romántica y apego] *(Archives of Sexual Behavior,* Vol. 31, No. 5, octubre del 2002), pp. 413-419.

132. D. Marazziti, H. S. Akiskal, A. Rossi, G.B. Cassano, *Alteration of the platelet serotonin transporter in romantic love* [Alteración del transportador de serotonina plaquetaria en el amor romántico] (Psychological Medicine, Vol. 29, No.3, mayo de 1999), pp. 741–745.

subconsciencia) para que su cerebro clasifique a una mujer como atractiva sexualmente, es decir, antes de que su mente lo haya podido procesar.[133]

Por otro lado, algunos estudios realizados en Holanda demostraron que cuando un hombre interactúa con una mujer atractiva, en los primeros cinco minutos se elevan los niveles de testosterona, lo cual provoca que aumente aún más su deseo sexual. Si existe la posibilidad de una relación nueva, el neurotransmisor conocido como dopamina también se eleva y despierta en ese hombre una sensación intensa de pasión. Como esto se produce en su subconsciencia, quizás explique algunas de las razones detrás de los actos que el ser humano realiza «sin querer». Cuando el apóstol Pablo les escribió a los romanos expresó con claridad esa lucha que tiene lugar en nuestro interior:

> «Porque lo que hago, no lo entiendo; porque no practico lo que quiero hacer, sino que lo que aborrezco, eso hago. Y si lo que no quiero hacer, eso hago, estoy de acuerdo con la ley, reconociendo que es buena. Así que ya no soy yo el que lo hace, sino el pecado que habita en mí. Porque yo sé que en mí, es decir, en mi carne, no habita nada bueno; porque el querer está presente en mí, pero el hacer el bien, no. Pues no hago el bien que deseo, sino que el mal que no quiero, eso practico. Y si lo que no quiero hacer, eso hago, ya no soy yo el que lo hace, sino el pecado que habita en mí» (Rom. 7:15-20).

Con esto no excusamos el pecado del ser humano, sino que tratamos de entender que las acciones, pecaminosas o no, son más complejas de lo que se evidencia a simple vista. El cuerpo y el alma experimentan tal unión que aun después de la muerte, en algún momento, el creyente recuperará su cuerpo. No

133. Ortigue S., Bianchi-Demicheli F., *The chronoarchitecture of human sexual desire: a high-density electrical mapping study, NeuroImage*, 1 de noviembre del 2008; 43(2):337-45.

olvidemos que el cuerpo caído del hombre también tendrá que ser redimido.

Etapa de conexión

Después de la etapa del enamoramiento se entra en la etapa de conexión. La red cerebral de conexión es un sistema diferente al que se activa durante el enamoramiento. Cuando la persona enamorada ha incorporado a su pareja dentro de sí (la hizo parte de sí mismo) a través de la conexión, los niveles de la hormona oxitocina y del neurotransmisor dopamina disminuyen, lo que provoca un estado de paz. No se trata de un enfriamiento del amor, como algunos creen, sino de una etapa de madurez producida por los nuevos circuitos cerebrales que se han formado en combinación con una disminución en los niveles hormonales. Es lamentable que muchas personas se enamoran del «estado de enamoramiento» (de cómo se sienten durante esa etapa) y no necesariamente de su pareja; por lo tanto, sienten que el amor desapareció cuando llega el estado de paz. Por esta razón, es común que la persona enamorada del estado de enamoramiento y no de su pareja crea que ya no existe amor entre ellos y, en consecuencia, busque a otra persona para volver a experimentar la elevación de las emociones que caracteriza esa etapa.

¿Recuerdan los pensamientos que con frecuencia venían a su mente cuando comenzaron a enamorarse de su esposo o esposa? Durante ese tiempo la hormona serotonina, que es la que nos tranquiliza, disminuye y de ahí, la euforia inicial. En el año 2004 la doctora Donatella Marazziti, una psiquiatra de la Universidad de Pisa, en Italia, publicó un estudio donde midió la actividad hormonal en 24 jóvenes que afirmaron haberse enamorado en los últimos 6 meses y los comparó con los niveles hormonales en otras 24 personas que no tenían pareja o que tenían una pareja de mucho tiempo. Esto expresa la doctora

Marazziti: «Los niveles de cortisol fueron significativamente más altos entre los sujetos que se habían enamorado en los últimos meses, en comparación con aquellos que no lo habían hecho recientemente. Los niveles de FSH y testosterona fueron más bajos en los hombres enamorados, mientras que las mujeres del mismo grupo presentaron niveles más altos de testosterona. Todas las diferencias hormonales se eliminaron cuando los sujetos se volvieron a analizar entre 12 y 24 meses después. El aumento del cortisol y los bajos niveles de FSH sugieren las condiciones "estresantes" y excitantes asociadas con el inicio de un contacto social. En conclusión, los hallazgos del presente estudio indicarían que enamorarse provoca cambios hormonales transitorios, algunos de los cuales parecen ser específicos de cada sexo».[134] Una vez más, observamos que las diferencias de género son reales y no el resultado de una simple construcción social.

Como es necesario pasar por varias etapas antes de llegar a experimentar la conexión, algunos se preguntarán si en verdad existe el amor a primera vista. Sin embargo, esto es lo que les sucede a los padres con sus hijos. El área cerebral denominada área del instinto parental se activa en un octavo de segundo en ambos padres al ver a su hijo recién nacido. En contraste, el niño necesita más tiempo porque su cerebro no está del todo desarrollado al momento de nacer y los patrones de conexión se estabilizan entre los 12 y los 18 meses de edad. El desarrollo cerebral se completa en el niño entre los 2 y medio y los 3 años, cuando madura el área del cerebro llamada hipocampo, y por ello, la conexión reside hasta entonces en la subconsciencia. Es por eso que no podemos recordar las experiencias anteriores a dicha edad. Sin embargo, aunque no las recordemos, están registradas en el cerebro a menos que sean reemplazadas por

134. Donatella Marazziti, *Hormonal changes when falling in love* [Cambios hormonales cuando se enamora] (Psychoneuroendocrinology, Vol. 29, No. 7, agosto del 2004), pp. 931-936 | DOI: http://dx.doi.org/10.1016/j.psyneuen.2003.08.006.

nuevas experiencias, y aun así no cambian, sino que se mantienen hasta la adultez.

La pregunta entonces sería si es posible que surja el amor a primera vista entre adultos. Sin embargo, la respuesta no es tan evidente ni tan sencilla. Como mencionamos al inicio de este capítulo, según la doctora Helen Fisher, los seres humanos poseemos tres circuitos cerebrales distintos que registran las tres etapas del enamoramiento: el deseo sexual (lujuria), la atracción romántica y la conexión.[135] Estudios de resonancias magnéticas funcionales han demostrado la activación de diferentes áreas del cerebro durante las tres fases o etapas del enamoramiento. Para comprender mejor lo anterior, explicaremos lo que se conoce hasta el momento sobre los circuitos cerebrales y las hormonas que participan en el proceso de enamoramiento.

Los cambios hormonales en las diferentes etapas del enamoramiento

- **Etapa uno:** *El deseo sexual* (lujuria) es producido por dos hormonas: estrógeno y testosterona.

En los hombres, los niveles de testosterona son inversamente proporcionales al grado de conexión con su pareja: a menor conexión, mayor el nivel de esta hormona, y viceversa. Después de que un hombre se conecta con una mujer, ocurre una disminución en la secreción de testosterona. A su vez, la hormona vasopresina se reduce junto con el descenso de la testosterona, cuyo bajo nivel permite que se produzca la conexión del hombre con la mujer durante la etapa del romance, porque ya su interés primario no es la relación sexual, sino conectar con su pareja.

135. Helen E. Fisher, Arthur Aron, Debra Mashek, Haifang Li, Lucy L. Brown, *Defining the Brain Systems of Lust, Romantic Attraction and Attachment* [Definir los sistemas cerebrales de lujuria, atracción romántica y apego] (Archives of Sexual Behavior, Vol. 31, No. 5, octubre del 2002), pp. 413-419.

Algunos han observado que las mujeres se enamoran primero y luego sienten el deseo sexual, mientras que los hombres experimentan antes el deseo sexual y después aprenden a amar.

- **Etapa dos:** *La atracción romántica* (la sensación de éxtasis, energía y deseo intenso) es producida por el aumento de dos neurotransmisores: la noradrenalina y la dopamina, acompañado de una disminución en los niveles de serotonina.

La noradrenalina

Esta hormona es responsable de producir la taquicardia, el sudor y la sensación de boca seca que se experimentan cuando el individuo está frente a su objeto de deseo. A la vez, la noradrenalina provoca un aumento en la memoria para registrar nuevos eventos que dejan huellas o impresiones, con el propósito de grabar estos acontecimientos.

La dopamina

Este neurotransmisor estimula tanto el centro del deseo como el de la recompensa, y brinda un sentido de placer intenso, similar al que una persona experimenta cuando está bajo los efectos de la cocaína. Aumentan los niveles de energía, disminuye la necesidad de dormir y de comer, se incrementa la atención focalizada en la otra persona, así como también se intensifica la orientación hacia la meta, que en este caso consiste en obtener el afecto del otro. Todo lo anterior provoca que cualquier pequeño detalle de la relación produzca gran deleite.

Los niveles de dopamina, el neurotransmisor del placer, son más altos al principio de la relación, con el tiempo disminuyen y así generan un sentido de paz. Por lo tanto, es saludable estimular dichos niveles en diferentes formas a fin de mantenernos enamorados de nuestra pareja.

- **Etapa tres:** *La conexión o el vínculo,* son producidos por la oxitocina y la vasopresina, hormonas de las cuales ya hablamos en otras secciones de este libro.

Similitudes y diferencias entre el amor romántico y el amor maternal

Las áreas cerebrales activadas durante la etapa del romance son las mismas regiones implicadas en el sistema de recompensa o placer, en independencia de cuál sea la fuente del estímulo. La mayoría de las regiones cerebrales que poseen receptores para la oxitocina y la vasopresina son activadas tanto por el amor romántico como por el amor maternal. Las áreas del cerebro activadas por el deseo sexual y el amor romántico son el hipotálamo, el área adyacente, y la corteza cingulada anterior; a diferencia de lo que ocurre cuando se experimenta el amor maternal, que no activa el hipotálamo. Este es el controlador de la glándula pituitaria (hipófisis), que a su vez controla la secreción de las hormonas.

La amígdala (el área activada durante situaciones de miedo) y la corteza prefrontal (el área vinculada con el juicio) permanecen inactivas tanto en el amor romántico como en el amor maternal, lo cual produce una suspensión del criterio de juicio hacia el recipiente de dicho amor. Hemos escuchado la frase «el amor es ciego», ¡y en verdad lo es! En innumerables ocasiones es difícil para una madre percatarse de las malas actitudes de sus hijos porque se ha producido la supresión del criterio de juicio que mencionamos. Lo mismo ocurre en una relación de pareja, sobre todo en la fase del enamoramiento. A nivel práctico, esto explica por qué durante la etapa, las personas no son objetivas en reconocer los errores de sus parejas, lo cual puede ocasionar que se tomen decisiones erróneas o se ignoren peligros y riesgos que, fuera de la fase de enamoramiento, nunca se hubiesen tomado.

La oxitocina es la hormona secretada durante la lactancia y es la que produce el descenso de la leche materna. Pero, como hemos visto hasta ahora, esta hormona también funciona como neurotransmisor cerebral para producir la empatía y el sentido de conexión con otras personas. Durante la lactancia, la succión del seno induce la creación de fibras entre la corteza prefrontal y la amígdala, lo que a su vez estimula la secreción del GABA, un neurotransmisor inhibitorio que ayuda a controlar el miedo y la ansiedad.

Las diferencias entre el amor maternal y el paternal se tratarán en el próximo capítulo.

El adulterio y su fisiología: Un pecado engañoso

Helen Fisher condujo un estudio sobre la infidelidad y encontró que el 58 % de los varones que fueron infieles se sentía contento en su matrimonio, mientras que solo el 34 % de las mujeres que incurrieron en infidelidad dijeron estar complacidas con su relación conyugal. Las razones que estos hombres emplearon para justificar su infidelidad poseían motivaciones puramente sexuales. Además, ellos admitieron que en realidad no querían enamorarse de la otra persona, a diferencia de las mujeres infieles, que sí pretendían terminar con su matrimonio. El estudio reveló que los hombres buscaban más sexo o más atención de parte de su pareja, mientras que las mujeres deseaban llenar un vacío emocional o calmar el sentido de soledad.

¡Cuidado! Si tú eres la otra mujer en el nuevo triángulo de pecado, no olvides que, aunque ese hombre te diga que no ama a su esposa, que siente algo diferente por ti y que eres el amor de su vida, lo que en realidad sucede es que él está en la etapa inicial del enamoramiento. Durante esa fase el hombre se enfoca en capturar su «presa» y los niveles elevados de sus hormonas provocan esas emociones. El problema es que luego de obtener la presa (tú), él volverá a su estado anterior. Después de consumado el acto sexual, en incontables ocasiones, el hombre regresa con su esposa, en quien tiene la paz y el bienestar de la familiaridad. Él no miente de forma deliberada; es cierto que experimenta todas esas emociones en el momento. Pero su cuerpo caído le engaña. Sin embargo, no conoce lo que ocurre en su interior a nivel hormonal ni sabe que esas emociones son temporales y pronto desaparecerán.

En el período de enamoramiento abundan pasiones más fuertes que el sentido de paz propio de la etapa de la conexión. El problema radica en que, si este hombre no alcanzó el estado de conexión con la esposa, ella aún no ha sido incorporada a su ser y, por lo tanto, después de que él obtenga la «presa» se ve con frecuencia como ese hombre pierde su interés inicial y se lanza tras otra búsqueda; otra mujer que conquistar para volver a experimentar las sensaciones de pasión propias de las primeras fases del enamoramiento. El hombre fue engañado por cambios producidos en su propio cuerpo caído y la mujer por sus emociones y por las que el hombre expresó durante esta etapa de enamoramiento.

Comprender estas conexiones biológicas que ocurren a nivel cerebral, no nos exime de la culpa cuando pecamos. Dios nos llama a honrar Su nombre, Su imagen en nosotros, Su diseño para la unión matrimonial y a ejercer dominio propio, que es una manifestación del fruto del Espíritu Santo que mora en nosotros.

Unas palabras para los casados

Para aquellos que están casados, tocar, abrazar, mirar fijamente a los ojos y vivir nuevas experiencias juntos, son algunas de los actos que contribuyen a elevar los niveles de oxitocina y ayudan a mantener la conexión activa, a la vez que aumentan la confianza del uno en el otro y disminuyen la sensación natural de amenaza en relación con el cónyuge. En Romanos 13:9 hay un llamado a amar a nuestro prójimo y nuestro cónyuge es el prójimo más cercano que tenemos. En ese sentido, el apóstol Pablo nos exhorta a agradar a nuestro prójimo: «... en lo que es bueno para su edificación» (Rom. 15:2). De modo que, no te canses de mantener el romance vivo en tu relación. No olvides que convives con un ser caído y cuando tu esposo ve a una mujer atractiva, los niveles de testosterona se elevan y, si percibe la posibilidad de una nueva relación, la dopamina también se eleva. Por lo tanto, al cultivar la intimidad emocional y mantener la llama del romance viva en tu relación, lograrás que el interés de tu esposo se enfoque en ti, y esto lo ayudará a huir de la tentación y a no caer en pecado. No olvidemos que Cantar de los Cantares celebra el amor romántico entre los esposos.

En una pareja, la acción de acariciar, abrazar, tocar, besar, mirar fijamente a los ojos, así como la interacción emocional positiva y el orgasmo, estimulan la secreción de oxitocina en el organismo. Esto ocurre en un mayor grado en las mujeres que en los hombres y como resultado se genera confianza hacia la persona con quien interactuamos. En el varón, por el contrario, la vasopresina juega un rol mayor que la oxitocina durante la etapa de conexión. Además, cuando hay niveles elevados de oxitocina en el cuerpo se produce un mal funcionamiento selectivo en el área vinculada a la formación del juicio que provoca una disminución en la capacidad de reconocer una amenaza, como ya mencionamos. Esta combinación de hormonas aumenta la habilidad de sentir empatía, pues elabora circuitos cerebrales para la confianza, el amor romántico y, por fin, la conexión. Esa es la razón por la que abrazar o acariciar a una persona cuando siente miedo la tranquiliza.

Como hemos señalado, para mantener el sistema de conexión activo a largo plazo, es necesario estimular la red cerebral de conexión por acercamiento o contacto físico. En principio, se requerirá la estimulación diaria, a fin de inducir la secreción de oxitocina. En ese sentido, los hombres necesitan ser tocados con mayor frecuencia que las mujeres, en específico de dos a tres veces más. Con el tiempo, estas hormonas siguen los circuitos cerebrales hasta llegar al núcleo caudato donde se filtran los pensamientos y se memoriza la identidad de lo que causa la sensación y, con el tiempo, se incorpora en la red cerebral de conexión como parte de la autoimagen del individuo.

En el acto sexual, los hombres y las mujeres también responden de manera diferente. Con el orgasmo, la mujer experimenta una desactivación en las áreas cerebrales del juicio social y el autocontrol, es decir, en la corteza orbitofrontal lateral izquierda y la corteza prefrontal dorso medial. Además, este acto produce la liberación de oxitocina, la cual es más prolongada en el género femenino que en el masculino, y llega a durar varios días. Al hacer sinergia con el estrógeno, la oxitocina ocasiona en la mujer el deseo de abrazar y de hablar, y al mismo tiempo causa una disminución en el sentido de separación, lo cual contribuye a crear un vínculo emocional con su pareja. En el hombre, los niveles de oxitocina se elevan con el orgasmo, pero disminuyen de forma rápida dentro de una o dos horas. Con el acto sexual también aumentan los niveles de vasopresina, pero no sucede lo mismo con el orgasmo. Al igual que ocurre con la oxitocina, la vasopresina disminuye de manera rápida en combinación con la dopamina y produce en el varón un sentimiento de separación con relación a la pareja, lo cual provoca una sensación de aburrimiento y estimula el centro del sueño. Esto se conoce como la narcolepsia poscoito.[136]

¡Atención, mujeres! Estas son algunas de las razones por las que el acto sexual está reservado para después del matrimonio. En primer lugar, las áreas cerebrales femeninas para la toma de decisiones sabias están desactivadas durante ese momento y, en segundo lugar, debido a que el varón se aburre y pierde interés

---

136. J. Bancroft, *The endocrinology of sexual arousal* [La endocrinología de la excitación sexual] (Journal of Endocrinology, Vol. 186, No. 3, septiembre del 2005), pp. 411-427 | DOI: 10.1677/joe.1.06233.

de manera rápida, es necesario esperar a que él haya incorporado a la pareja en su núcleo caudato para que ella sea parte de su ser. La relación sexual entre un hombre y una mujer fue diseñada por Dios para representar más que un simple intercambio fisiológico. El ser humano es complejo y también lo es la relación sexual entre las parejas. Reducir el sexo a un simple intercambio de placer es como disminuir la intimidad a una mera cercanía geográfica.

Dios no se equivoca en Su diseño. Sus mandamientos y Sus planes son siempre para nuestro bien. Así lo afirma la Escritura: «Porque yo sé los planes que tengo para vosotros» —declara el SEÑOR— "planes de bienestar y no de calamidad, para daros un futuro y una esperanza"» (Jer. 29:11).

Principios de aplicación

Entre los géneros existen múltiples diferencias capaces de provocar altercados si no comprendemos bien lo que sucede en nuestro interior. Por ejemplo, ¿has notado que el hombre busca la compañía física de su esposa cuando está bajo mucho estrés, pero cuando la mujer está en una situación semejante pierde el interés sexual? Lo que sucede es que en los hombres los circuitos del amor a nivel cerebral aumentan bajo los efectos del estrés. Por el contrario, las mujeres rechazan las expresiones de afecto y su deseo sexual disminuye como consecuencia del estrés, tal vez porque la hormona cortisol bloquea el efecto de la oxitocina, la hormona que produce empatía y que aumenta la conexión. En general, para que la mujer experimente deseo sexual necesita 24 horas previas de preparación. En contraste, los hombres necesitan tan solo 3 minutos.

Por otro lado, las mujeres son más sensibles a las feromonas masculinas justo antes de la ovulación, es decir, cuando están en sus días de mayor fertilidad. Las feromonas alteran las percepciones y las emociones, y así influyen sobre los deseos. A partir de la pubertad, el cerebro femenino, a diferencia del masculino, puede detectar la feromona androstenediona, pero solo durante ciertos días del mes. Al inicio del ciclo menstrual, el estrógeno provoca que la mujer sea más receptiva al sexo. Durante la segunda semana, la testosterona aumenta en el género femenino justo antes de la ovulación, lo cual coincide con su período más fértil. En la segunda mitad del ciclo, después de la ovulación, la progesterona se eleva, frena el deseo sexual y bloquea el efecto de la testosterona en el sistema.

En Su Palabra, el Señor nos ha advertido que los creyentes casados no deben privar de satisfacción sexual a sus cónyuges: «No os privéis el uno del otro, excepto de común acuerdo y por cierto tiempo, para dedicaros a la oración; volved después a juntaros a fin de que Satanás no os tiente por causa de vuestra falta de dominio propio» (1 Cor. 7:5). De modo que, una forma en que la mujer demuestra su amor y su apoyo hacia el esposo es cuando él se encuentra bajo estrés y ella se dispone sexualmente para él.

Capítulo 13

El cerebro maternal y el paternal contradicen la ideología de género

«La maternidad nos cambia porque literalmente altera el cerebro de una mujer —estructural, funcional y de muchas maneras, irreversiblemente—».

Louann Brizendine

Introducción

Ya conocemos que el cerebro posee la capacidad de alterar su estructura según las distintas experiencias por las que el ser humano atraviesa a lo largo de la vida, a fin de registrar las vivencias en la memoria para recordarlas en el futuro. Este proceso de cambios fisiológicos se conoce con el nombre de plasticidad cerebral. De manera que, el cerebro humano está en constante cambio, según nuestras experiencias. Por ejemplo, desde el momento en que una mujer queda embarazada, ocurren cambios en el cerebro maternal, algunos de los cuales son temporales y otros permanentes.[137]

137. Glynn, L. M., Sandman, C., *A Prenatal origins of neurological development: A critical period for fetus and mother* [Origen prenatal del desarrollo neurológico: Un período crítico para el feto y la madre] (Current Directions in Psychological Science, 20, 2001), pp. 384-389.

Un estudio publicado por la *Association for Psychological Science* [Asociación para la Ciencia Psicológica] demostró que el movimiento del feto produce cambios tanto en los latidos del corazón maternal como en la producción de diferentes hormonas que alteran las emociones de la madre, aun cuando ella no perciba el movimiento del feto.[138]

Algunos de los efectos causados por el estrógeno incluyen el incremento de la serotonina, hormona de la tranquilidad, y de los receptores de esta. Además, se ha observado que los niveles de serotonina disminuyen con la menopausia y que el reemplazo hormonal con estrógenos puede devolver esos niveles a un estado premenopáusico, lo que confirma de manera implícita su relación directa con los estrógenos.[139]

Esta hormona participa en la regulación del ánimo, el apetito y la capacidad de dormir. La serotonina también ayuda en algunas funciones cognitivas relacionadas con la memoria y el aprendizaje.

En la sinapsis (el pequeño espacio que sirve de conexión entre las neuronas), los estrógenos también provocan un aumento en la dopamina y la norepinefrina, las hormonas del placer, la energía y el ánimo, de forma respectiva.[140]

El efecto sobre estas tres hormonas se encuentra en la secreción, la recaptación y la inactivación enzimática, que producen un aumento en la función de estas. También se origina un

---

138. Janet A. DiPietro, *Psychological and psychophysiological considerations regarding the maternal-fetal relationship, Infant Child Dev.* Manuscrito del autor disponible en PMC, 1 de enero del 2011. Infant Child Dev. 2010; 19(1): 27–38 doi:10.1002/icd.651.
139. Leszek A. Rybaczyk, Meredith J. Bashaw, Dorothy R. Pathak, Scott M. Moody, Roger M. Gilders y Donald L. Holzschu, *An overlooked connection: serotonergic mediation of estrogen-related physiology and pathology,* BMC Womens Health. 2005; 5:12. doi:10.1186/1472-4.
140. Whitney Wharton, Ph.D., Carey E. Gleason, Ph.D., Sandra R. M. S. Olson, Cynthia M. Carlsson, M.D., M.S. y Sanjay Asthana, M.D., F.R.C.P., *Neurobiological Underpinnings of the Estrogen – Mood Relationship, Curr Psychiatry Rev.* 1 de agosto del 2012; 8(3): 247–256 doi: 10.2174/157340012800792957.

efecto sobre sus receptores.[141] Otra consecuencia del estrógeno es que aumenta el nivel de las endorfinas (neurotransmisor capaz de disminuir los impulsos dolorosos y de causar un sentido de euforia) y protege los nervios probablemente a través del estímulo del factor de crecimiento.[142]

El cerebro también es en verdad sensible a la progesterona, y esta hormona se encuentra en niveles 20 veces más elevados en este órgano que en la sangre. La progesterona contrarresta los efectos del estrógeno. Mientras que este provoca un resultado excitador del ánimo, ella origina un efecto tranquilizante. Durante el embarazo los niveles de progesterona son de 10 a 20 veces mayores que la medida presente en la mujer no embarazada, y con el parto estos niveles disminuyen de manera abrupta. Según algunos investigadores, la marcada reducción de estas dos hormonas es lo que produce en el género femenino la depresión posparto. A su vez, el descenso en los niveles de progesterona es, con toda probabilidad, la causa del aumento en la activación de las áreas cerebrales donde se registra la amenaza en las primeras semanas posteriores al parto.

---

141. McKuen B. S., Alves B. S., *Estrogen action in the central nervous system* [Acción del estrógeno en el sistema nervioso central] (Endocrin Rev. 1999; 20), pp. 279-307
142. Kaeki, P., Smith, K., Lee, E., *Astrocyte-derived growth factors and estrogen neuroprotection: Role of transforming growth factor-α in estrogen-induced upregulation of glutamate transporters in astrocytes* [Factores de crecimiento derivados de astrocitos y neuroprotección de estrógenos: Papel del factor de crecimiento transformante-α en la regulación positiva inducida por estrógenos de transportadores de glutamato en astrocitos] *(Molecular and Cellular Endocrinology,* Vol. 389. Publicación 1-2, mayo del 2014), pp. 58-64. Y Cardona-Gómez, G. P., Mendez, P., Don, Carlos L. L., Azcoitia, I., Garcia-Segura, L. M., *Interactions of estrogens and insulin-like growth factor-I in the brain: implications for neuroprotection* [Interacciones de estrógenos y factor de crecimiento tipo insulina I en el cerebro: Implicaciones para la neuroprotección] (Brain Res Brain Res Rev. Noviembre del 2001; 37(1-3)), pp. 320-34

Cambios cerebrales en la maternidad

Gracias a las resonancias magnéticas funcionales (IRM-f) se demostró que los cambios anatómicos y fisiológicos que ocurren con la maternidad, incluyen una disminución en el tamaño total del cerebro maternal del 4 % en áreas selectivas durante el embarazo.[143] No hay pérdida de células cerebrales, sino más bien cambios en el metabolismo de estas que son producidos por variaciones en la reestructuración de las conexiones entre dichas células. Además, al observar las áreas donde se producen estas modificaciones, se concluye que podrían ocurrir como anticipación al rol que desempeñará la madre en los próximos meses. En otras regiones cerebrales hay crecimiento, como en el área frontal donde se procesa la información. En las últimas dos semanas preparto, el cerebro maternal comienza a incrementar su tamaño. Esta ampliación se produce por la formación de más circuitos neuronales, y su dimensión regresa, de manera gradual, al estado preembarazo. Todo este proceso se completa dentro de los seis meses posteriores al parto.[144]

La doctora Louann Brizendine, psiquiatra y autora del libro *The Female Brain* [El cerebro femenino], comenta que durante su embarazo pudo comprobar cómo «la maternidad nos cambia porque literalmente altera el cerebro de una mujer —estructural, funcional y de muchas maneras, irreversiblemente—».[145] Desde el punto de vista fisiológico, hay un incremento en la hormona gonatotropina corionica humana durante los primeros meses del embarazo y esto podría ser lo que causa el

143. Oatridge, A., Holdcrof, A., Saeed, N., Hajnal, J. V., Basant , Puri, K., Fusi, L., Bydder, G. M., *Change in Brain Size during and after Pregnancy: Study in Healthy Women and Women with Preeclampsia* [Cambio en el tamaño del cerebro durante y después del embarazo: Estudio en mujeres sanas y mujeres con preeclampsia] (AJNR Am J Neuroradiol 2002, 23), pp. 19-26.

144. *Ibid.*

145. Louann Brizendine, *The Female Brain* [El cerebro femenino] (New York, NY: Broadway Books, 2006), p. 95.

aumento en la agudeza olfativa de la mujer.[146] Se produce entonces una sensibilidad extraordinaria hacia los olores. Sobre este punto, en la literatura científica hemos observado que numerosos investigadores postularon que el propósito de esta agudeza olfativa es permitir a la mujer detectar con rapidez cuando una comida está en mal estado, para evitar comerla y proteger así al feto. Nuestra postura es que dicha habilidad para detectar alimentos en mal estado es uno de los beneficios de esta extraordinaria sensibilidad olfatoria, pero es posible que la razón primaria de la agudeza olfativa de la mujer embarazada es la de ser más sensible a las feromonas[147] del bebé, para incrementar la conexión entre ambos a fin de que la madre pueda dar todo de sí misma en el cuidado de esta nueva criatura, no solo durante el embarazo, sino también después de su nacimiento.

Esta misma hormona, la serotonina, produce un estado de relajación, y la prolactina disminuye la ansiedad para el parto y para todo el trabajo y las responsabilidades que llegan después del nacimiento del niño. Durante el proceso de alumbramiento hay elevaciones grandes y súbitas en los niveles de oxitocina que no solo producen euforia, sino que también aumentan la conexión necesaria con el bebé y con todos aquellos a su alrededor, a quienes la madre necesitará para ayudarla durante esta nueva etapa. Luego del parto, desde que la madre abraza a su bebé, la combinación de los niveles de las hormonas, los

146. Cameron, E.,L., "Pregnancy and Olfaction: a review" [Embarazo y Olfacción: una revisión] (Front. Psychol., 6 de febrero de 2014 Vol. 5), p. 67.

147. Oboti, L., Ibarra-Soria, X., Pérez-Gómez, A., Schmid, A., Pyrski, M., Paschek, N., Kircher, S., Logan, D., W., Leinders-Zufall, T., Zufall, F., Chamero, P., *Pregnancy and estrogen enhance neural progenitor-cell proliferation in the vomeronasal sensory epithelium* [El embarazo y el estrógeno aumentan la proliferación de células progenitoras neuronales en el epitelio sensorial vomeronasal] (*BMC Biology*, 2015, (13)), p. 104 y Nishitani, S., Kuwamoto, S., Takahira, A., Miyamura, T., Shinohara, K., "Maternal Prefrontal Cortex Activation by Newborn Infant Odors" [Activación de la corteza prefrontal maternal por olores infantiles del recién nacidos] (Chemical Senses, 1 de marzo de 2014, Vol. 39, (3)), pp. 95–202.

cambios cerebrales y las feromonas del niño producen en ella una sensación extraordinaria hacia su bebé que a la vez eleva aún más los niveles de oxitocina y genera un incremento incluso mayor en la conexión entre ambos.[148,149]

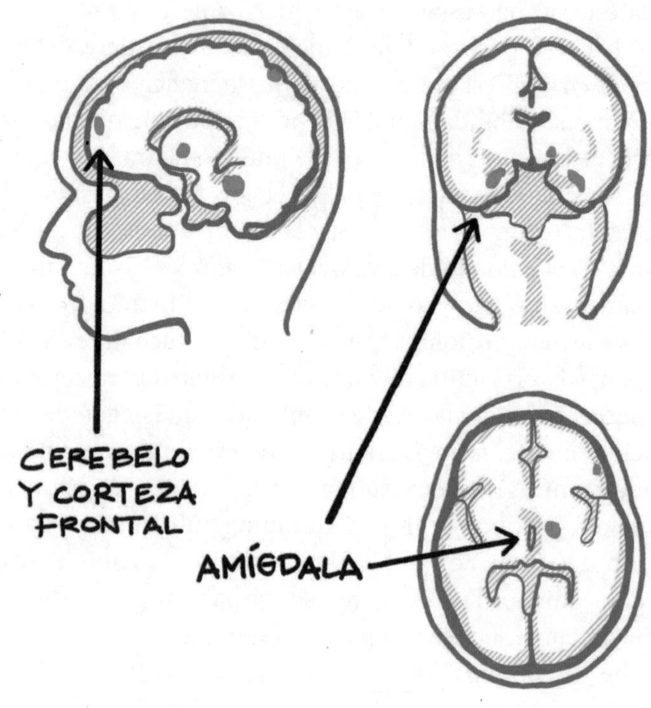

Figura 8. Madre primípara a 2 - 4 semanas del parto.

---

148. Insel, T., R., "Oxytocin — A neuropeptide for affiliation: Evidence from behavioral, receptor autoradiographic, and comparative studies" [Oxitocina: Un neuropéptido para la afiliación. Evidencia de estudios conductuales, autorradiográficos del receptor y comparativos] (Psychoneuroendocrinology 1/marzo de 1992 Vol. 17, (1)), pp. 3-35
149. Feldman, R., "The Neurobiology of Human Attachments" [La neurobiología de los apegos humanos] (Trends in Cognitive Science, febrero del 2017) Vol. 21 (2)), pp. 80-99.

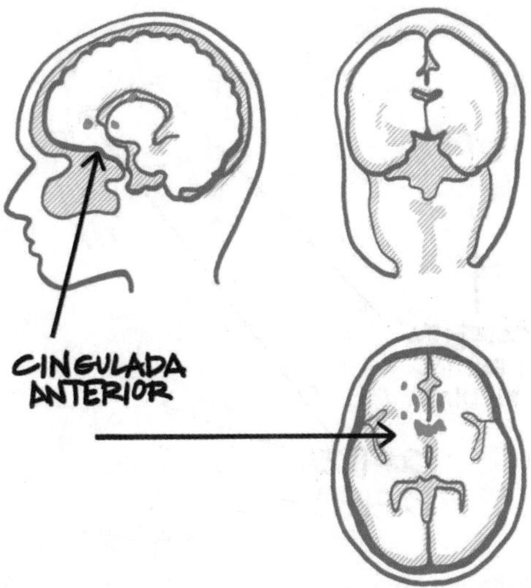

Figura 9. Madre primípara a 2-4 meses del embarazo.

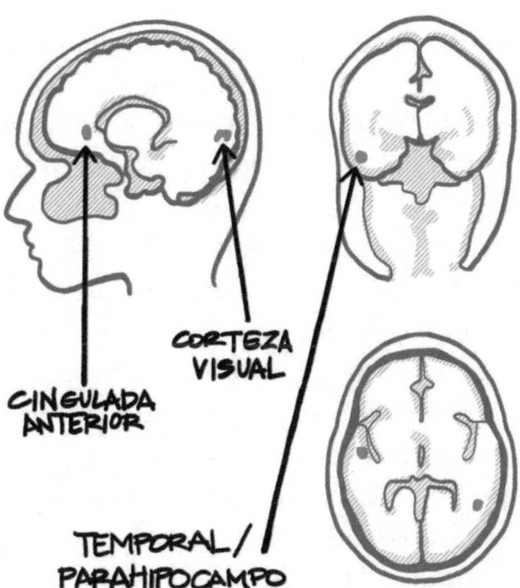

Figura 10. Padre por primera vez, 2-4 semanas después del nacimiento.

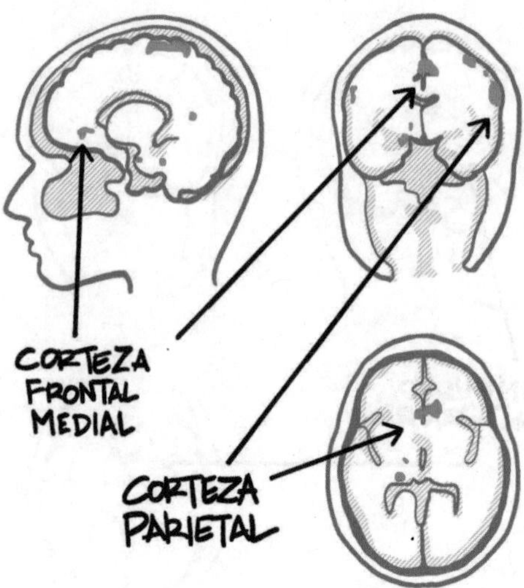

Figura 11. Padre por primera vez, 3-4 meses después del nacimiento.

Un estudio realizado por medio de resonancias magnéticas funcionales (IRM-f), comparó mujeres entre dos y cuatro semanas posparto y repitió las resonancias entre los tres y los cuatro meses posparto. Esta investigación midió la materia gris cerebral, el compuesto de las células neuronales y la materia blanca compuesta de las proyecciones largas (axones) de las neuronas que hacen las conexiones con otras neuronas. Al realizar la primera resonancia magnética, los investigadores repartieron entre las mujeres un cuestionario estandarizado con una lista de adjetivos para describir cómo había sido hasta ese momento su experiencia de ser madres: bendecida, contenta, orgullosa, etc., y una lista con descripciones de su bebé como bello, perfecto, especial, etc. Luego sumaron el número de adjetivos positivos y los compararon con los cambios cerebrales en estos dos períodos de tiempo para ver si existía una diferencia según la cantidad de sentimientos positivos expresados al inicio del estudio. En ambas resonancias, las mujeres mostraron aumentos en varias áreas cerebrales incluyendo la corteza prefrontal superior, media e inferior, el giro pre y poscentral, los lóbulos parietales superior e inferior, la ínsula y el tálamo. En aquellas mujeres que usaron más adjetivos positivos para describir a su bebé, pero no para catalogar su experiencia como madre, aumentó aún más el área gris en el hipotálamo, la amígdala y la sustancia negra del cerebro.

De modo que, la ciencia comprueba que es el Señor quien nos otorga tanto el deseo como la capacidad de ser madres: «Porque Dios es quien obra en vosotros tanto el querer como el hacer, para su beneplácito» (Fil. 2:13).

Otro estudio realizado por los doctores Andreas Bartel y Semir Zeki[150] midió la actividad cerebral en padres mientras observaban fotografías de sus propios hijos. Los doctores compararon esos resultados con la actividad cerebral evocada al ver imágenes de otros niños con quienes solo uno de los progenitores estaba familiarizado y luego con niños desconocidos por esos padres y madres, y comprobaron que cuando estas personas veían fotos de sus propios hijos, las áreas donde se registraba estímulo cerebral coincidían con las que se activaban cuando veían fotos de sus parejas, que son las áreas relacionadas a la excitación, el aprendizaje y la recompensa.

El doctor Erich Seifritz condujo un estudio en que utilizaron resonancias magnéticas funcionales para comparar la respuesta cerebral a la risa y al llanto de un niño en madres y padres de niños pequeños, y en mujeres y hombres sin hijos. El estudio demostró que en los que no eran padres se activaba la amígdala derecha al escuchar al niño reír, pero en los padres no ocurría así, sino que en estos se activó la amígdala al escuchar al niño llorar, lo cual no sucedió en los que no eran padres.[151]

---

150. Bartels A., Zeki S., *The neural correlates of maternal and romantic love* [Los correlatos neuronales del amor materno y romántico] (NeuroImage, marzo del 2004;21(3)), pp. 1155-1166.
151. Erich Seifritz, Fabrizio Esposito, *et al.*, "Differential sex-independent amygdala response to infant crying and laughing in parents versus nonparents"[Respuesta

Como el trabajo de la amígdala derecha es procesar las emociones no conscientes y el de la amígdala izquierda las emociones conscientes, el Señor transforma nuestro cerebro después de que tenemos hijos para que el cuidado del niño sea un proceso inconsciente y para que «... no amemos de palabra ni de lengua, sino de hecho y en verdad» (1 Jn. 3:18).

Se han realizado diferentes estudios sobre la etapa posparto. Uno de ellos, publicado en la revista médica *Behavioral Neuroscience* [Neurociencia Conductual],[152] demostró que las áreas cerebrales que crecen después del parto son el hipotálamo, la corteza prefrontal y la amígdala. Estas son las regiones que motivan a la mujer a cuidar de su bebé y que producen en ella la sensación de recompensa o galardón durante la interacción con su hijo. Para dar un ejemplo, la sonrisa de un niño llena de emociones positivas a la madre. Es interesante notar que son las mismas áreas implicadas en la programación y la ejecución de las múltiples tareas simultáneas, lo que la ayudará a anticipar y a satisfacer las necesidades de su niño mientras se desarrolla el amor incondicional o el denominado «instinto maternal». Los investigadores especulan que los niveles elevados de las hormonas durante el embarazo producen el ambiente cerebral necesario para que la madre esté «lista» para cuidar al niño cuando nazca. Un estudio publicado en *Pediatrics* [Pediatría], la revista oficial de la Academia Americana de Pediatría, demostró a través de imágenes por resonancias magnéticas funcionales (IRM-f) que, al ver fotos de sus bebés, las

---

de la amígdala independiente del sexo diferencial al llanto y la risa infantil en padres frente a quienes no son padres] (Biological Psychiatry, Vol. 54, No. 12, 15 de diciembre de 2003), pp. 1367-1375.

152. Kinsley, C. H., E. A. Meyer, "The Plasticity of Human Maternal Brain: Longitudinal Changes in Brain Anatomy During the Early Postpartum Period: Theoretical Comment on Kim *et al.*" [La plasticidad del cerebro materno humano: Cambios longitudinales en la anatomía cerebral durante el período posparto temprano: Comentario teórico sobre Kim *et al.*] (*Behavioral Neuroscience* 124, 2010 (5)).

mujeres activaban las áreas cerebrales de recompensa, en especial cuando sus bebés sonreían.[153]

Las feromonas son sustancias químicas sin olor, que no son perceptibles por el olfato cuando el cuerpo las secreta, pero que transmiten un mensaje capaz de alterar las percepciones y las emociones de otros individuos, influencian sus deseos y producen cambios en el comportamiento de las personas cercanas. Con relación a la interacción entre una madre y su bebé, la conexión comienza cuando él todavía está en el útero y continúa durante la lactancia. En ese período, las feromonas de la madre en combinación con la oxitocina presente en la leche materna, producen una conexión (cariño) bilateral entre el niño y su progenitora que se cimienta aún más con el contacto físico durante la vida cotidiana. Esta es una fuente de comunicación no verbal, de conexión y de identificación.[154]

En el reino animal hay un ejemplo clásico del efecto de las feromonas que es bastante conocido por todos. Cuando una perra está en celo es imposible ignorarlo, pues todos los perros machos de la vecindad se le acercan para aparearse con ella, sin embargo, los humanos no percibimos esos olores.

Sobre el efecto de las feromonas en los seres humanos, un estudio demostró que estas pueden producir en las madres una habilidad para distinguir entre el olor de su propio bebé y el olor de otros recién nacidos.[155]

Otra investigación similar publicada en la revista *Frontiers in Psychology* [Fronteras en Psicología],[156] comprobó mediante

---

153. Strathearn, L. L. J. Fonagy P., *et al.* "What's in a smile? Maternal brain responses to infant facial cues" [¿Qué hay en una sonrisa? Respuestas del cerebro materno a las señales faciales infantiles] (Pediatrics, 122, 2008 (1)), pp. 40-51.
154. Schaal B., Montagner H., Hertling E., Bolzoni D., Moyse A., Quichon R., *Olfactory stimulation in the relationship between child and mother, Reprod Nutr Dev.* 1980;20(3B):843-58.
155. *Ibid.*
156. Johan N. Lundström, *et al, Maternal status regulates cortical responses to the body odor of newborns* [El estado materno regula las respuestas corticales al olor

el uso de resonancias IRM-f, que los cerebros de las madres respondían más al olor de los niños en comparación con las mujeres que no eran madres. Por otro lado, un estudio equivalente realizado por Miho Nagasawa y publicado en *Frontiers in Human Neuroscience* [Fronteras en la Neurociencia Humana],[157] demostró que el mismo olor que estimula a la madre a acercarse a su bebé produce en el bebé un acercamiento hacia la madre.

El contacto físico del niño con su progenitora genera por sí mismo nuevas vías neuroquímicas en el cerebro de la mujer que crean y refuerzan los circuitos cerebrales maternos. A la vez, la hormona oxitocina ayuda a aumentarlos de manera significativa. Incluso el olor de la cabeza del niño contiene feromonas que estimulan la producción de oxitocina, lo cual crea una reacción química que induce a la mujer a experimentar un deseo extraordinario por su nuevo bebé.[158]

Los mismos circuitos neuronales que se usan durante el proceso de enamoramiento son los que se emplean para producir la incorporación del niño en la identidad de ambos padres. La diferencia entre estos procesos es que con el hijo la incorporación ocurre en solo un octavo de segundo después de ver al bebé.[159]

---

corporal de los recién nacidos] (Frontiers in Psychology, Vol. 4, 5 de septiembre del 2013), p. 597 | DOI: 10.3389/fpsyg.2013.00597.

157. <Miho Nagasawa, *et. al, Oxytocin and mutual communication in mother-infant bonding* (Frontiers in Human Neuroscience, Vol. 6, 28 de febrero del 2012), p. 31 | DOI: 10.3389/fnhum.2012.00031

158. Johan N. Lundström, Annegret Mathe, Benoist Schaal, Johannes Frasnelli, Katharina Nitzsche, Johannes Gerber y Thomas Hummel, *Maternal status regulates cortical responses to the body odor of newborns,* Front Psychol. 2013; 4: 597 doi: 10.3389/fpsyg.2013.00597.

159. James E. Swain, Jeffrey P. Lorberbaum, Samet Kose, y Lane Strathearn, *Brain basis of early parent–infant interactions: psychology, physiology, and in vivo functional neuroimaging studies,* J Child Psychol Psychiatry. Marzo y abril del 2007; 48(0): 262–287.doi: 10.1111/j.1469-7610.2007.01731.x.

Aún más interesante desde el punto de vista del diseño original es un estudio publicado en la revista *Journal of Child Psychology and Psychiatry* [Revista de Psicología Infantil y Psiquiatría], donde el doctor James Swain observó que las madres que tuvieron partos naturales (vaginales) eran más sensibles a los llantos de su bebé que aquellas que dieron a luz por cesáreas.[160] Las áreas cerebrales que respondieron más al llanto del niño fueron las relacionadas con el proceso sensorial, la atención, el razonamiento, el juicio, la empatía y la recompensa, y esto puede explicar por qué dicho estudio también evidenció que las mujeres con cesáreas padecieron más de depresión posparto. Dios no solo diseñó el rol que la mujer debe cumplir, sino que también proveyó los medios por los que ella ejecutará ese papel. La literatura médica ha dicho por largo tiempo que es mejor para el bebé nacer a través de un parto vaginal, para que todo el líquido amniótico que está en su sistema respiratorio sea exprimido de los pulmones hacia afuera por la compresión que la vagina hace sobre su cuerpo torácico. Esto también es para el beneficio de la madre. La cesárea practicada por complicaciones médicas nunca ha sido objeto de crítica, pero aquellas que se realizan para la conveniencia del médico o la comodidad de los padres es contra el diseño de Dios y posee consecuencias. No olvidemos que «hay camino que al hombre le parece derecho, pero al final, es camino de muerte» (Prov. 14:12).

El doctor James Swain y otros investigadores publicaron en la revista médica *Journal of Child Psychological Psychiatry*,[161] los

---

160. Swain J. E., Tasgin, E., Mayes, L. C., Feldman, R., Constable, R. T., Leckman, J. F., "Maternal Brain Response to Own Baby Cry is Affected by Cesarean Section Delivery" [La respuesta del cerebro materno al llanto del propio bebé se ve afectada por el parto por cesárea] (The Journal of Child Psychology and Psychiatry, 2008; 49 (10)), pp. 1042-1052.

161. James E. Swain, Jeffrey P. Lorberbaum, Samet Kose, y Lane Strathearn, *Brain basis of early parent-infant interactions: psychology, physiology, and in vivo functional neuroimaging studies*, J Child Psychol Psychiatry. Marzo y abril del 2007; 48(0): 262–287.doi: 10.1111/j.1469-7610.2007.01731.x.

resultados de un estudio realizado junto a algunos de sus colegas en el que se observó que el área cerebral que funcionaba cuando las madres veían a sus propios hijos sonreír es la misma que se activa cuando un adicto consume cocaína.

Dios diseñó a la mujer de forma tal que el sentido de placer de una madre aumenta con el cuidado de su niño, al mismo tiempo disminuye en ella el repudio de aquello que en situaciones normales le produciría aversión. Mientras esto ocurre, la conexión entre madre e hijo se cimienta para que la mujer «tolere» mejor y ame a su bebé a pesar de los berrinches del niño. Esto ocurre porque las hormonas «prosociales», oxitocina y vasopresina, se secretan tanto durante el orgasmo como durante la lactancia, lo cual facilita la secreción de dopamina en los centros de recompensa y a la vez mejora la memoria y refuerza la conexión entre las personas.[162] Esta es una muestra más de que la sabiduría de Dios es asombrosa. A nivel biológico, Él diseñó al ser humano para la práctica del amor incondicional. Estos cambios fisiológicos que el Señor orquestó contribuyen a esa experiencia. Otras múltiples transformaciones que se producen a nivel de las células cerebrales (neuronas y astrocitos, entre otras) contribuyen a que una madre experimente placer en el cuidado de su hijo. Pero su complejidad escapa al propósito de este libro. Sin embargo, debemos decir que se requieren todos estos cambios cerebrales para que la mujer pueda amar a sus hijos como el Señor manda.

Momentos antes del nacimiento del bebé también se producen algunas modificaciones. Por ejemplo, se observa una disminución súbita en los niveles de progesterona y una elevación abrupta de la oxitocina que genera la activación de nuevos receptores cerebrales de estas hormonas y crea miles de nuevas conexiones entre las neuronas. La oxitocina

162. Bartels A., Zeki S., *The neural correlates of maternal and romantic love* [Los correlatos neuronales del amor materno y romántico] (NeuroImage, marzo del 2004; 21(3)), pp. 1155-1166.

incrementa en la mujer el deseo de acariciar y nutrir, y a la vez le otorga placer en ayudar y servir a otros. Como resultado, aumenta la intimidad y la confianza con las personas a su alrededor.

El acto del bebé de succionar el seno materno estimula la rápida elevación de los niveles de oxitocina, dopamina y prolactina, lo cual genera en la madre un estado de paz, relajación, satisfacción física y emocional, así como el sentirse amada. De algún modo, estos sentimientos son similares a los que produce el acto sexual. La lactancia genera así un fuerte lazo emocional entre la madre y el bebé.

El contacto físico con el niño da lugar a la formación de nuevas vías neuroquímicas cerebrales a través de la oxitocina, que crean y refuerzan los circuitos cerebrales maternos. Además, la amígdala (centro de la preocupación y área de regulación de la memoria y de las respuestas emocionales) y la ínsula (centro de las emociones instintivas) se activan cuando la madre oye el llanto de su bebé. Este estímulo es aún más intenso en ella si el niño ríe o sonríe. Cuando esto sucede, se activa el centro de la recompensa, llamado núcleo *accumbens*. Tan bueno es nuestro Dios que además de capacitarnos para experimentar estos sentimientos, Él también diseñó el estímulo del núcleo *accumbens* para otorgarnos el placer de compartir Su amor con nuestros hijos.

El salmista expresa: «Porque tú, oh Señor, me has alegrado con tus obras, cantaré con gozo ante las obras de tus manos» (Sal. 92:4). Jamás olvidemos que «Toda buena dádiva y todo don perfecto viene de lo alto, desciende del Padre de las luces, con el cual no hay cambio ni sombra de variación» (Sant. 1:17). Es común que pensemos en esto cuando observamos con nuestros ojos el obrar de Dios; sin embargo, existen numerosos procesos, eventos y cambios como los que acabamos de describir que no vemos, pero también son parte de la benevolencia de Dios hacia nosotros.

Para definir mejor lo que las mujeres sienten cuando lactan se realizó un estudio de laboratorio con ratones, consistente en permitirle a la madre elegir entre pulsar una tecla que le administraba una dosis de cocaína o presionar un botón que liberaba a un ratoncito para que ella lo amamantara. Las ratas de forma invariable elegían la tecla que les permitía amamantar a sus crías.[163] Este estudio demuestra una vez más que las emociones creadas por Dios son en extremo más fuertes que cualquier imitación producida por el hombre a través de químicos. Nuestro Dios es «... aquel que es poderoso para hacer todo mucho más abundantemente de lo que pedimos o entendemos...» (Ef. 3:20).

Si el Señor no nos capacitara, nuestra maldad nos tornaría incapaces de cuidar a nuestros propios hijos porque, como bien afirma el profeta Isaías: «Todos nosotros somos como el inmundo, y como trapo de inmundicia todas nuestras obras justas...» (Isa. 64:6a).

Cambios cerebrales en la madre ante una amenaza

Un estudio realizado por medio de resonancias magnéticas funcionales (IRM-f) en primíparas y sus esposos que consistió en mostrarles fotos de un niño que llora o que ríe durante seis segundos, reveló que en las mujeres se activó la amígdala cerebral, el área que participa en la detección de la amenaza

---

163. Wansaw, M. P., Pereira, M., Morrell, J. I., "Characterization of Maternal Motivation in the Lactating rat: Contrast between Early and Late Postpartum Responses" [Caracterización de la motivación materna en la rata lactante: contraste entre las respuestas posparto temprano y tardío] (Hormones & Behavior, 54 (2008)), pp. 294-301. Y Ferris, C. F., Kulkarni, P., Sullivan Jr., J. M., Harder, J. A., Messenger, T. L., Febo, F., "Pup Suckling Is More Rewarding Than Cocaine: Evidence from Functional Magnetic Resonance Imaging and Three-Dimensional Computational Analysis" [La succión de cachorros es más gratificante que la cocaína: evidencia de imágenes de resonancia magnética funcional y análisis computacional tridimensional] (The Journal of Neuroscience, 5 de enero del 2005, 25(1)), 149-15.

que estimula la vigilancia. Lo mismo ocurrió en los ganglios basales, otra región del cerebro relacionada con el pensamiento obsesivo, y también en la corteza frontal, donde se desarrollan los planes y el juicio. Sin embargo, no ocurrió así con los padres. Esto explica por qué las mujeres se preocupan más al detectar una amenaza relacionada con el niño, lo cual las ayuda a responder de manera adecuada.[164]

Estos cambios también influyen en que las mujeres se incomoden menos que los hombres con las travesuras de los niños y en que puedan mantener un espíritu tierno y sereno, como agrada al Señor (1 Ped. 3:4). Además, les permite ser como describen estas palabras «... de un mismo sentir, compasivos, fraternales, misericordiosos y de espíritu humilde; no devolviendo mal por mal, o insulto por insulto, sino más bien bendiciendo...» (1 Ped. 3:8-9).

Otro estudio comparó la respuesta cerebral en madres primíparas y sus esposos al escuchar la grabación del llanto de sus propios hijos. La investigación se organizó en dos etapas. La primera se realizó cuando el bebé tenía de dos a cuatro semanas de nacido, y la segunda cuando tenía entre tres y cuatro meses. Durante la primera etapa del estudio, las madres y los padres mostraron activación (aunque menos intensa en los padres) en:

- **La amígdala y la ínsula** (área relacionada con la percepción de las emociones y las funciones cognitivas).

- **El hipotálamo** (región donde se controla la sed, el hambre, los ritmos circadianos, el ciclo del sueño y la conexión con el niño).

---

164. Swain, J. E., "Baby Stimuli and the Parent Brain: Functional Neuroimaging of the Neural Substrates of Parent-Infant Attachment" [Estímulos del bebé y el cerebro de los padres: La neuroimagen funcional de los sustratos neuronales del vínculo entre padres e hijos pequeños] (Innovations in Clinical Neuroscience, 2008, 5(8)), pp. 28–36.

- **La corteza prefrontal** (participa en los procesos de toma de decisiones, en la planificación y la adecuación del comportamiento conforme a metas internas).

Cuando compararon los resultados de la primera etapa con los de la segunda, los investigadores se percataron de que la amígdala y la ínsula se habían desactivado, pues la madre había «aprendido» a entender a su bebé y este poseía ya menos necesidades.

Una observación interesante es que el patrón de respuesta de la amígdala cambia en ambos géneros después de la experiencia de tener hijos, en cuyo caso, los dos padres respondieron más al niño que llora, mientras que, antes de tenerlos, los dos géneros respondieron más al niño que ríe.[165]

Estos cambios, más otros no descritos aquí, le permiten a la mujer poseer más compasión y paciencia con los niños. Ahora bien, lo interesante es que el patrón de respuesta en la amígdala, el centro de alarma cambia en ambos géneros después de pasar por la experiencia de tener hijos. Tanto los padres como las madres respondieron más al niño que lloraba, mientras que antes de tener hijos ambos géneros respondieron más al niño que reía.

Es importante recordar que la amígdala trabaja a nivel de la subconsciencia, como si «volara por debajo del radar» de la corteza frontal, área donde reside la conciencia. Por lo tanto, las respuestas son sumamente rápidas, como si fueran reflejos. La amígdala responde en 200 milisegundos y la corteza frontal entre los 3 y los 5 segundos. Por esto, las respuestas a las experiencias en la memoria de la amígdala no requieren llegar a la conciencia. Son más como impulsos, pues responden antes de

165. Swain, J. E., "Baby Stimuli and the Parent Brain: Functional Neuroimaging of the Neural Substrates of Parent-Infant Attachment" [Estímulos del bebé y el cerebro de los padres: La neuroimagen funcional de los sustratos neuronales del vínculo entre padres e hijos pequeños] (Innovations in Clinical Neuroscience, 2008, 5(8)), pp. 28–36.

que la mente posea suficiente tiempo para registrarlas. Y para demostrar aún mas que no es algo aprendido, sino producto del diseño de Dios, existe un estudio publicado en PNAS en el 2017 donde realizaron resonancias magnéticas funcionales a mujeres de once países de distintos continentes, y aunque la respuesta maternal al niño que llora fue diferente en lo cultural, (como acariciar frente a cargar al niño) la respuesta cerebral en las diversas culturas fue similar.[166]

El apóstol Pablo nos recuerda en su primera carta a la iglesia en Corinto que: «El amor es paciente, es bondadoso; el amor no tiene envidia; el amor no es jactancioso, no es arrogante; no se porta indecorosamente; no busca lo suyo, no se irrita, no toma en cuenta el mal recibido; no se regocija de la injusticia, sino que se alegra con la verdad; todo lo sufre, todo lo cree, todo lo espera, todo lo soporta» (1 Cor. 13:4-7). Se requiere esta clase de amor para constituir una familia y nuestro Señor orquesta los cambios cerebrales necesarios durante el embarazo, el período posparto y hasta en la menopausia para otorgarle a la mujer la capacidad de amar de esa manera. Dios no se equivoca, todo está bajo Su control, nuestra labor consiste en comprender y confiar en lo que Él hizo.

Dios creó a la mujer con la capacidad y la habilidad de desempeñar el rol que Él le asignó. Por eso resulta tan poco común, sin importar el país en que nos encontremos, oír de mujeres que no quieren tener hijos, aun entre las profesionales del género femenino. Solo cuando poseemos la cosmovisión correcta, aquella que abraza las verdades establecidas por Dios, alcanzamos la plenitud del gozo. La Biblia lo explica de esta manera:

---

166. Marc H. Bornstein, Diane L. Putnick, Paola Rigo, Gianluca Esposito, James E. Swain, Joan T. D. Suwalsky, Xueyun Su, Xiaoxia Du, Kaihua Zhang, Linda R. Cote, Nicola De Pisapia and Paola Venuti "Neurobiology of culturally common maternal responses to infant cry" *Proceedings of the National Academy of Science,* 7 de noviembre del 2017. 114 (45) E9465-https://doi.org/10.1073/pnas.1712022114

> «Porque a la persona que le agrada, Él le ha dado sabiduría, conocimiento y gozo…» (Ecl. 2:26a).

> «Y el Dios de la esperanza os llene de todo gozo y paz en el creer, para que abundéis en esperanza por el poder del Espíritu Santo» (Rom. 15:13).

El ser humano puede rechazar al Creador, pero no puede ignorar el diseño de Su creación como les explica Pablo a los romanos:

> «Porque desde la creación del mundo, sus atributos invisibles, su eterno poder y divinidad, se han visto con toda claridad, siendo entendidos por medio de lo creado, de manera que no tienen excusa» (Rom. 1:20).

Entonces, ¿mis acciones pecaminosas son un asunto biológico?

¡De ningún modo!, para usar una expresión paulina.

Tal vez algún lector se pregunte, si en el cerebro de las mujeres se producen todos estos cambios, ¿por qué Tito instruye a las ancianas a enseñarles a las más jóvenes a amar a sus maridos y a sus hijos? (Tito 2:3-5). ¿Acaso no es lo que las mujeres hacen por naturaleza?

No se nos ocurriría pensar que una esposa y madre tiene que aprender a amar a su familia, más bien, en ella esto ocurre de forma instintiva hasta el punto de no poder hacerlo de modo objetivo en incontables ocasiones. Como ya vimos, la elevación de la oxitocina disminuye la capacidad de discernimiento que la mujer tiene con relación a su esposo e hijos, de manera selectiva, porque el área del cerebro vinculada al juicio y al pensamiento crítico no está funcionando del todo bien para ayudarla a discriminar las acciones como buenas o malas. Esto es herencia de la naturaleza caída de Adán y Eva que pasó a la humanidad y afectó todo nuestro ser en maneras que nos resultan incomprensibles. Una buena ilustración es el diseño del placer sexual en el hombre y en la mujer. Aun en Adán y Eva, ese deleite se dio a través de hormonas y neurotransmisores cerebrales capaces de producir esa sensación. Los cambios fisiológicos que el hombre y la mujer experimentan durante una relación sexual son mediados por hormonas y sustancias químicas que circulan en nosotros. No era diferente en ellos. Ahora, con la caída, esas variaciones funcionarían mal y aun el deseo sexual sería pecaminoso en sus formas de expresión por la herencia del pecado. Por eso insistimos en aclarar que, cuando hablamos de cambios fisiológicos en nosotros, no insinuamos que estos son la explicación de las tendencias pecaminosas. Solo pretendemos demostrar que somos el fruto de un diseño de Dios distinto en el hombre y en la mujer y procuramos explicar cómo funcionan.

Observemos cómo Pablo explica la presencia del pecado remanente en los creyentes:

> «Así que, queriendo yo hacer el bien, hallo la ley de que el mal está presente en mí. Porque en el hombre interior me deleito con la ley de Dios, pero veo otra ley en los miembros de mi cuerpo que hace guerra contra la ley de mi mente, y me hace prisionero de la ley del pecado que está en mis miembros» (Rom. 7:21-23).

Por lo tanto, la mujer necesita ayuda de otras personas para amar a los suyos, sin olvidarse de evaluar con objetividad y confrontar a su familia cuando sea necesario. Esto es porque, como explicamos en otro capítulo, la mujer en su diseño es más propensa a responder de manera emocional, sobre todo cuando se trata de sus propios hijos.

La forma ideal de ayudarnos unos a otros es por medio del trabajo en equipo con quienes están a nuestro alrededor, como una familia, tal como nos instruye la Palabra en

Colosenses 3:15. Recordemos que el corazón es engañoso y por eso necesitamos la ayuda de las personas que nos aman y que anhelan lo mejor para nosotros. Es preciso ser humildes para escuchar las sugerencias de los demás y acercarnos al Señor en oración y estudio de Su Palabra para que Dios nos muestre si los consejos recibidos provienen de Él. Ahora bien, si somos los consejeros, procuremos que nuestras palabras se fundamenten en la Escritura y no en la propia opinión. Este proceso de colaboración mutua siempre debe de estar acompañado de la oración: «Porque la palabra de Dios es viva y eficaz, y más cortante que cualquier espada de dos filos; penetra hasta la división del alma y del espíritu, de las coyunturas y los tuétanos, y es poderosa para discernir los pensamientos y las intenciones del corazón» (Heb. 4:12).

Cambios fisiológicos en el hombre como resultado de su paternidad

No ignoremos que también ocurren cambios en los hombres. En el 10-65 % de los casos, las feromonas de la mujer embarazada causan en los padres la aparición de algunos de los síntomas propios del embarazo, denominado como síndrome de Couvade, nombre que proviene de la palabra francesa *couver* que significa incubar o criar. Aun sin que se manifieste este síndrome, en las semanas antes del nacimiento del niño, la prolactina se eleva el 20 % en el hombre, por lo que mejora su capacidad de nutrir, también el cortisol asciende al 100 % lo cual aumenta su sensibilidad y su capacidad de vigilia. Asimismo, en las primeras semanas posparto, el estrógeno se incrementa y produce en el hombre un comportamiento más sensible, que le permite responder mejor a los llantos del niño, esto se combina con un descenso del 33 % en la testosterona que a la vez disminuye su deseo sexual. Los niveles de testosterona y prolactina comienzan a reajustarse cuando el bebé tiene alrededor de seis semanas de edad; y cuando el niño ya camina, el varón posee los mismos niveles de testosterona que antes de ser padre.[167]

Es asombroso pensar que por años los obstetras, sin conocer los efectos fisiológicos que tenían lugar en el hombre, recomendaban esperar seis semanas después del parto antes de retomar la actividad sexual. Y esto por varias razones, en primer lugar, porque el útero, el cérvix y la vagina cambiaron de modo significativo durante el proceso de parto, quedaron lastimados y, en algunos casos, hasta desgarrados o con puntos de sutura a causa de una episiotomía, y se requiere tiempo para que sanen. En segundo lugar, el área del útero donde estuvo insertada la placenta es más susceptible a una infección, y se necesitan esas seis semanas para que regrese a su tamaño original y para que el cérvix pueda cerrarse.[168] Como evidenciamos, el cuerpo humano es maravilloso y cada detalle habla del perfecto diseño de Dios, Su Creador.

Los cambios cerebrales que experimenta el padre después del nacimiento de su hijo dependen de la cantidad de tiempo que él pasa con su bebé, pues el contacto activa la corteza prefrontal del padre. En algunas especies de primates, en específico los monos tities que son monógamos, los padres cargan a sus crías durante más de quince horas diarias. Los padres cargan al bebé un 90 % del tiempo y se lo entregan a la madre solo para ser amamantados. En la corteza prefrontal

---

167. Fleming, A. S. C. Corter, "Testosterone & prolactin are associated with emotional responses to infant cries in new fathers" [La testosterona y la prolactina se asocian con respuestas emocionales al llanto infantil en nuevos padres] (Horm Behav 42 ,2002 (4)), pp. 399-413. Y Gettler, L. T., McDade, T. W., Feranil, A. B., Kuzawa, C. W., *Longitudinal evidence that fatherhood decreases testosterone in human males* [La evidencia longitudinal de que la paternidad disminuye la testosterona en los hombres] (PNAS Vol. 108 No. 39), pp. 16194–16199.
168. "Sex after pregnancy: let your body set the pace" [Sexo después del embarazo: Deja que tu cuerpo marque el ritmo] (*Mayo Clinic.* 30 mayo de 2008). Retrieved 2009-08-07.

de estos primates que son padres hay más células y circuitos que en la de aquellos tities que no lo son y también en comparación con la corteza prefrontal de los primates que no están relacionados de modo directo con el cuidado de sus crías. Por otro lado, ellos poseen más receptores en el área para la prolactina, la oxitocina y la vasopresina,[169] hormonas relacionadas con la experiencia de las emociones, como ya explicamos. En otro estudio realizado en monos tities, en el que se comparó a los que tenían pareja por largo tiempo con los que no tenían una pareja o que llevaban solo 48 horas con su pareja, las gammagrafías de TEC y las resonancias magnéticas funcionales revelaron que había diferencias cerebrales en los «solteros» en comparación con aquellos que tenían parejas establecidas.

Al comparar los tities que son monógamos con una especie de tities que no lo son, podemos observar que los monógamos poseen más receptores para la hormona vasopresina que produce la sensación de recompensa y la cognición social y la experiencia de tener hijos propicia que se incrementen aún más en cantidad. Las resonancias funcionales en hombres demuestran lo mismo. Los ratones de pradera que recibieron cuidados de su padre, aun si fue en una sola oportunidad, tuvieron más participación en el cuidado de sus propios hijos.[170]

---

169. Freeman, S. M., Inoue, K., Hasse, W., Smith, A. L., Goodman, M. M., Bales, K. L., Young, L. J., "Neuroanatomical distribution of oxytocin and vasopressin 1a receptors in the socially monogamous coppery titi monkey (Callicebus cupreus)" [Distribución neuroanatómica de los receptores de oxitocina y vasopresina 1a en el mono tití cobrizo socialmente monógamo (Callicebus cupreus)] (Neuroscience, 273; 2014), 12-2.

170. Ahern TH1, Hammock E. A., Young L. J., *Parental division of labor, coordination, and the effects of family structure on parenting in monogamous prairie voles (Microtus ochrogaster)* [La división parental del trabajo, la coordinación y los efectos de la estructura familiar en la crianza de los hijos en campanes de la pradera monógama (Microtus ochrogaster)] (Dev Psychobiol; marzo del 2011; 53(2))118-31 A.

Principios de aplicación

Dios tiene un plan perfecto para nuestras vidas. Si anhelamos tener menos problemas y experimentar menos dolor y sufrimiento en el camino, debemos seguir las directrices que Él nos ha dejado en Su Palabra. De igual manera, debemos aprender a orar y a confiar en el Señor como lo hizo el salmista, según expresa el Salmo 16:

> «Protégeme, oh Dios, pues en ti me refugio. Yo dije al SEÑOR: Tú eres mi Señor; ningún bien tengo fuera de ti. En cuanto a los santos que están en la tierra, ellos son los nobles en quienes está toda mi delicia. Se multiplicarán las aflicciones de aquellos que han corrido tras otro dios; no derramaré yo sus libaciones de sangre, ni sus nombres pronunciarán mis labios. El SEÑOR es la porción de mi herencia y de mi copa; tú sustentas mi suerte. Las cuerdas cayeron para mí en lugares agradables; en verdad mi herencia es hermosa para mí. Bendeciré al SEÑOR que me aconseja; en verdad, en las noches mi corazón me instruye. Al SEÑOR he puesto continuamente delante de mí; porque está a mi diestra, permaneceré firme. Por tanto, mi corazón se alegra y mi alma se regocija; también mi carne morará segura, pues tú no abandonarás mi alma en el Seol, ni permitirás a tu Santo ver corrupción. Me darás a conocer la senda de la vida; en tu presencia hay plenitud de gozo; en tu diestra, deleites para siempre» (Sal. 16:1-11).

Cuando estamos más cerca del Señor, comprendemos mejor sus formas y aumenta nuestra confianza en Él. Si confiamos en Su soberanía y en Su bondad, no hay razón para sentir miedo de entregar a nuestros hijos a Su perfecto plan. Es lamentable que, en incontables ocasiones tratamos de convertir a los hijos en lo que deseamos que ellos sean, en lugar de anhelar que se conviertan en quienes Dios los ha llamado a ser. Judas nos instruye: «Y a aquel que es poderoso para guardaros sin caída y para presentaros sin mancha en presencia de su gloria con gran alegría, al único Dios nuestro Salvador, por medio de Jesucristo nuestro Señor, sea gloria, majestad, dominio y autoridad, antes de todo tiempo, y ahora y por todos los siglos. Amén» (Jud. 1:24-25).

Capítulo 14

La crianza de los hijos niega la ideología de género

«Hijo mío, guarda el mandamiento de tu padre, y no abandones la enseñanza de tu madre»

(Prov. 6:20).

Introducción

La idea de que el género de una persona se define por sus sentimientos, en independencia de su sexo biológico, es elaborada por una minoría que maneja los medios formadores de opinión y que ha impuesto sus pensamientos a base de repetición. Como alguien expresó, solo debes repetir una idea lo suficiente para que, con el tiempo, se convierta en verdad. Las diferencias entre el hombre y la mujer son colosales tanto desde el punto de vista genético como desde el fisiológico. Estas distinciones se observan a lo largo de la vida de ambos. Consideraremos cómo ambos sexos crían a sus hijos, precisamente en respuesta al modo en que ellos fueron diseñados.

Con respecto a la crianza de los hijos, Dios entregó a los padres la responsabilidad de pasar el legado a la próxima generación. De ahí la instrucción a Moisés en el Libro de Deuteronomio 6:6-9:

> «Y estas palabras que yo te mando hoy, estarán sobre tu corazón; y diligentemente las enseñarás a tus hijos, y hablarás de ellas cuando te sientes en tu casa y cuando andes por el camino, cuando te acuestes y cuando te levantes. Y las atarás como una señal a tu mano, y serán por insignias entre tus ojos. Y las escribirás en los postes de tu casa y en tus puertas».

Este pasaje es de vital importancia porque lo que la sociedad modela para nuestros hijos está en total oposición a las enseñanzas de la Biblia; por lo tanto, debemos instruirlos no solo con palabras, sino también con una conducta correspondiente a lo que enseñamos. Como creyentes, fuimos llamados a ser luz en medio de una generación que anda en tinieblas (Fil. 2:15), así que, asidos de la Palabra, debemos ser un reflejo, sobre todo para nuestros hijos, del resplandor del evangelio de Cristo. Así lo expresó Pablo: «Lo que también habéis aprendido y recibido y oído y visto en mí, esto practicad, y el Dios de paz estará con vosotros» (Fil. 4:9).

La ideología de género y los patrones de crianza

La siguiente figura es una ilustración rápida y visual de las diferencias de diseño entre el hombre y la mujer. El género masculino y el femenino perciben la vida de modo distinto. Los hijos necesitan que exista un equilibrio entre el enfoque de ambos padres para adquirir madurez emocional y para vivir con responsabilidad en un mundo incierto e inseguro.

Figura 12. El niño lanzado al aire: Diferentes perspectivas.

Los padres y las madres poseen perspectivas diferentes sobre la crianza de los hijos. Los varones ven a sus hijos en relación con el resto del mundo, mientras que las mujeres ven el mundo en relación con sus hijos. El enfoque de una madre está motivado por el temor que ella siente de aquello que podría dañar a sus hijos (accidentes, enfermedades, animales, etc.), pero es común que los padres se enfoquen más en cómo prepararlos para enfrentar las experiencias de la vida (competitividad en los deportes, abusos e injusticias, ansiedad al relacionarse con el sexo opuesto, etc.). Los varones enseñan a sus hijos a estar preparados para la realidad de un mundo malvado; las madres los educan para protegerse del mundo.

La disciplina y los roles del hombre y la mujer

En todas las culturas los hombres que son padres creen que una de sus principales tareas es mantener al niño en obediencia. Aun en el reino animal, el macho es más agresivo y estricto con su cría que la hembra. Diferentes psicólogos y consejeros han demostrado que los padres enfatizan la justicia, la igualdad y la responsabilidad (basados en el cumplimiento de las reglas); mientras que las madres hacen hincapié en la simpatía, la atención y la ayuda (basadas en las relaciones). Los padres observan y hacen cumplir las reglas de manera severa y sistemática, enseñándoles a los niños a percibir las situaciones con objetividad y a pensar en las consecuencias de sus decisiones. En contraste, las madres poseen más simpatía y gracia en medio de la desobediencia, y proporcionan un sentido de esperanza al niño. Los padres dan más órdenes a los hijos, mientras que las madres mantienen la conexión emocional con ellos para que no sea necesario impartirles órdenes.

En distintos pasajes de la Escritura la disciplina es vista como un acto de amor de un padre hacia sus hijos. De hecho, el Libro de Proverbios señala: «El que escatima la vara odia a su hijo, mas el que lo ama lo disciplina con diligencia» (Prov. 13:24). La Escritura afirma, además, que Dios «… al que ama, disciplina, y azota a todo el que recibe por hijo» (Heb. 12:6). La disciplina es buena y necesaria porque, como expresa el autor de Hebreos, aunque «Al presente ninguna disciplina parece ser causa de gozo, sino de tristeza; sin embargo, a los que han sido ejercitados por medio de ella, les da después fruto apacible de justicia» (Heb. 12:11).

Se debe disciplinar con gracia, y para eso el niño necesita de ambos padres. Un estudio realizado en Wisconsin demostró que los niños con padres estrictos obtenían mejores notas en la escuela, llegaban más lejos en su educación, presentaban menos dificultades en su comportamiento y, en particular las niñas, padecían menos problemas emocionales.[171] Por eso la Palabra de Dios expresa en Proverbios: «Corrige a tu hijo y te dará descanso, y dará alegría a tu alma» (Prov. 29:17). El padre necesita la ayuda de la madre para no exasperar a sus hijos al gobernarlos con rigidez: «Y vosotros, padres, no provoquéis a ira a vuestros hijos, sino criadlos en la disciplina e instrucción del Señor» (Ef. 6:4). Las mujeres, por su parte, requieren del apoyo de sus esposos para establecer los límites necesarios a los hijos y no ser indulgentes con ellos. El Libro de Proverbios nos instruye a no escatimar la disciplina del niño (Prov. 23:13), pues «La vara y la reprensión dan sabiduría, pero el niño consentido avergüenza a su madre» (Prov. 29:15).

El padre y la madre a la hora de jugar

Otra diferencia entre hombres y mujeres en la crianza de los hijos es que los varones juegan más con los niños, mientras que las madres se ocupan más de su cuidado. Los buenos padres son agresivamente juguetones, y también son protectores. Con frecuencia les hacen cosquillas a sus hijos, luchan o forcejean, los lanzan al aire y corretean detrás de ellos como un monstruo que los va a atrapar. Los investigadores han notado que la forma en que los padres juegan con sus hijos produce curiosidad tanto en el varón como en la niña y esto mejora su capacidad de aprendizaje. Por el contrario, las madres los acarician y los llenan de besos. De esta forma, el padre estimula la independencia del niño, mientras que la madre le brinda seguridad. Cuando el padre zarandea al

---

171. Lamborn S., Mounts N., Steinberg L., Dornbusch S., *Patterns of competence and adjustment among adolescents from authoritative, authoritarian, indulgent, and neglectful families* [Patrones de competencia y ajuste entre adolescentes de familias con autoridad, autoritarias, indulgentes y negligentes] (Child Development. 1991;62), pp. 1049-1065.

hijo, lo ayuda a aprender lo que es y lo que no es aceptable, como morder, patear u otras formas de violencia. En otras palabras, le enseña al niño a alcanzar dominio propio. El psicólogo infantil, Erik Erickson, ha comentado que los padres aman de una forma diferente que las madres. Los padres «aman más peligrosamente» porque su amor es más «expectante, más instrumental» que el amor de la madre.[172] Ambas formas de educar les proporcionan a los hijos un balance entre la timidez y la agresión. Los padres los estimulan a tomar riesgos, y crean en ellos un sentido de independencia y confianza, mientras que las madres equilibran esto ayudándolos a mantener la seguridad para que ellos puedan ampliar sus experiencias con confianza.

Por otro lado, las hijas que desarrollan relaciones cercanas y saludables con sus padres, poseen mejores relaciones con los hombres en la adultez. En sus padres ellas observan el modelo de cómo el hombre debe tratar a una mujer, y al ver a su mamá interactuar con su papá en una forma amorosa y confiada, aprenden a conducirse con los hombres.

Los científicos creen que los centros de emoción y comunicación de los hijos y el modo en que ellos aprenden a relacionarse con la madre y el padre son diferentes. En principio, el vínculo del niño con la madre es más fuerte debido a la lactancia y esa conexión también se refuerza en la madre por la sensación de placer que le proporcionan los niveles de oxitocina en su cuerpo. A la edad de tres meses, cuando el niño no duerme tanto como antes, el padre comienza a desempeñar un mayor rol.

Incluso la manera en que cada uno de los padres habla con los hijos es diferente. Por ejemplo, la madre simplifica las palabras para facilitar la comunicación con ellos. Los padres, por el contrario, no modifican su lenguaje, y esto contribuye a

---

172. Citado por Kyle D. Pruett, *The Nurturing Father* [El padre nutriente] (New York: Warner Books, 1987), p. 49.

aumentar el vocabulario y la habilidad lingüística de los hijos. El varón se expresa con oraciones cortas, da direcciones, llega de forma rápida al punto y usa un lenguaje corporal sutil; mientras que la madre es más descriptiva y personal y los anima al hablar. El juego del papá es más creativo e imprescindible, y estimula más a los niños.[173] En ese sentido, las madres cantan a sus hijos las canciones de modo correcto, pero es común que los padres alteren las estrofas y creen nuevas letras.

Un estudio realizado en Estados Unidos postuló que aquellos niños que jugaban de forma áspera con sus padres poseían más confianza en sí mismos al llegar a la adolescencia.[174] Una forma en que el padre juega con el niño es a través de bromas físicas y verbales. Por lo general, a las niñas no les gusta ese tipo de juegos, así que procuran cambiarlo por uno que ellas prefieran, pero a los niños les fascina, comienzan a actuar como el padre y tratan de imitarlo. Se cree que esto mejora la habilidad del niño para saber lo que otros piensan y para reconocer los engaños y las trampas de los demás. En especial a los varones, esto les enseña a formar relaciones sanas con otros hombres.

Principios de aplicación

Los hombres se sienten más cerca de las hijas cuando las ayudan. Con los varones, la colaboración persigue la meta de hacerlos más fuertes. Los padres se identifican con sus hijos y estos ven a sus progenitores como un modelo a seguir al comportarse como adultos. Cuando los padres pasan tiempo con sus hijos, les permiten aprender sobre los distintos roles y ser

173. Glenn Stanton, *The involved Father* [El padre involucrado] (Focus on the Family 4 No. 5).

174. Mallers, M. H., Charles, S. T., Neupert, S. D., Almeida D. M., *Perceptions, Developmental of Childhood Relationships with mother and father: daily emotional and stressor experiences in adulthood* [Desarrollo de las relaciones infantiles con la madre y el padre: Experiencias emocionales y estresantes cotidianas en la edad adulta] (Psychology, Vol. 46, No. 6, 2010), pp. 1651-1661.

mejores esposos en el futuro porque sabrán imitar los éxitos y evitar los fracasos de sus padres. La madre enseña a sus hijos varones a entender el mundo de las mujeres de modo que ellos desarrollen sensibilidad hacia el sexo opuesto. Cuando los varones juegan con sus hijos, deben permitirles no solo tomar el rol de líder, sino también el de seguidor; y si el padre permite que el niño gane en algunos juegos, en la adultez su respuesta al estrés (que se mide por la secreción de cortisol, la hormona que se libera en respuesta al estrés) será mucho mejor. Los niños que crecieron de esta manera han afirmado su masculinidad y aprendieron a manejar su hombría y sus fortalezas de forma positiva. Si los padres no lo hacen así, sino que exasperan a sus hijos, pueden terminar desalentándolos (Col. 3:21).

Por último, la forma de ser del padre ayuda a sus hijos a instruirse para un mundo que no leerá sus mentes ni anticipará sus necesidades como hicieron siempre sus madres. Sin lugar a dudas, la figura paterna y la materna son importantes e imprescindibles en la crianza de los hijos. Una evidencia más de que el diseño de Dios para la familia es perfecto y maravilloso.

CAPÍTULO 15

LA MONTAÑA RUSA DE LAS EMOCIONES DE LA MUJER

«Por nada estéis afanosos; antes bien, en todo, mediante oración y súplica con acción de gracias, sean dadas a conocer vuestras peticiones delante de Dios. Y la paz de Dios, que sobrepasa todo entendimiento, guardará vuestros corazones y vuestras mentes en Cristo Jesús»

(FIL. 4:6-7).

Introducción

Comencé (Cathy) a desarrollar este tema cuando una joven de nuestra iglesia me pidió que impartiera a las mujeres una charla sobre las emociones. Mientras organizaba el material decidí partir de la siguiente pregunta: ¿sienten las mujeres más emociones que los hombres? La respuesta parece ser positiva. Sin embargo, creí que era necesario indagar al respecto. Como endocrinóloga, decidí usar la Internet para consultar estudios disponibles de endocrinología, pero encontré escasa información sobre este tema en particular. Las investigaciones que alcancé a revisar se contradecían unas a otras en sus conclusiones. Algunas afirmaban que, en efecto, las mujeres experimentan más emociones que los hombres, pero otras concluían que el género femenino no siente más que el masculino, sino que ellas demuestran más sus emociones. Esto me dejó con otra pregunta: ¿cuál de estas posiciones es la correcta?

Durante la búsqueda, aunque no encontré suficiente información en la literatura endocrinológica, sí la hallé en la psiquiátrica. Gracias al avance tecnológico y científico, hoy en día existe una rama de la medicina conocida como neuroendocrinología que estudia las relaciones entre el sistema nervioso y las glándulas endocrinas. Esta es capaz de identificar las regiones cerebrales que se usan durante la ejecución de diferentes acciones e incluso aquellas utilizadas al experimentar diversas emociones.

Los nuevos estudios comprueban que en verdad los dos géneros son en extremo diferentes. Los niños y las niñas no nacen como pizarras en blanco y luego aprenden sus roles según la enseñanza recibida en el hogar y la cultura en que se desarrollan, como siempre nos han querido inculcar. Por el contrario, el avance científico confirma que somos diferentes desde el nacimiento. Por consiguiente, sobre la pregunta de si las mujeres sienten más emociones que los hombres o si solo las demuestran más que ellos, entendemos que la respuesta apropiada de acuerdo con la evidencia disponible es que ambas afirmaciones son correctas. A lo largo de este capítulo citaremos y explicaremos algunos de los estudios consultados, de manera que el lector pueda llegar a sus propias conclusiones.

Lo cierto es que en el mundo secular a nadie le gusta admitir que las mujeres son más emocionales que los hombres, y esto por varias razones. En primer lugar, la teoría de la evolución es ampliamente aceptada entre los incrédulos y según ella, todos venimos de la misma «sopa biológica» y por selección natural hemos evolucionado. Asimismo, propone que por cambios sucesivos y pequeños todo lo que existe llegó a existir. Por lo tanto, si admitimos que los dos géneros en verdad son tan diferentes, esto implica más un diseño inteligente que una evolución natural y azarosa. Entonces, el mundo prefiere seguir aferrado a la mentira antes que aceptar la verdad.

Según la Escritura, Jesús vino al mundo para revelar la verdad: «[…]. Para esto yo he nacido y para esto he venido al mundo, para dar testimonio de la verdad. Todo el que es de la verdad escucha mi voz» (Juan 18:37). Sin embargo, Él mismo explicó por qué el mundo no desea escuchar esa verdad: «Y este es el juicio: que la luz vino al mundo, y los hombres amaron más las tinieblas que la luz, pues sus acciones eran malas» (Juan 3:19). Vivimos en medio de una batalla por la verdad a nivel global (Mat. 10:34; Ef. 6:14) y, por eso, el mundo desarrolla todo tipo de teorías a fin de justificar lo que cree y con tal de no aceptar que existe un Creador a quien un día rendiremos cuentas.

Diferentes por diseño, aun al experimentar las emociones

Es lamentable que, debido al desconocimiento de las diferencias entre los dos géneros, los hombres desprecian a las mujeres por sus emociones, pues esperan que ellas se comporten como ellos. Por otro lado, las feministas no quieren aceptar que como mujeres somos diferentes, porque han creído la mentira de que ambos géneros son iguales y esto justifica sus propósitos. Pero lo cierto es que somos diferentes por diseño. Creados por Dios para cumplir Sus propósitos:

> «Porque tú formaste mis entrañas; me hiciste en el seno de mi madre. Te alabaré, porque asombrosa y maravillosamente he sido hecho; maravillosas son tus obras, y mi alma lo sabe muy bien. No estaba oculto de ti mi cuerpo, cuando en secreto fui formado, y entretejido en las profundidades de la tierra. Tus ojos vieron mi embrión, y en tu libro se escribieron todos los días

que me fueron dados, cuando no existía ni uno solo de ellos» (Sal. 139:13-16).

Si Dios es el único ser perfecto y completo en sí mismo, es lógico pensar que Sus criaturas (el hombre y la mujer), aun cuando fueron moldeadas a Su imagen, son incompletas. También sería lógico pensar que Él no crearía a dos seres idénticos entre sí porque con eso solo duplicaría sus insuficiencias. El Señor formó al hombre y a la mujer de manera distinta, pero complementaria para que cada uno supliera la carencia del otro. Una ilustración es suficiente: la reproducción es imposible a menos que tengamos dos sexos distintos capaces de aportar lo necesario para la creación de otros seres humanos. La manera tan extraordinaria y perfecta como el varón y la mujer se complementan, apunta a un diseño inteligente. Los hombres de ciencia pueden afirmar que la evolución en un período de millones de años produjo a un hombre y a una mujer con las diferencias y similitudes que observamos, pero eso requiere más fe que creer en un Dios diseñador y creador. Como bien sugiere el título del libro de Norman Geisler, *I Do not have enough faith to be an atheist* [No tengo suficiente fe para ser ateo].

Una fisiología diseñada por Dios

Las diferencias entre los dos géneros abarcan múltiples aspectos, y se deben al modo disímil en que fueron diseñados. Enfatizamos esto para desmontar la idea de que la distinción de género es una construcción social. Por ejemplo, aunque las hormonas son iguales, los niveles presentes en cada género son diferentes y varían no solo en la cantidad, sino también en su labilidad. Estas tienden a permanecer en grados más estables en el hombre, mientras que en la mujer los niveles son más cíclicos. Asimismo, hay diferencias en su funcionamiento, no solo al comparar las mismas hormonas en ambos géneros, sino también al comparar los circuitos cerebrales que esas hormonas usan. Estos circuitos son parecidos, pero al mismo tiempo son distintos. Por ejemplo, cada género usa diferentes circuitos para lograr las mismas tareas, esto incluye, aunque no de forma exclusiva, resolver problemas, procesar el lenguaje y experimentar o almacenar las emociones. Para complicar más las cosas, las emociones producen cambios en las hormonas que a la vez provocan transformaciones en las emociones.

Estas diferencias comienzan a notarse temprano en el embarazo, en específico en la octava semana del período fetal. En el varón hay un aumento súbito de la testosterona, que causa una disminución de las células en el centro de la comunicación y un aumento de las células en el centro de agresión y en el área del deseo sexual. Al continuar el embarazo, la sustancia inhibidora mulleriana (SIM) combinada con la testosterona termina «desfeminizando» no solo el cuerpo, sino también el cerebro masculino.

Analicemos las diferencias entre las hormonas cuyo propósito es prepararnos para los comportamientos nuevos, y modificar nuestra percepción de lo que ocurre a nuestro alrededor. Las seis emociones básicas descritas por el psicólogo Paul Ekman son la felicidad, la tristeza, el miedo, la repugnancia, la sorpresa y el enojo, cada una vista como un estado distinto. Sin embargo, es importante mencionar que un estudio publicado en PNAS en el año 2017 alega que las emociones no son en realidad distintas e individuales (como tristeza y alegría), sino que pueden experimentarse de manera simultánea, como cuando unos padres despiden a su hijo(a) que va a estudiar fuera de su país y experimentan gozo y tristeza a la vez por razones distintas. Por eso algunos afirman que existen alrededor de 27 emociones.[175] Estas constituyen nuestro sistema de alarma. Por otra parte, las áreas cerebrales usadas poseen también funciones diferentes.

La amígdala: es el área cerebral responsable de reconocer las señales no verbales de la ira y el miedo, de manera que podamos identificar si debemos permanecer tranquilos o huir frente a determinada situación. Es el área que integra las experiencias en la medida en que estas son percibidas con las emociones que se experimentan como fruto de las vivencias. Esta integración determina cómo responder de modo apropiado.

La ínsula: según estudios realizados con tomografías por emisión de positrones (TEP), el área cerebral responsable de interpretar la percepción de las experiencias alrededor es la ínsula, que es más grande y más sensible en las mujeres.

La corteza cingulada anterior: es el área crítica para anticipar, controlar, evaluar e integrar las emociones negativas.

A lo largo de la pubertad también ocurren cambios que producen labilidad o alteraciones en las emociones de la joven. Durante ese tiempo, el sistema de alerta, es decir, la amígdala, y el área que controla los impulsos, la corteza prefrontal, están desarrolladas, pero las conexiones entre ambas áreas todavía están débiles y eso produce en las jóvenes una dificultad para controlar sus emociones. Lo anterior es visto como una labilidad del ánimo y cuando se combina con un aumento en la respuesta

175. Alan S. Cowen y Dacher Keltner, *Self-report captures 27 distinct categories of emotion bridged by continuous gradients, Proceedings National Academy of Science,* 5 de septiembre del 2017. 201702247; https://doi.org/10.1073/pnas.1702247114).

al estrés que ocurre de modo natural durante esta etapa, la joven siente que cualquier pequeñez es una catástrofe.[176]

La mujer y sus cambios emocionales durante su ciclo menstrual

A diferencia de lo que sucede en los hombres, las emociones de las mujeres varían según los cambios hormonales que ocurren durante las diferentes fases del ciclo menstrual. Ver la figura a continuación:

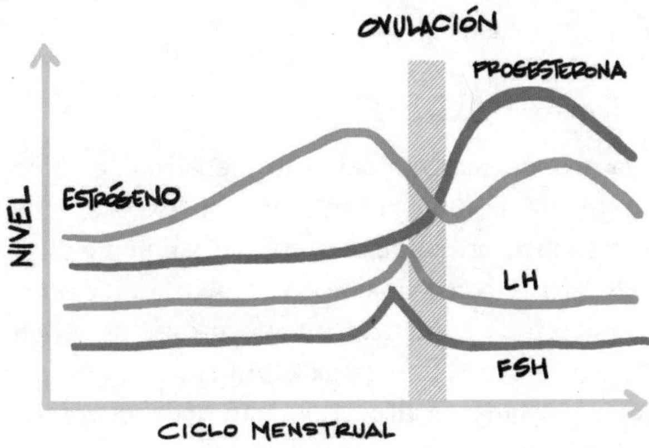

Figura 13. Cambios hormonales durante el ciclo menstrual.

A través de diversas encuestas se ha determinado que aproximadamente el 85 % de las mujeres presentan síntomas similares en un grado u otro durante el ciclo menstrual, el cual se divide en tres fases.

La fase preovulatoria: el primer día del ciclo es el día en que la mujer comienza a sangrar y marca el comienzo de la fase folicular,

---

176. Cameron, J. L. "Interrelationships between hormones, behavior, & affect during adolescence: Understanding hormonal, physical & brain changes occurring in association con pubertal activation of the reproductive axis. Introducton to Part III" Ann NY Acad Sci 1021:110-23. 12 de enero del 2006 https://doi.org/10.1196/annals.1308.012.

también llamada fase preovulatoria, que se prolonga durante dos semanas.

La ovulación: la fase anterior termina con la ovulación, que es la segunda fase.

La fase lútea: las siguientes dos semanas constituyen la tercera y última fase del ciclo, denominada fase lútea.

Para explicar mejor los cambios emocionales propios de cada fase, a continuación, transitaremos por las diferentes etapas de un ciclo menstrual.

Primera semana del ciclo

Durante la primera semana del ciclo menstrual, cuando el estrógeno aumenta, la mujer es más astuta; las cosas le parecen más claras, su memoria funciona mejor y su mente es más ágil y rápida. Se siente con más energía, mayor ambición y experimenta el deseo de comenzar nuevos proyectos. Además, es firme en sus decisiones, posee una actitud positiva y quiere motivar a quienes están a su alrededor. Esto se debe, por lo menos en parte, a que hay un aumento del 25 % en las conexiones del hipocampo, que es el área donde se almacena la memoria de largo y corto plazo.

Segunda semana del ciclo

Cuando la segunda semana inicia y los niveles de estrógeno comienzan a descender, se produce entonces una transición leve pero notable, donde la actitud de la mujer es más relajada, dulce y madura. Se muestra cálida, amorosa, creativa y con más deseos de disfrutar la vida. Todavía siente parte de la energía de la primera semana, que la motiva a seguir con sus nuevos proyectos.

Al final de la segunda semana, cuando ocurre la ovulación, los niveles de progesterona comienzan a aumentar y hay una disminución en las conexiones formadas al inicio del ciclo. La mujer aún se siente segura de sí misma, con el deseo de cuidar de su esposo y su familia; pero poco a poco comienza a sentirse más lenta, irritable y menos enfocada.

Tercera semana del ciclo

Como resultado de la ovulación, en la tercera semana se produce una elevación súbita de la progesterona que viene con fuerza y con insistencia. En combinación con los niveles elevados de esta hormona, se registra también un aumento leve en los grados de estrógeno. Ambas hormonas juntas producen en la mujer un sentido de intranquilidad. Como resultado, se siente menos amable, malhumorada y desalentada. Su ánimo está por el piso y tiene la sensación de que algo malo va a suceder, aunque no entiende por qué. Durante esos días la mujer siente que trabaja mucho, pero logra poco, como si avanzara sobre una caminadora eléctrica, en que gasta gran cantidad de energía, pero permanece en el mismo sitio. Esto provoca que experimente frustración y confusión.

Cuarta semana del ciclo

Es la semana de la menstruación, los niveles de ambas hormonas disminuyen y se produce un aumento en la tensión y la ansiedad. Esto propicia que aun pequeñas cosas molesten e irriten a la mujer. Por esta razón, es fácil que se sienta desatendida si nadie la ayuda en la casa. Por otro lado, experimentan una lucha en su corazón entre querer aislarse y desear acercarse a los demás miembros de la familia. Finalmente, cuando la menstruación comienza, la tensión se alivia y su ánimo se mejora. Todo lo anterior se debe a que las fluctuaciones en los niveles de las hormonas durante el ciclo menstrual afectan la respuesta de los circuitos cerebrales de recompensa. Asumimos que la mayoría de las mujeres que leen estas líneas comprenden de modo claro lo que acabamos de describir.

Interpretación de los eventos y reacción ante ellos en hombres y mujeres

Además de las particularidades emocionales que se evidencian durante el ciclo menstrual, existen diferencias realmente marcadas entre hombres y mujeres en su interpretación de los hechos y en su respuesta a las emociones. Por ejemplo, el doctor Larry Cahill citó un estudio donde se proyectaron películas con temas inquietantes a individuos de ambos sexos. La investigación reveló que hubo activación de la amígdala derecha en los hombres y de la amígdala izquierda en las mujeres.[177] Estos hallazgos fueron confirmados por un estudio posterior dirigido por John Gabrieli y Turhan Camli.[178] La amígdala derecha es el área donde se regulan los aspectos centrales de una situación y en la amígdala izquierda se recuerdan los detalles de dicha situación. Es común que los hombres recuerden los eventos de manera general y las mujeres de forma detallada. Un estudio de la Universidad de L'Aquila en Italia, dirigido por la doctora Antonella Gasbarri,[179] donde se utilizó potenciales eléctricos, reveló que en 330 milisegundos se produjo una activación en el lado derecho de la amígdala en el hombre y en el lado izquierdo en la mujer, lo cual confirma los hallazgos de los otros dos estudios.[180] Esto puede explicar por

177. Cahill, L., *His Brain, her Brain*, Scientific American, 1 de octubre, 201.
178. Larry Cahill, *His brain, her brain* [El cerebro de él, el cerebro de ella] (Scientific American, Vol. 292, No. 5, mayo del 2005), pp. 40–47.
179. Turhan Canli, John E. Desmond, John D. E. Gabrieli, *Sex differences in the neural basis of emotional memories* [Diferencias de sexo en la base neuronal de recuerdos emocionales] (Proceedings of the National Academy of Sciences de EE. UU., Vol. 99, No. 16, agosto del 2002), pp. 10789-10794 | DOI: 10.1073/pnas.162356599.
180. Gasbarri A, Arnone B, Pompili A, Pacitti F, Pacitti C, Cahill L., "Sex-related hemispheric lateralization of electrical potentials evoked by arousing negative stimuli," Brain Res. 23 de marzo del 2007;1138:178-86.

qué los hombres se quejan de que cuando las mujeres recuerdan eventos del pasado se tornan «históricas». No histriónicas, sino históricas, porque ellas recuerdan todos los pequeños detalles de un suceso. Esto lo hemos evidenciado aun en nuestro propio matrimonio. En una ocasión Miguel me preguntó: «¿Por qué te sientes así, si eso no te está ocurriendo ahora?». Esa pregunta me hizo reflexionar en torno a por qué mis emociones estaban aún tan afectadas por sucesos que ya habían acontecido. Los estudios citados traen luz sobre lo que sucedía en mi interior.

La amígdala, aunque es más grande en el hombre, se activa de forma rápida solo con dos emociones, el enojo y la amenaza. En las mujeres, por el contrario, las demás emociones pueden activarla con mayor facilidad. Esto se debe a que en el lado izquierdo se recuerdan todos los detalles y existe también activación en el hipocampo, el centro de la memoria, que es más grande en la mujer que en el hombre. Además, en el cerebro femenino hay más circuitos neuronales entre el hipocampo y los centros emotivos cerebrales. Es evidente que las emociones fueron diseñadas por Dios con un propósito. Esta capacidad femenina de conectar a través de las emociones con otros individuos, en especial con los hijos, valida los sentimientos que esas personas pudieran tener. Por su parte, el hombre se siente más incómodo con las emociones y posee dificultad para manejarlas debido a que, como explicaremos más adelante, por diseño divino, su cerebro, de manera automática, envía la señal a otra área del cerebro donde estas se apagan.

Ambos géneros tienen la misma capacidad de recordar los datos, pero las mujeres evocan cada detalle de las emociones que sentían en aquel momento y las reviven con el recuerdo.[181]

En ese sentido, como mujeres debemos aprender a lidiar con nuestras emociones a fin de que la paz de Cristo reine en nuestros corazones, a lo cual hemos sido llamadas como

---

181. Rachael Moeller "Why Women Recall Emotional Events Better Than Men Do" Scientific American, 24 de julio del 2002.

creyentes (Col. 3:15). En innumerables ocasiones sentimos de una manera tan continua e intensa las emociones negativas de un acontecimiento pasado, porque aún no disculpamos a las personas que participaron en ese evento. La única forma de cerrar ese capítulo es a través del perdón. Cuando perdonamos, esas emociones se minimizan y con el tiempo desaparecen, entonces la paz del Señor puede llenar nuestro espíritu. La ira es uno de los sentimientos más frecuentes, por eso, no es por azar que el Señor nos manda: «Airaos, pero no pequéis; no se ponga el sol sobre vuestro enojo, ni deis oportunidad al diablo» (Ef. 4:26-27). Si no nos ocupamos de esos sentimientos de modo oportuno, daremos oportunidad a Satanás de zarandear nuestra mente e inducirnos a pecar.

Por otro lado, se descubrió que hay dos sistemas que trabajan de manera simultánea en respuesta a las emociones: uno es la unión temporal parietal (TPJ por sus siglas en inglés), un sistema que permite entender lo que otra persona siente sin participar emocionalmente.[182] El otro es el sistema de neuronas espejo (MNS por sus siglas en inglés) que nos ayuda a entender cómo se sienten otras personas y cómo actúan.[183]

En los hombres, cuando el sistema TPJ está activado, lo cual ocurre de manera automática, una barrera bloquea las emociones, y les da, así, la capacidad de buscar una solución cognitiva y analítica al problema. Cuando el hombre percibe las emociones de otra persona (y es afectado por esas emociones) pierde la capacidad de buscar, de modo objetivo, una solución. En las mujeres, el cambio de un sistema a otro no es

---

182. Louann Brizendine, *The Male Brain* [El cerebro masculino] (New York City: Harmony, 2010), pp. 165-66.

183. *Ibid.*

automático y esto las ayuda a mantenerse conectadas con las emociones de los demás (como perfecta ayuda idónea que son).

Ahora bien, es importante recordar que la forma en que el hombre demuestra su interés y su amor por el otro es resolviendo sus problemas. Entonces, a las casadas las animamos a que la próxima vez que hablen con su esposo sobre un determinado problema y él, en lugar de sentarse a escucharlas, comience a ofrecer soluciones, por favor entiendan que esa es su manera natural de amarlas.

No obstante, esa incapacidad de los hombres de encontrar una solución a los problemas cuando son afectados por las emociones de los demás, puede dar lugar a una malinterpretación que es común en ellos. Los varones con frecuencia asumen que la mujer emocional no piensa con claridad y, por ende, no será capaz de resolver el problema. Por ello, es importante que las mujeres tengan esto presente, en especial aquellas que son profesionales y trabajan fuera del hogar, pues mostrar las emociones en la zona de trabajo suele malinterpretarse y puede afectar la manera en que sus colegas masculinos perciben sus habilidades.

Como mujeres también es preciso recordar que, aunque los cambios emocionales son normales, no justifican un mal comportamiento. El apóstol Pablo escribió a los gálatas diciéndoles: «Porque vosotros, hermanos, a libertad fuisteis llamados; sólo que no uséis la libertad como pretexto para la carne, sino servíos por amor los unos a los otros» (Gál. 5:13).

Caemos en la trampa de Satanás cuando justificamos nuestras actitudes y respuestas pecaminosas. Asimismo, si creemos la mentira de que no podemos controlar nuestras emociones, nos conformamos a los patrones y formas de pensar del mundo, lo cual es contrario a las enseñanzas de la Palabra de Dios:

«Y no os adaptéis a este mundo, sino transformaos mediante la renovación de vuestra mente, para que verifiquéis cuál es la voluntad de Dios: lo que es bueno, aceptable y perfecto» (Rom. 12:2). La manera de renovar nuestra mente es «destruyendo especulaciones y todo razonamiento altivo que se levanta contra el conocimiento de Dios, y poniendo todo pensamiento en cautiverio a la obediencia de Cristo» (2 Cor. 10:5), reemplazando esos pensamientos por aquellos que agradan al Señor (Fil. 4:8).

Una de las manifestaciones del fruto del Espíritu es el dominio propio (Gál. 5:23). Si no estuviéramos capacitados para alcanzarlo, Dios no lo exigiría de nosotros. El apóstol ora por la santificación de los creyentes de Tesalónica en su carta y les muestra de modo claro cuál es la fuente de su perseverancia y obediencia: «Y que el mismo Dios de paz os santifique por completo; y que todo vuestro ser, espíritu, alma y cuerpo, sea preservado irreprensible para la venida de nuestro Señor Jesucristo. <u>Fiel es el que os llama, el cual también lo hará</u>» (1 Tes. 5:23-24, énfasis añadido). Dios produce nuestra suficiencia y solo Él puede darnos la fuerza y la capacidad para llevar a cabo todas aquellas cosas que nos ha llamado a hacer. Nuestro camino de fe depende de modo absoluto del Señor, y en la medida que lo obedecemos, Él nos santifica y provoca en nosotros tanto el querer como el hacer (Fil. 2:13).

Cada nueva experiencia desarrollará nuevos circuitos cerebrales y si vivimos para Él y aplicamos Su Palabra, nuestra mente se irá renovando de manera gradual hasta que un día, cuando entremos en la gloria, seremos como Él es: «Amados, ahora somos hijos de Dios y aún no se ha manifestado lo que habremos de ser. Pero sabemos que cuando Él se manifieste, seremos semejantes a Él porque le veremos como Él es» (1 Jn. 3:2).

Por último, en los dos extremos de la vida reproductiva de una mujer ocurren cambios hormonales que le dificultan, pero no le imposibilitan, controlar sus emociones. Alrededor de los 42 años, el cerebro femenino es más maduro y comienza a ser menos sensible al estrógeno, el cual surte efecto sobre otros neurotransmisores y neuromoduladores, como la serotonina, la dopamina, la norepinefrina y la acetilcolina, e inhibe de manera competitiva la enzima que desactiva la noradrenalina produciendo el mismo efecto estimulador de muchos antidepresivos.[184]

El estrógeno también reduce la actividad de las enzimas monoamino oxidasas y aumenta los niveles de catecolamina y de serotonina cerebrales.[185]

Asimismo, el hipotálamo aumenta la producción de opioides y endorfinas que provocan una sensación de paz.[186]

La pérdida de esta hormona produce entonces irritabilidad, dificultad para enfocarse mentalmente y mayor fatiga. Por otro lado, la testosterona se reduce en un 70 %, y se produce así una disminución en la libido de la mujer.

Después de la menopausia, desaparece la labilidad cíclica propia de los cambios hormonales. Como resultado de una disminución en los niveles del estrógeno y la oxitocina, la mujer tiene menos interés de mantener la paz o estar atenta a las necesidades de los demás. Los circuitos cerebrales no cambiaron, pero ahora reciben menos estímulo a causa de la disminución de dichas hormonas. Esta es una etapa peligrosa en la vida de

---

184. Rüdiger Ghraf, Martin Michel, Christoph Hiemke, Rudolf Knuppen "Competition by monophenolic estrogens and catecholestrogens for high-affinity uptake of [3H](−)-norepinephrine into synaptosomes from rat cerebral cortex and hypothalamus," Brain Research Volumen 277, publicación 1, 24 de octubre de 1983, pp. 163-168, https://doi.org/10.1016/0006-8993(83)90920-4
185. Sheila Shanmugan y C. Neill Epperson, "Estrogen and the Prefrontal Cortex: Towards A New Understanding of Estrogen's Effects on Executive Functions in the Menopause Transition," Hum Brain Mapp. 2014 Mar; 35(3): 847–865.
186. Janice E. Thornton, Michael D. Loose, Martin J. Kelly, Oline K. Rönnekleiv, "Effects of estrogen on the number of neurons expressing β-endorphin in the medial basal hypothalamus of the female guinea pig" The Journal of Comparative Neurology, 1 de marzo de 1994 https://doi.org/10.1002/cne.903410107.

una mujer. Las estadísticas muestran que un 65 % de los divorcios ocurridos después de los 50 años los inician las mujeres.[187]

Principios de aplicación

Para combatir esto debemos desarrollar una vida de íntima comunión con Cristo y caminar en humildad delante de Él, para cumplir con Sus mandatos: «Nada hagáis por egoísmo o por vanagloria, sino que con actitud humilde cada uno de vosotros considere al otro como más importante que a sí mismo» (Fil. 2:3). Alcanzaremos esto solo al someternos al control del Espíritu de Dios, lo cual nos permitirá desarrollar Su fruto (Gál. 5:22-23). Una de las manifestaciones del fruto del Espíritu es el dominio propio, que debe caracterizar al cristiano maduro.

Como mujer, quiero animarte a pensar de una manera «cristocéntrica» y «reinocéntrica». Quizás algunas mujeres están pensando que ya criaron a sus hijos y ellos se marcharon del hogar y, por lo tanto, ahora es tiempo de enfocarse en sí mismas, pero eso no necesariamente es lo que el Señor desea para ustedes. Hay numerosas áreas dentro y fuera de la iglesia donde podemos demostrar el amor del Señor ahora que disponemos de más tiempo libre. Nunca nos retiramos del ministerio, solo cambiamos de rol. Aunque sus emociones y sentimientos les digan que han cumplido sus compromisos y que ahora merecen descansar, recuerden la descripción de la mujer virtuosa que nos brinda el Libro de Proverbios: «Ella vigila la marcha de su casa, y no come el pan de la ociosidad» (Prov. 31:27).

Cuando entendemos lo que sucede en nuestro cuerpo podemos reconocer nuestras debilidades, aprender a manejarlas mejor e incluso buscar una forma de utilizarlas para nuestro provecho. Nunca es sabio tomar decisiones permanentes

187. Montenegro, Xenia P. *The Divorce Experience: A Study of Divorce at Midlife and Beyond.* Washington, DC: AARP Research, May 2004. https://doi.org/10.26419/res.00061.001

basados en sentimientos temporales. Por lo tanto, siempre que sea posible, es mejor no tomar decisiones importantes o trascendentales mientras atraviesa por la fase premenstrual.

Durante las semanas del ciclo menstrual, cuando las emociones están fuera de control, las mujeres debemos pasar más tiempo en oración y estudio de la Palabra, a fin de fortalecer nuestro pensamiento y combatir las emociones que nos abruman. Pide perdón al Señor por aquellos pensamientos y acciones que no lo honran y pide también Su ayuda para ver las situaciones con mayor claridad. Reconoce lo que pasa y busca la ayuda de alguien de confianza (una hermana, una amiga o tu esposo) que pueda orientarte y recordarte que en algunos días te vas a sentir mejor. Tu familia es tu tesoro y es importante recordar que nuestras palabras hirientes pueden causarles mucho daño.

Después de que algo se ha dicho, no hay forma de borrarlo, solo nos queda pedir perdón. Por otro lado, recuerda que se necesita de un largo tiempo para ganar la confianza de alguien, pero en solo unos minutos podemos perderla. Elije tus palabras con sabiduría y gracia. Si eres madre, no olvides que los corazones de tus hijos están en formación y, aunque podemos pedir perdón y debemos hacerlo si dijimos algo hiriente, es mejor no causar el daño. Las palabras injuriosas pueden perdonarse, pero con dificultad se olvidan.

Por otro lado, la mujer por naturaleza suele recordar los eventos positivos y negativos con mayor intensidad, como ya vimos, y tiene más conexiones con el área frontal aun durante el descanso, por lo tanto, se le dificulta más dejar de pensar en los problemas. Eso provoca que descanse menos y se abrume más.[188]

---

188. Helene Hjelmervik, Markus Hausmann, Berge Osnes, René Westerhausen y Karsten Specht, "Resting States Are Resting Traits – An fMRI Study of Sex Differences and Menstrual Cycle Effects in Resting State Cognitive Control Networks", PLoS One. 2014; 9(7): e103492, doi: 10.1371/journal.pone.0103492.

El apóstol Pablo nos anima a pensar de cierta manera como estilo de vida y expresa en Filipenses 4:8 «Por lo demás, hermanos, todo lo que es verdadero, todo lo digno, todo lo justo, todo lo puro, todo lo amable, todo lo honorable, si hay alguna virtud o algo que merece elogio, en esto meditad». La Palabra de Dios revela que:

- Dios es bueno (2 Crón. 7:3).
- Dios es omnipotente (Luc. 1:37).
- Dios desea lo mejor para nosotros (Rom. 8:28).
- Dios usa todas nuestras vivencias para formarnos a la imagen de Su Hijo (Rom. 8:29).
- Dios terminará la obra que Él comenzó (Fil. 1:6).

Por lo tanto, debemos confiar en que Él tiene las mejores intenciones para nuestra vida (Jer. 29:11). Asimismo, nos es necesario llevar cautivo a la obediencia de Cristo todo pensamiento que no agrade a nuestro Señor (2 Cor. 10:5) y reemplazarlo por aquellas cosas que lo complacen.

Nosotros somos una obra en progreso hasta el día en que finalmente veamos a Dios cara a cara. Adán y Eva fueron creados a imagen y semejanza de Dios, pero el pecado dañó esa imagen y ahora Dios usa el pecado del hombre y sus consecuencias para formarnos a la imagen de Su Hijo. Solo un ser Todopoderoso puede hacerlo.

CONCLUSIÓN

Hemos llegado al final de este libro referente a la revolución sexual de nuestros días; pero no al final de la revolución misma. Creo que apenas estamos presenciando el comienzo de algo proporcionalmente descomunal si nuestro Señor Jesucristo no regresa pronto. Los límites de la manipulación genética son inimaginables; la creación de vida por medio de la clonación humana es algo potencialmente alcanzable sabiendo que ya se ha logrado en animales. Clonar individuos con la simple motivación de utilizar los órganos de esta nueva criatura para luego desechar los embriones es algo de lo que ya se viene hablando, y así pudiéramos continuar mencionando una infinidad de cambios nunca antes vistos.

A lo largo del estudio de este libro, vimos cómo Dios nos diseñó para procrear, no simplemente al proveer los órganos sexuales que son necesarios para hacerlo, sino que también proveyó todo un sistema de hormonas y estructuras cerebrales que facilitan la conexión entre la madre y el hijo(a) e incluso entre el padre y la nueva criatura. El sistema funciona con tal grado de precisión que es imposible concebir algo similar por medio de la evolución de aminoácidos que forman células, luego órganos y que por último se unen de manera tan compleja hasta constituir las redes de comunicación que presentamos a lo largo de los capítulos que hemos estudiado.

El diseño de Dios fue perfecto en el momento de la creación, pero no podemos olvidar que hubo una caída, descrita en Génesis 3, que trastornó toda la creación incluyendo el funcionamiento completo de los seres humanos. De esa manera que, no solamente el corazón, los pulmones, el hígado y el resto de los órganos frecuentemente funcionan mal, sino que de esa misma forma la sexualidad humana, como fruto de la caída, también experimenta sus propias disfunciones. Cuando un órgano experimenta cierto grado de mal funcionamiento, tratamos de corregir dicha alteración llevándola hacia su funcionamiento normal hasta donde humanamente sea posible. De esa misma forma, cuando la sexualidad humana experimenta un mal funcionamiento, deberíamos tratar de llevar esa función en la dirección del diseño de Dios y no simplemente reforzar aquello que está funcionando mal.

Una cirugía de reasignación sexual (CRS), no lleva al individuo en la dirección de su diseño, sino en la dirección opuesta. Si la composición genética de una persona es XY (genotipo), sabemos que su fenotipo tendría que ser los órganos masculinos. Por ejemplo, cuando un niño nace con los testículos dentro del abdomen, que es donde se encuentran ubicados inicialmente en la etapa embrionaria, luego de nacer se le efectúa una cirugía para hacer que desciendan al lugar correcto ya que conocemos la ubicación normal. El cirujano trabaja conforme al diseño original del cuerpo. Una vez que conocemos el diseño original del cuerpo humano, toda ciencia seria y responsable debería seguir el mismo patrón: trabajar en la dirección del diseño. La única excepción parece ser la sexualidad humana donde hombres de ciencia están dispuestos a hacer cirugías para complacer las preferencias personales de cada quien. Aquí la ciencia deja de ser objetiva y pasa a ser completamente subjetiva.

Entre los factores contribuyentes a estos cambios está **el relativismo** de nuestros días, como habíamos mencionado, que ha afectado todos los ámbitos del quehacer humano incluyendo la ciencia misma; **la época poscristiana** en la que vivimos donde los valores bíblicos han perdido su influencia moral en la sociedad, y **el mismo individualismo radical** de la sociedad moderna que insiste en que cada individuo tiene el derecho de hacer cualquier cosa que sea de su preferencia personal.[189] Además está la corriente gnóstica de nuestros días que insiste en que la materia o el cuerpo es pecaminoso y que el cuerpo no define lo que yo verdaderamente soy ya que el cuerpo es menos de lo que soy.[190] Bajo este entendimiento, el hombre puede decidir que él verdaderamente no es un hombre, sino una mujer y viceversa.

Estas ideas mencionadas anteriormente han permitido que esta revolución avance a una velocidad vertiginosa. Desde el 1 de noviembre del 2013, Alemania permitió que los padres no registren el sexo del niño al nacer para que luego ese niño determine si él quiere ser un hombre o una mujer.[191] En el proceso de educar al hombre hemos perdido la razón. En nuestra época parecería que los dos pecados imperdonables de esta era posmoderna, poscristiana e individualista son: juzgar algo como malo o bueno y no llevar a cabo la realización de sus deseos. El individualismo radical de Occidente se ha impuesto no solo en la convivencia social, sino aun en el ámbito de la ciencia.

Este individualismo radical ha creado nuevos derechos: el derecho a la libertad en cualquier área, el derecho a la anticoncepción, el derecho al aborto, el derecho a la fertilización artificial, el derecho a la libertad de elegir la orientación sexual propia, los derechos de los niños en contra de los derechos de los padres, el derecho de iniciar terapia hormonal en niños a una temprana edad para producir su cambio de sexo y aun el derecho al matrimonio homosexual quiso ser propuesto como un derecho humano.[192] En junio del 2010, la corte europea de de-

---

189. Andrew Walker, *God and the Transgender Debate* [Dios y el debate transgénero], (New York:The Good Book Company, 2017).
190. *Ibid.*
191. Germany allows "indeterminate" gender at birth; BBC News; 1 de noviembre del 2013: https://www.bbc.com/news/world-europe-24767225
192. Gabriele Kuby, *The Global Sexual Revolution: Destruction of Freedom in the Name of Freedom* [La revolución sexual global: Destrucción de la libertad en nombre de la libertad] (Angelico Press, 2016), 54.

rechos humanos decidió que el matrimonio homosexual no es un derecho humano.[193] En el centro de todo esto está el derecho autónomo del individuo a elegir libremente.

Las revoluciones habitualmente ocurren desde abajo hacia arriba. La revolución sexual ha ocurrido desde arriba hacia abajo: con las élites globales activistas y poderosas. Los gobiernos hoy tratan de empujar sus agendas a favor del movimiento LGBTQ, pero en realidad, quienes han desempañado un rol central, son minorías no gubernamentales respaldadas por individuos e instituciones con poder económico. ¿Quiénes son estas minorías? Son las minorías convertidas en puntas de lanza, pioneros, expertos, lobistas, creadores de opiniones, creadores de consensos, facilitadores, socios, ingenieros sociales, agentes operacionales, defensores de la sociedad y campeones de la nueva ética.[194]

La imposición de esta revolución se ha logrado de forma eficiente, creando un cambio del lenguaje de manera que diferentes términos signifiquen diferentes cosas. De esta manera, un hombre no es una persona con una composición genética XY, ni una mujer es alguien con una composición genética XX, sino que un hombre o una mujer es alguien que se siente ser tal o cual cosa. Incluso esa persona pudiera sentirse ser una cosa esta semana y otra cosa la semana siguiente porque se dice que el género es fluido. La idea es la siguiente: «La polaridad de la heterosexualidad debe ser eliminada en favor de completar la disolución de la identidad sexual. Entonces la gente podrá tener completa libertad de inventarse a sí mismos».[195]

---

193. European human rights court rejects gay marriage bid, BBC News, 25 de junio del 2010: https://www.bbc.com/news/1042162
194. Gabriele Kuby, *The Global Sexual Revolution: Destruction of Freedom in the Name of Freedom* [La revolución sexual global: Destrucción de la libertad en nombre de la libertad] (Angelico Press, 2016).
195. *Ibid.*

Cuando el hombre se aleja de Dios pierde la capacidad de razonar lógicamente, como lo vemos en la vida de Salomón; el hombre más sabio que jamás haya existido. Él perdió su razonamiento hasta concluir que toda la vida no era más que vanidad de vanidades. Lo mismo ha ocurrido con el hombre de hoy: ha perdido la capacidad de razonar con cordura y, en consecuencia, ha terminado complaciendo y adorando a la criatura en vez de al Creador. Bien explica Romanos 1:22-25:

> «Profesando ser sabios, se volvieron necios, y cambiaron la gloria del Dios incorruptible por una imagen en forma de hombre corruptible, de aves, de cuadrúpedos y de reptiles. Por consiguiente, Dios los entregó a la impureza en la lujuria de sus corazones, de modo que deshonraron entre sí sus propios cuerpos; porque cambiaron la verdad de Dios por la mentira, y adoraron y sirvieron a la criatura en lugar del Creador, quien es bendito por los siglos. Amén».

COALICIÓN POR EL EVANGELIO es una hermandad de iglesias y pastores comprometidos con promover el evangelio y las doctrinas de la gracia en el mundo hispanohablante, enfocar nuestra fe en la persona de Jesucristo, y reformar nuestras prácticas conforme a las Escrituras. Logramos estos propósitos a través de diversas iniciativas, incluyendo eventos y publicaciones. La mayor parte de nuestro contenido es publicado en www.coalicionporelevangelio.org, pero a la vez nos unimos a los esfuerzos de casas editoriales para producir y colaborar en una línea de libros que representen estos ideales. Cuando un libro lleva el logo de Coalición, usted puede confiar en que fue escrito, editado y publicado con el firme propósito de exaltar la verdad de Dios y el evangelio de Jesucristo.

TGC | COALICIÓN

Bibliografía

Anderson, Ryan. *When Harry Met Sally*. Nueva York: Encounter Books, 2018.

Brizendine, Louann. *The Female Brain*. Nueva York: Broadway Books, 2007.

-----. *The Male Brain*. Nueva York: Harmony, 2010.

Brouwer, Douglas J. *Beyond I do: What Christians Believe About Marriage*. Grand Rapids: Eerdmans Publications, 2001.

Cooper, Al. *Sex and the Internet: A Guide Book for Clincians*. Nueva York: Brunner-Routledge, 2002.

DeMoss, Nancy Leigh y Piper, John, *et al*. *Voices of the true women movement: A call to the counter-revolution*. Chicago: Moody Publishers, 2010.

Ebestadt, Mary. *How the West Really Lost God*. West Conshocken, PA: Templeton Press, 2013.

Eldredge, John. *Salvaje de corazón*. Nashville: Thomas Nelson, 2001.

Ironson, Gail y Powell, Lynda H. *An exploration of the health benefits of factors that help us to thrive: A special issue of the International Journal of Behavioral Medicine*. Hove, Reino Unido: Psychology Press, 2005.

Kuby, Gabriele. *The Global Sexual Revolution: Destruction of Freedom in the Name of Freedom*. Angelico Press, 2016.

Laumann, Edward O. y Gagnon, John H. *The Social Organization of Sexuality: Sexual Practices in the United States*. Chicago: University of Chicago Press, 1994.

MacArthur, John. *The Fulfilled Family: God's Design for Your Home*. Chicago: Moody Press, 2005.

-----. *The Master's Plan for the Church.* Chicago: Moody Publishers, 2008.

McLeod, Hugh y Ustorf, Werner. *The Decline of Christendom in Western Europe.* Cambridge: Cambridge University Press, 2011.

Muggeridge, Malcolm. *Seeing Through the Eye: Malcolm Muggeridge on Faith.* San Francisco: Igantius Press, 2005.

Núñez, Miguel. *El poder de la Palabra para transformar una nación.* Colombia: Poiema Publicaciones, 2016.

Phillips, John. *Exploring the Psalms.* Neptune, NJ: Lolzeaux Brothers, 1988.

Pruett, Kyle D. *The Nuturing Father.* Nueva York: Warner Books, 1987.

Stowell, Joseph. *The Front Lines: Perspectives from the Trenches of Life, under the Making of a Man.* Discovery House Publishers, 2007.

Struthers, William M. *Wired for Intimacy: How Pornography Hijacks the Male Brain.* Downers Grove: InterVarsity Press, 2009.

Taylor, Charles. *A Secular Age.* Cambridge: The Bellknap Press of Harvard University, 2007.

Thomas, Gary. *Sacred Marriage.* Grand Rapids: Zondervan, 2000.

Walker, Andrew. *God and the Transgender Debate.* Nueva York: The Good Book Company, 2017.

Weaver, Richard. *Ideas Have Consequences.* Chicago: University of Chicago Press, 1948.

Welch, Edward T. *Addictions: A Banquet in the Grace: Finding Hope in the Power of the Gospel.* Phillipsburg, NJ: P&R Publishing, 2001.

Williams, S. N. *Providence in New Dictionary of Biblical Theology.* Downers Grive: InterVarsity Press, 2000.